本学术著作获辽宁科技大学优秀学术著作出版基金资助

交通场景中的
计算机视觉技术及应用

赵 骥 艾 青 著

北 京
冶 金 工 业 出 版 社
2023

内 容 提 要

本书系统地阐述了计算机视觉的先进技术、最新成果及其在交通场景中的应用。全书共分3章,主要内容包括交通场景的实时语义分割、分心驾驶行为识别、交通道路障碍检测。

本书可供道路交通行业及计算机、汽车工程领域的科研人员、工程技术人员和管理人员阅读,也可供高等院校计算机、车辆工程等相关专业的师生学习参考。

图书在版编目(CIP)数据

交通场景中的计算机视觉技术及应用/赵骥,艾青著. —北京:冶金工业出版社,2023.10
ISBN 978-7-5024-9668-5

Ⅰ.①交… Ⅱ.①赵… ②艾… Ⅲ.①计算机视觉—应用—交通运输管理—智能系统 Ⅳ.①U495

中国国家版本馆 CIP 数据核字(2023)第 211068 号

交通场景中的计算机视觉技术及应用

出版发行	冶金工业出版社	电 话	(010)64027926
地 址	北京市东城区嵩祝院北巷 39 号	邮 编	100009
网 址	www.mip1953.com	电子信箱	service@ mip1953.com

责任编辑 杜婷婷 美术编辑 彭子赫 版式设计 郑小利
责任校对 葛新霞 责任印制 窦 唯
三河市双峰印刷装订有限公司印刷
2023 年 10 月第 1 版,2023 年 10 月第 1 次印刷
710mm×1000mm 1/16;11.25 印张;217 千字;170 页
定价 69.00 元

投稿电话 (010)64027932 投稿信箱 tougao@cnmip.com.cn
营销中心电话 (010)64044283
冶金工业出版社天猫旗舰店 yjgycbs.tmall.com
(本书如有印装质量问题,本社营销中心负责退换)

前　　言

近年来，人工智能在全球范围内发展迅速，相关的技术日益成熟，人工智能技术在很多领域得到了广泛的应用，并取得了显著的效果。

2017 年 7 月，国务院印发的《新一代人工智能发展规划》明确提出，人工智能技术的应用已成为国际竞争的焦点。我国《"十四五"数字经济发展规划》围绕"加快高性能、智能计算中心部署""打造智能算力、通用算法和开发平台一体化的新型智能基础设施"等做出具体部署，对人工智能的发展给予了高度关注和充分鼓励。

2019 年 9 月，国务院发布的《交通强国建设纲要》提出，要推动大数据、互联网、人工智能、超级计算等新技术与交通行业深度融合；推进数据资源赋能交通发展，加速交通基础设施网、运输服务网、能源网与信息网络融合发展。

2022 年 3 月，交通运输部、科学技术部联合发布的《"十四五"交通领域科技创新规划》提出，要推动智慧交通与智慧城市协同发展，大力发展智慧交通，推动云计算、大数据、物联网、移动互联网、区块链、人工智能等新一代信息技术与交通运输融合。

智慧交通的服务对象为交通管理部门和交通工具驾驶者。在智慧交通领域，深度学习技术是比较成熟的应用技术，得到了比较理想的应用。作者面向交通场景，应用深度学习技术在智能驾驶、安全驾驶等方面进行了研究和分析，并将研究成果编撰成本书与读者分享。

　　本书分为 3 章，第 1 章主要针对自动驾驶的应用场景，对面向交通场景的实时语义分割进行了分析和研究；第 2 章主要对基于深度学习的分心驾驶行为识别进行了研究和应用；第 3 章主要对基于深度学习的道路障碍检测技术进行了研究测试。

　　本书由辽宁科技大学赵骥、艾青著。感谢学生邵慧威、杨楠、李正男、李月、付晓燕在本书编撰过程中付出的劳动和做出的贡献。在本书的编写过程中，参考和借鉴了相关文献资料，在此向文献资料的作者表示感谢。

　　由于作者水平所限，书中不妥之处，敬请广大读者批评指正。

作　者

2023 年 7 月

目　　录

1 交通场景的实时语义分割

1.1 语义分割的研究背景及现状

1.1.1 引言

人工智能（Artificial Intelligence）被普遍认为是第四次工业革命，全世界的科技公司都将目光转向其中。随着新时代计算机技术的诞生以及硬件设备性能的逐步提高，人们对人工智能和智能化有了新的定义。现阶段，人类想要赋予机器像人类一样的学习能力、分析理解事物能力以及统筹计划等能力。在日常感知外界信息时，人类获取的大部分信息都是来源于视觉的视频信息，占比在80%以上。因此，人类感知周边环境主要依靠视觉提供的图像信息。计算机视觉（Computer Vision）在人工智能领域也是一项十分关键的技术。人工智能若缺少了视觉信息将无法真正实现智能化。随着时间的推移，深度学习（Deep Learning）经过不断发展与进步，计算机视觉正在以前所未有的速度高速发展。计算机视觉已经成为当下发展最快的领域之一。

近几年，随着汽车智能技术的高速发展，自动驾驶技术已经成功应用于智能汽车的研发与生产中。根据《全球自动驾驶汽车预测报告（2020—2024）》显示，2020—2024年全球自动驾驶汽车的年均复合增长率达到18.3%。自动驾驶正逐渐成为信息产业和汽车产业的发展趋势。国内外的优秀企业，如华为、小鹏、百度、特斯拉等均提出了十分优秀的自动驾驶解决方案。自动驾驶能够有效地缓解交通拥堵，极大程度上规避了司机因操作不当所发生的意外事故，为人们的安全出行提供了重要保障。

在自动驾驶领域中，视觉感知是关键问题之一。视觉感知包含了许多我们熟知的视觉任务，如分类任务、检测任务、分割任务等。这些任务中分割任务尤其重要，理解场景的主要方法就是采用语义分割实现的。在各种视觉任务中，由于语义分割技术的应用十分广泛，因此其发展速度是其中最迅速的。例如在自动驾驶和机器人领域中，语义分割发挥着不可或缺的作用。主要的原因是语义分割能够供给充分的上下文信息，各类应用可以根据这些场景信息做出相应的行动。语义分割的主要任务是将每个像素进行分类，通过对图像中的每一个像素分配一个对应的标签，从而分割出想要的区域。

在深度学习兴起之前，提取不同特征需要手工设计不同的特征提取方法，正因如此，传统方法发展缓慢。如今，随着深度学习技术的更新迭代、更高质量的大型数据集标签的出现以及 GPU 运算能力的增强，使得人们能够通过深度卷积神经网络（DCNN，Deep Convolutional Neural Network）来自主地学习和提取所需要的特征，这在很大程度上推动了语义分割技术的进程。但是，深度学习方法还是面临不少的问题和挑战。深度学习的方法通常采用全监督训练模式，这十分依赖于数据集的质量。然而语义分割的数据集需要对每个像素进行分类，因此制作高精度的语义分割数据集是十分困难的。语义分割属于一种密集预测的问题，因为网络必须对 RGB 图像中的各个像素进行划分类别，所以语义分割网络的速度通常难以实时应用。如何平衡准确度与运行效率是一个非常具有挑战性的研究。

语义分割的实现机理和人类视觉系统中认知图像非常类似，都从像素点的视角来理解图像，所以语义分割在图像理解中起着关键作用，在图像解析任务中尤其重要，它也在计算机视觉和人工智能领域中有着许多广泛的应用，如自动驾驶技术、医学图像分析以及智能机器人技术。

（1）智能驾驶。目前智能驾驶是人工智能领域最具发展潜力的产业，引起广泛关注，一些技术企业和大批的研发人才都投身到智能驾驶的研发中。智能驾驶需要车辆可以即时地对前方路面进行检测，同时可以对路面进行精确的数据分析，从而确定出道路中各种物体的类型以及具体的地理位置，最后辅助车辆进行决策，以便实现在路面上正常行驶并且躲避障碍物以及行人等。

（2）医用图像分析。现代医学上常常借助于计算机断层成像技术扫描检查（CT）和核磁共振成像（MRI）等技术来获取人类肺部、脑部等器官的分割图像，但利用这种医疗工具来诊断往往需要很长的时间，也易受到医生主观经验的影响。和传统人工检查相比较，医学图像分割是一种自动的医学检查方式，可以辅助医师对疾病部位做出二次检查以及具有纠正错误判断的能力，同时也提高了检查速度。所以，医学图像分割是医学图像处理分析中非常关键的检查手段，让智能化医学检测领域又前进了一大步。

（3）智能机器人。赋予人工智能的机器人同时也是当今热点的研究问题。人工智能机器人的快速发展也同样离不开语义分割。这是因为在机器人接受人类命令和对环境做出反应之前，首先必须了解它所在位置的工作环境，例如环境的复杂性、周围的工作场景，其次必须经过对周围场景做出分类才能执行一系列相关的动作。而语义分割能够有效地帮助智能机器人更进一步地感知周围环境的复杂性，从而促使人工智能机器人做出更合理的决策。

1.1.2 国内外研究现状

1.1.2.1 传统语义分割算法

（1）阈值法。语义分割中最常用的早期方法之一是阈值法。基于阈值的方法会将图像分成目标和背景。它在灰度图像中工作效果更好，可以直接使用一个阈值进行分类。该技术通过采用局部和全局阈值来更好地捕捉图像特征。

（2）聚类。对所有存在相同特性的像素或域进行聚类，将图像分成 K 组或簇。所有像素都是基于一个相似度度量，可以依靠像素特征，例如颜色、梯度以及相对距离来分配一个聚类。一些流行的分割技术已经成功应用，如 K-means、GMMs、mean-shift 及 fuzzy K-means。

（3）边缘检测。边缘检测方法利用边缘代表边界这一事实应用于分割图像。使用了不同的边缘类型，例如台阶边缘、坡道边缘、线边缘和屋顶边缘。最普遍的边缘检测方法主要包括 Prewitt、Roberts 以及 Sobel，这些方法利用不同的二维掩码通过卷积后提取边缘细节。

（4）基于图论（Graph Theory）。基于图论的方法是将图像视为图形，其中每个像素都是与其他所有像素相连的顶点，通过每条边的权重来衡量像素之间的相似性。相似性度量可以使用距离、强度、颜色和纹理等特征来计算边缘权值。在图像分割视为图划分问题中，图像分割首先根据相似性构建分区，然后计算亲和矩阵，最后利用矩阵的广义特征值给出了分割问题的解。

（5）条件随机场（CRF，Conditional Random Fields）。条件随机场是一个用来标识和划分数据的概率框架，其在图像分割中得到了广泛应用。在这个框架中，每个像素点可以属于任何目标类。每个像素都会被赋值一个单一的权重，也就是将一个像素赋值给一个类的权重。此外还添加了一种成对的权重，可以为像素之间构建权重。例如，当两个相邻的像素属于同一类时，可以赋值为零；但当像素属于不同类时，可以赋值为非零。

1.1.2.2 基于深度学习的语义分割算法

A 全卷积神经网络

初始的卷积神经网络（CNN，Convolutional Neural Networks）是被设计于分类任务，如 AlexNet、VGG 和 GoogLeNet。这些网络通过对输入的 RGB 图像采用多层卷积处理，以提高滤波器数量，从而降低分辨率。然后对卷积层进行量化。量化特征之后的设计为完全连接层，该层网络通过使用归一化指数函数（Softmax）来输出各类的概率分布。在全卷积网络 FCN（FCN，Fully Convolutional Networks）中，完全连接层导致大量空间信息的损失，故取而代之的是一层全卷积层，如图 1-1 所示。更换为全卷积层后有两个明显的优点：其一，网络结构适用于任何分辨率的 RGB 图像；其二，卷积层拥有更少的参数，能够允许更快地训练和推理。这种新方法在多个图像分割模型中取得了最先进的结果，并被认为是该领域最具影响力的方法之一。

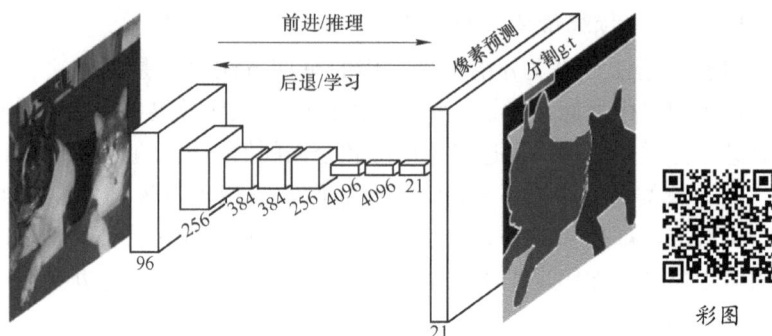

图 1-1 FCN 的网络架构图

B 编解码器架构

FCN 的提出验证了卷积神经网络可以高效地完成语义分割任务，但是 FCN 仍有不足。在 DeconvNet 中，作者注意到 FCN 会导致信息丢失。由于反卷积无法完全恢复特征图，而且特征图尺寸较小。因此，作者提出了对称的编码器解码器架构，并在网络中使用了多层反卷积网络，如图 1-2 所示。SegNet 网络中提出了类似 DeconvNet 的架构，作者使用 VGG 作为骨干编码器，去掉了全连接层，增加了对称解码器结构。主要的不同点在于每个解码器层使用了来自相应编码器层的最大池化索引，而不是将其连接起来。在编码处理过程中，重用最大池化层（Max-pooling）索引有几个实用的优点：首先，提高了边界细节的分割效果；其次，减少了端到端网络的训练参数量；最后，该种类型的上采样结构可被引入各种编码器-解密器结构。虽然它最初发表于 2015 年，但直到 2017 年才受到关注，并自此成为语义分割中引用最多的架构之一。U-Net 网络中也使用了解码器编码器的网络框架，并在医疗应用上取得了不错的成效。

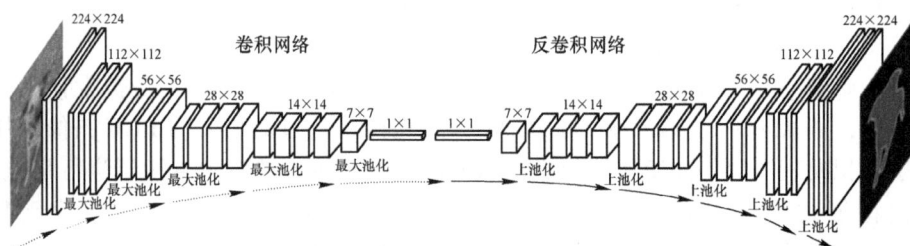

图 1-2 DeconvNet 网络架构

C 带有后处理的全卷积神经网络

条件随机场（CRF）是深度学习方法出现以前最受欢迎的分割方法之一。但是，伴随 CRF 的训练和推理速度慢的特性，以及理解其内部参数的困难程度较高，它逐步地失去了部分吸引力。但是，当时的 CNN 网络在两个或多个类相交的边缘区域表现并不理想，甚至在多个处理阶段中会遗漏一些语义信息。因此，DeepLab 的作者把神经网络和 CRF 这两种方法结合到了一起。这种方式通过结合相邻像素和边缘区域之间的局部信息来增强效果，其增强了模型捕捉细节的能力，如图 1-3 所示。这项工作逐渐演变，其中添加了多项改进。例如，多孔空间金字塔池化，并提出了几种变体，即 DeepLab v1、DeepLab v2、DeepLab v3、DeepLab v3+。作者在 DeepLab v2 中加入了"Atrous 特殊金字塔池（ASPP）"。DeepLabv3 更进一步，使用了层叠式的深层 ASPP 模块来合并多个上下文信息。这三个版本的 DeepLab 都取得了很好的效果。在之前的工作中，CRF 并没有与全卷积网络联合训练，这可能导致端到端的性能不佳。在 PASCAL VOC 2012 分割数据集上，DeepLab 进行了充分的训练，获得了当时最好的性能表现。

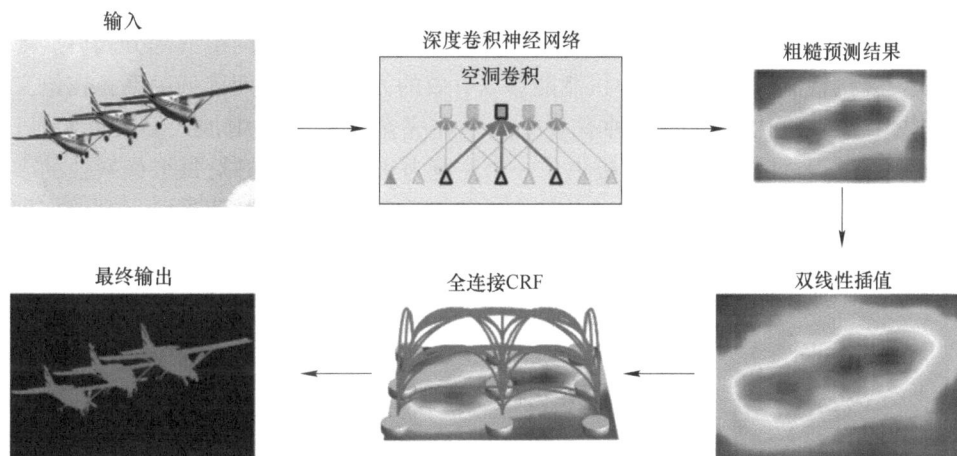

图 1-3 DeepLab 网络架构

彩图

D 特征融合

由于语义分割是在像素级别上对图像进行分类的任务，该领域的许多技术都专注于获得正确的图像细节，而不同的特征提取阶段均会丢失部分语义信息。ParseNet 在 FCN 架构中混合了全局平均池化和 L2 归一化的方法，其提出利用每一层的平均特征来增强每个像素的特征，从而使用组合特征图来进行分割。作者利用传统的全卷积网络，当全局上下文信息局部混乱时，可以恢复大量的误分类像素，从而产生更平滑的分割输出。金字塔场景解析网络 PSPNet 在最后提取的特征图上使用了金字塔池模块（Pyramid Pooling

Module）来整合全局上下文信息以实现更好的分割效果，如图 1-4 所示。Pyramid Attention Network、ParseNet、PSPNet 和 GCN 都利用了带有局部特征的全局上下文信息，从而达到了更好的分割效果。

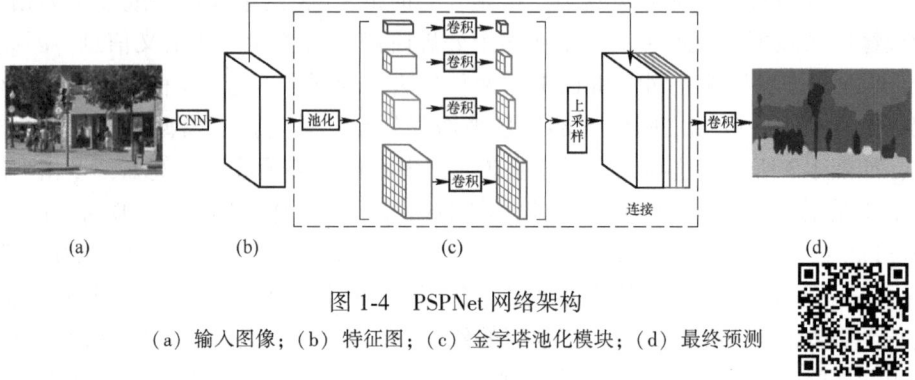

图 1-4　PSPNet 网络架构
（a）输入图像；（b）特征图；（c）金字塔池化模块；（d）最终预测

E　基于注意力的模型

注意力机制（Attention Mechanism）最早是应用于自然语言处理领域的，其原理为允许模型自行地查找源语言中所有和预测目标词有关的组成部分。后期才引入计算机视觉方向。注意力机制能够以有效的方式捕获长期依赖关系，在语义分割中引入注意力机制的一种有效方式是在完全卷积网络中加入多尺度特征。"Attention to Scale"的作者们提供了一个注意力机制，其能够对每个像素位的多尺度特征进行软加权，而不是像传统方法将多个调整大小后的图像输入到深度网络中。深度卷积神经网络模型与注意力模型的联合训练如图 1-5 所示，图中以适当的方式缩放不同尺寸的图像，从而实现更准确的分割。有与之类似的方式，例

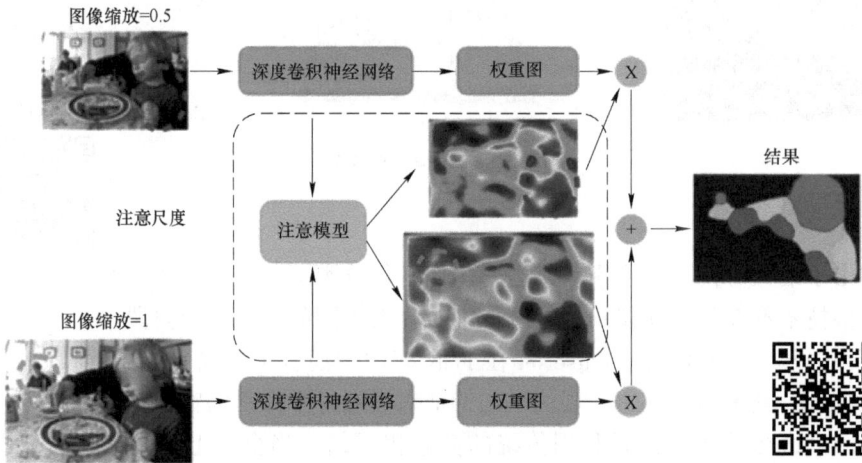

图 1-5　多尺度感知的语义分割架构

如试图通过引入特征金字塔注意模块来解决全卷积网络的空间分辨率损失以及结合来自不同尺度的上下文特征，进而提高了对低分辨率对象的识别能力。

F 实时语义分割

随着智能化的发展以及自动驾驶的普及，语义分割网络的运行效率、内存的使用以及网络的复杂度逐渐越发重要。因此，高效率的语义分割网络已经成了一个十分重要的研究方向。首先，从主干网络角度思考解决速度的办法。ENet 是最早考虑到预测实时性的模型之一，它主要利用了减少通道数量来降低计算工作量。因为主干网络采用的是性能十分优异的 ResNet，所以网络的特征提取能力并不会受太大影响，从而通过减少计算量的方式来达到实时的效果。SQ 网络使用的是 SqueezeNet 这一高效网络作为主干网络来提取特征，通过使用高效的特征提取网络实现了实时预测的效果。ESPNet 的主要工作在于构建了 1 个 ESP 模块（Efficient Spatial Pyramid Module），其把网络中传统的卷积运算分解成了一组卷积核为 1×1 的普通卷积以及几个并联的卷积，这种操作能够减少大量的参数。其次，从构建负责提取不同尺度信息的分支角度入手。ICNet 是首先针对这个问题而提出来的，并想到办法在精度和速度间做出取舍的研究之一。其中，一方面利用原图通过浅层网络获得空间信息，而另一个方面用深层次的网络和经过降采样后的原 RGB 图像获得了上下文信息，进而把二者加以融合并得出了一种既有上下文信息又融合有原图细节信息的预测结果。旷视公司在 2018 年提出了 BiSeNet，其中共有两个分支。一条用来捕获空间细节信息的空间路径（Spatial Path），另外一条则是用来捕获上下文场景中的上下文信息以及图像中高级语义信息的上下文路径（Context Path）。最后，从分辨率角度思考解决问题的方法。类似于这种思路的网络可以追溯到 2015 年 FCN 网络架构中。这些方法的实现原理是将浅层信息直接引导过来，并没有针对这些信息进行有针对性的利用。SegNet 中提出了一个有效的反池化（Unpooling）模块，其可以记录编码器中池化模块的数据以及其索引值（Index），并将平均值回复至原先对应的位置中，从而来提高恢复图像分辨率的效率。这是相当早期的一种根据上采样方法来增强网络性能的研究。

1.1.3 实时语义分割研究难点

语义分割任务结合了分类任务与检测任务等，它的处理方式较为复杂。尽管现阶段基于深度学习的语义分割算法已获得了重要进展，但还是面临着许多十分具有挑战性的难点。目前，语义分割技术的研究面临的主要挑战如下。

（1）数据集的受限问题。语义分割选取数据集时十分看重标注的数量与精度，只有少数几个符合语义分割任务要求的大型数据集，并且现有的模型在这些数据集上的识别效果已经十分精准。如果数据量太小，根本无法应用于从零训练

（Training from Scratch）。不同于分类任务以及目标检测任务，语义分割任务要求每张训练图片都需具有精确到像素级别的标记，这将需要巨大的人工成本以及时间成本，所以能获取的训练集数量也非常有限。另外，因为训练必须大量地标记图片中的每一个像素点，所以很大概率会出现人工标记出错的样本，由此会引起标记中出现噪声问题。这在一定程度上限制了网络的学习能力，所以提高分割数据集的品质和数量能够更加有效地提高网络的识别性能。

（2）信息丢失问题。编码解码结构中，随着网络深度的不断增加，图像的细节信息也会逐渐地减弱。在实时语义分割任务中，一般会选择裁剪输入图片、对轻量级模型剪枝（Pruning）来加速模型，这两种方法均会破坏网络的空间信息。提取后的特征在之后是无法恢复丢失的空间信息。空间信息在语义分割中起着至关重要的作用。空间信息能够有效地提高边缘轮廓的光滑度。

（3）图像场景的复杂性。图像中不同的类别拥有不同尺寸以及不同的位置，即便是同一类型，也存在着巨大的外形差别。例如，图像中会存在大量不同色彩、尺寸、形状的小型汽车，但是它们同属一种类别。而且场景中各种类别间存在互相遮挡的问题，这会导致模型很难精确地区分每一个类别。并且由于部分图片中的背景区域相比于其他类别占用了较多的比例，这样会对前景分割任务产生误导信号。由于上述的问题，场景的理解以及像素点的判断都存在较大的挑战以及需要解决的问题。

本节首先介绍了语义分割的研究背景和意义，其次介绍了语义分割的国内外的研究现状和深度学习技术在语义分割领域的应用，然后指出了语义分割存在的难点，最后提出了本节在语义分割的研究内容和成果。

1.2　相关概念及理论基础

在本节中，详细描述了有关语义分割任务的关键技术背景。首先对卷积神经网络有关的基础理论进行了阐述，并具体介绍了6个经典的深度卷积神经网络算法架构，然后对图像语义分割的关键技术进行了详尽阐述，其中涉及图像语义分割方法的评价准则、用于自动驾驶场景下的大型公开数据集。最后，论述了目前常见的基于深度卷积神经网络的图像语义分割模型以及其优缺点。

1.2.1　卷积神经网络

卷积神经网络是视觉任务中提取图像信息、识别图像特征以及分析图像信息等技术的主要构成部分，其结构如图1-6所示。其目的是把带有特定性质的图像分割成特定的区块，进而获得图像的有效特征信息。卷积神经网络中构建了卷积层、汇合层和感受野等相关定义。在这里，卷积操作可以利用参数共享的方法，简单地将格层化为一个整体。提取图像时，利用多个卷积操作来捕获不同区域的局部特性并逐步地堆叠成卷积架构，从而实现了从低级到高级的语义空间映射。

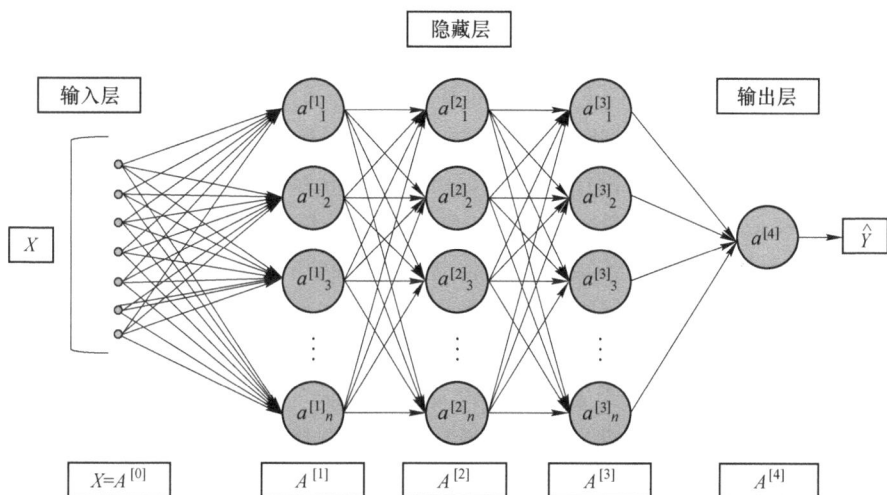

图 1-6 神经网络结构

1.2.1.1 卷积神经网络概述

在卷积神经网络发展历程中，首个重要里程碑事件出现在 20 世纪 60 年代左右的神经科学领域中。加拿大神经系统物理学家首先在 1959 年提出了猫的初级视皮质中单个神经元的"感受野"（Receptive Field）概念，紧接着又在 1962 年发现了猫的视中枢里同时具有感受野、双目系统以及其他功能构造，这也标志着神经网络的系统结构概念第一次被提出。

1980 年左右，日本物理学家构建了仿真生物视觉网络，并提供了一个具有高度层次化的多层次人工神经网络，如图 1-7 所示。即"神经感知"网络系统，用来解决手写文字识别以及其他识别任务，其在后来又被看作当今卷积神经网络的先驱。

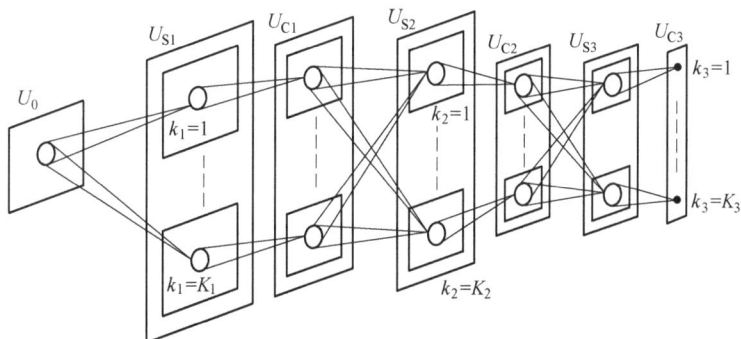

图 1-7 层级化的多层人工神经网络

1998 年，由 LeCun 等人提出了基于梯度学习的逐点卷积神经网络，并将其成果应用在手写数字及字符识别中，其在当时就能够达到低于 1% 的错误率。于是，LeNet 的这一卷积神经网络在当时便用来鉴别手写的邮政编号，并应用于分拣信件。应该说 LeNet 是首次实现商业应用价值的卷积神经网络，而且也为卷积神经网络今后的蓬勃发展打下了扎实的基石。鉴于此，谷歌公司提出 GoogLeNet 时还特地把"L"大写，以此向"前辈"LeNet 表示敬意。

从 2012 年 AlexNet 的网络架构中即可看出，在结构的设计方面，它与十多年前的 LeNet 似乎毫无区别。但数十年间，数据分析和 GPU 等智能硬件装置的进展无疑是巨大的。硬件其实才是继续助力神经网络应用领域创新的主要动力引擎。正因如此，才使深层神经网络系统不再是"晚会的戏法"和象牙塔里的研究，而真正地变成了实际的开发工具。深度卷积神经网络从 2012 年一炮走红，发展到现在似乎早已变成了新一代人工智能研发及应用领域中一项十分重大的课题，深度学习早已成为在诸如视觉领域、自然语言处理等应用领域中主导性的技术。

总的来说，卷积神经网络主要是由卷积层、池化层、激活层以及全连接层组建的。层和层间的神经元相互之间进行联结，而层内神经元间则无联结。对神经元的控制其实就是指输入值和权重完成内积后发生的非线性处理。在网络的最后阶段还设置了损失函数，并通过梯度下降法加以优化。

A 卷积层

在图像处理中，可以将卷积计算方法视为线性滤波操作。通过计算局部窗口内的所有像素与卷积核完成内积得到的结果，并将其作为每个像素的新值。完成了上述全部内积计算后，就等于进行了一次滤波处理。局部窗口大小与原卷积核的尺寸相同，卷积核通常为 3×3 或 5×5，卷积的计算公式为：

$$g(i, j) = \sum_{m=-1, n=-1}^{m=1, n=1} f(i+m, j+n)h(m, n)$$

(1-1)

$$g = f * h$$

式中　　(i, j)——中心像素的相对位置，$i = 1, 2, \cdots, x$（x 是图像长度），$j = 1, 2, \cdots, y$（y 是图像宽度）；

　　　　f——原图像；

　　　　g——"新图像"；

　　　　h——3×3 的卷积核；

　　　　$*$——卷积运算符。

卷积需遍历全部像素。因此，卷积核又被称为滤波器。具体卷积运算的过程示例如图 1-8 所示。

输入特征图(4×4)　　　　卷积核:3×3　步长:2

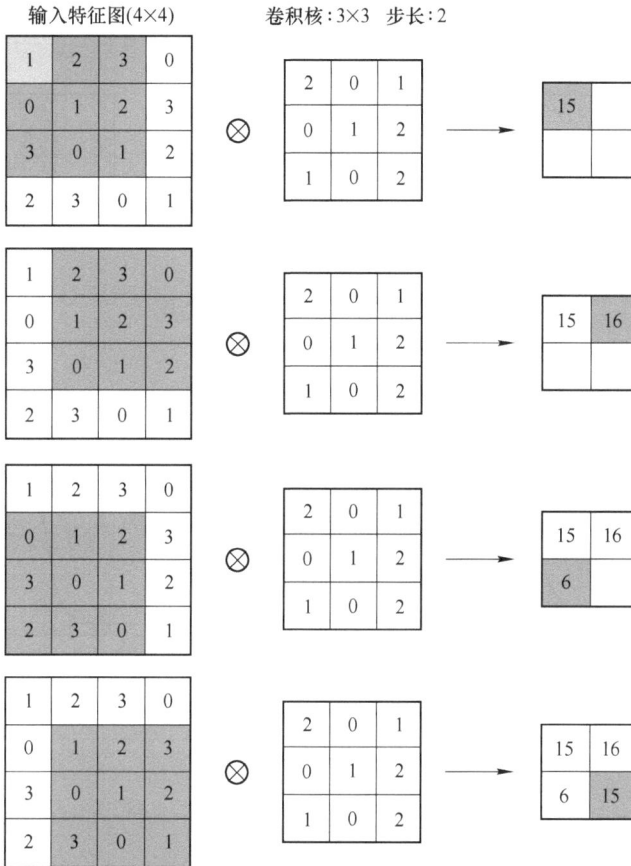

图 1-8　卷积运算示例图

B　池化层

池化方法是一种最为常见用来减少空间尺度的操作，它能够在减少其空间尺度的同时保持通道数不变。池化操作通常采用步长为 2、池化核为 2×2 的池化操作，上述规格的池化操作会减少大半的神经元。但因为池化方法在操作时会去掉大部分的神经元，所以可视为一种提纯方法，目前最常采用的是最大池化方法。图 1-9 中显示了最大池化的操作示意图。但学者们普遍认为最大池化操作具有三种功能，即特征不变性（Feature Invariant）、特征降维（Feature Reduction）以及在一定程度上可以避免过拟合（Overfitting）。

C　非线性映射层

非线性映射层又名激活层，激活函数的使用是提高整体网络的非线性表现能力。由于线性运算在不断堆叠后仍是线性的，因此才出现了激活函数。在现实应用中，有超过十多种函数方法可供选择。最常见的四种函数方法分别是 Sigmoid、Tanh、ReLU 和 Leaky ReLU，这四种类型函数的示意图如图 1-10 所示。

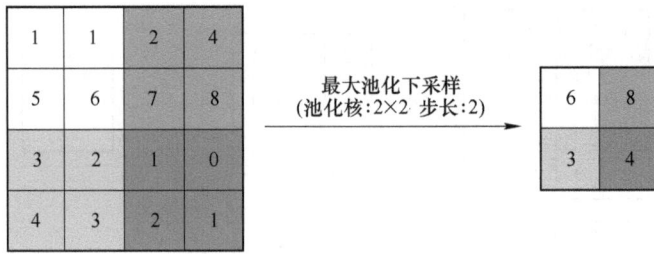

图 1-9   最大池化层的操作示意图

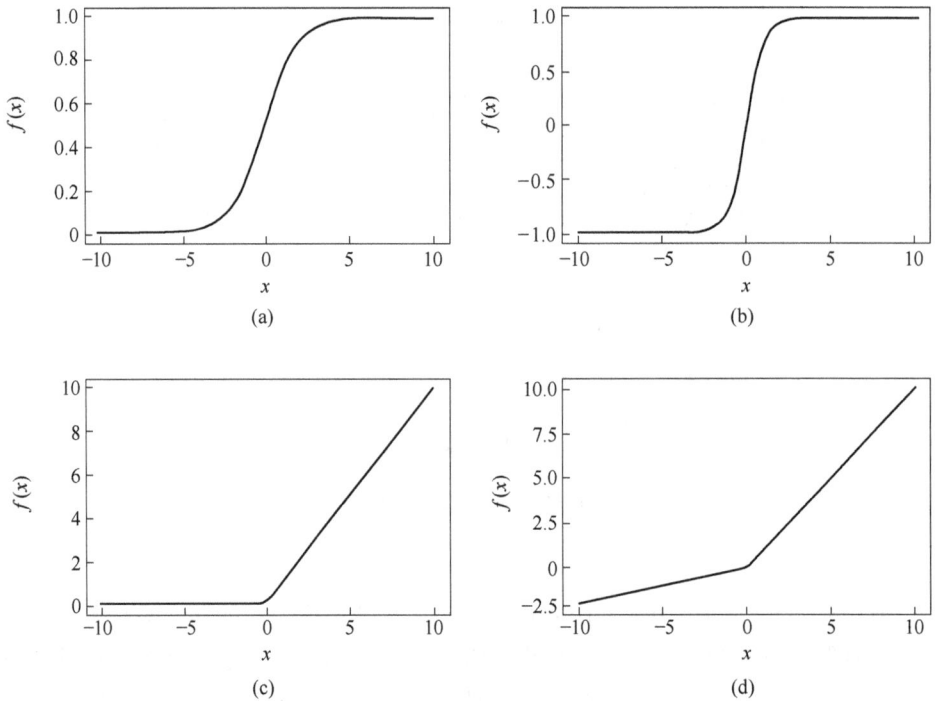

图 1-10   常见激活函数示意图

（a）Sigmoid；（b）Tanh；（c）ReLU；（d）Leaky ReLU

D   全连接层

全连接层在网络中起到分类器的效果。其具有将学到的目标特征映射到不同标签中的作用。在实践中，由于其参数量过于庞大，所以现阶段的网络架构通常使用卷积核为 1×1 的全卷积操作来替代。

1.2.1.2   卷积神经网络的典型结构

深度学习开始被大家熟知并逐渐成为热点的标志是 2012 年 AlexNet 的提出，

这是因为其在当年的 ILSVRC 比赛中以绝对优势高于第二名一举夺冠，引起了许多学者对深度学习的研究，这一年可以算是深度学习热潮的起始标志，其架构如图 1-11 所示。其使用双 GPU 网络架构，是因为这样能够设计并制造出更"大"、更"深"的网络。还使用了 ReLU 或者 Tanh 的策略，能稍微缓解梯度消失问题（Gradient Vanishing Problem）以及提高网络整体的收敛速率。其还使池化方法中的步长等于池化核的尺寸，以便使邻近的池化区域出现重合部分。对于数据实行随机修改尺寸（Random Crop），并使用随机丢弃神经元的方法（Dropout）防止过拟合的发生。

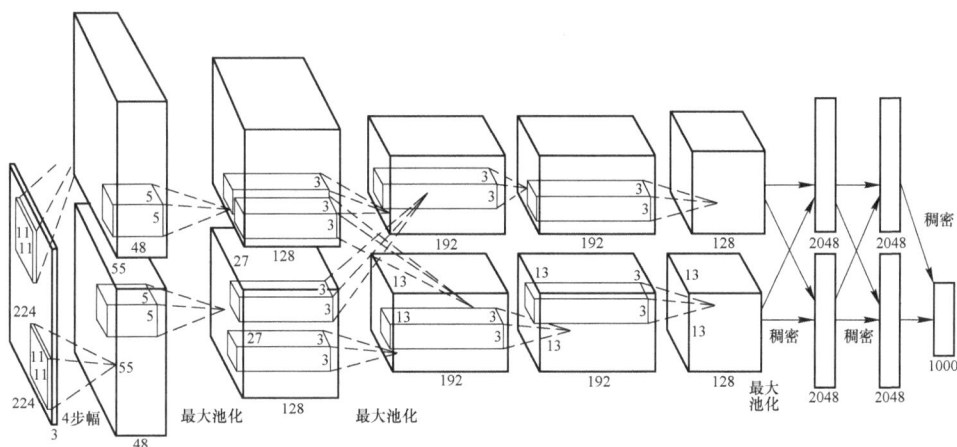

图 1-11　AlexNet 网络架构

VGG 网络于 2014 年被提出，其中包含 11 层、13 层、16 层以及 19 层四种网络。VGG 是最经典的网络之一，现阶段依旧有许多模型将其作为主干网络。VGG 网络在当年的 ImageNet 挑战赛获得第二名，但是其知名度远超当年的第一名，原因在于其简单的网络结构。VGG 与 AlexNet 在架构设计上有很大一部分是相近的，如图 1-12 所示。其与当时一些主流的网络存在一定的不同之处，VGG 的卷积核使用了组合两个小卷积核的模式来替代一个大尺寸的卷积核。对于这么做的优点，其作者认为主要有以下两点：一是减少了网络参数量的规模；二是提高了特征提取时的非线性表达能力。

与 VGG 网络同时提出的经典网络还有谷歌公司的 GoogLeNet。在同年的 ImageNet 挑战赛中，GoogLeNet 取得了第一名的好成绩。GoogLeNet 相比于上文提及的 VGG 网络，其结构的设计上有些许的不同。VGG 网络仅在深度上进行网络的构建，GoogLeNet 不但考虑了深层方向的构建还考虑了网络架构的宽度。通过并联 1×1 卷积、3×3 卷积、5×5 卷积以及 3×3 的最大池化操作构建 Inception 模块，如图 1-13 所示。

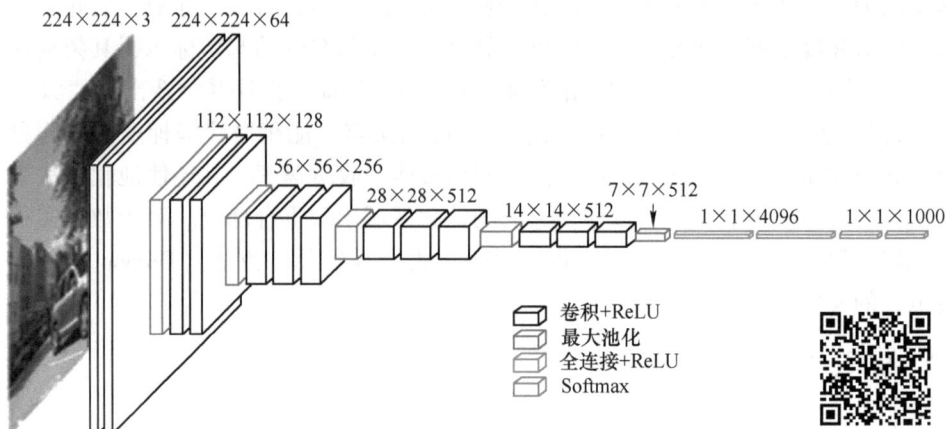

224×224×3 224×224×64
112×112×128
56×56×256
28×28×512
14×14×512
7×7×512
1×1×4096
1×1×1000

卷积+ReLU
最大池化
全连接+ReLU
Softmax

彩图

图 1-12　VGG 架构

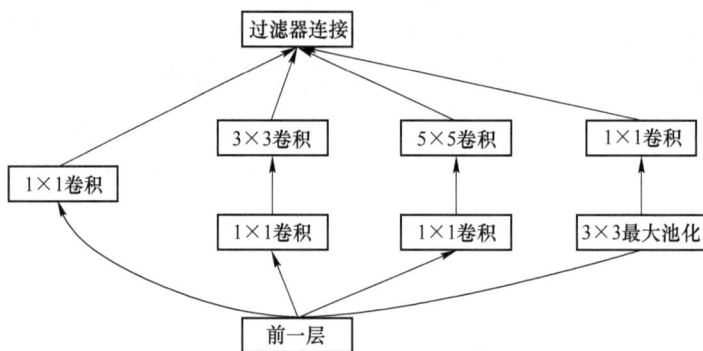

过滤器连接

3×3卷积　　5×5卷积　　1×1卷积

1×1卷积　　1×1卷积　　1×1卷积　　3×3最大池化

前一层

图 1-13　GoogLeNet 架构

何恺明于 2015 年提出了 ResNet，其在深度学习的发展历程上占据着重要的位置。ResNet 网络中的残差结构影响至今，其结构如图 1-14 所示。现如今绝大多数先进的网络均采用了残差思想。何恺明凭借 ResNet 取得了 2016 年 CVPR 的最佳论文奖。其不但巧妙地解决了随着网络层数的增加拟合能力的退化问题（Degrade Problem），还在各种著名的比赛中取得了冠军。ResNet 的主要思想是用捷径分支来加强特征提取，从而加快模型的收敛以及解决梯度消失现象。

随着卷积神经网络的进一步发展，在关于不同的视觉任务中更多的研究人员采用了增加深度和宽度来换取更显著的性能提高，但是伴随着大量的运算复杂度以及内存损耗等，严重影响了嵌入式设备等平台的有效部署。因此，轻量化且高效率的卷积神经网络的设计已经成为当下科学界与工业界的热门研究话题。在语义分割任务中，主干网络通常会选用性能较强的分类网络。解决实时语义分割的

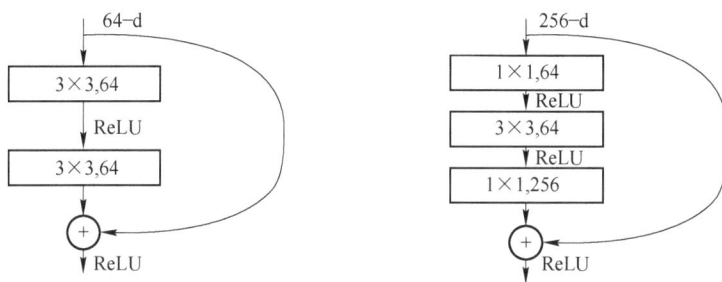

图 1-14 残差结构

关键任务就是构建一个高效的轻量级特征提取网络。

在 2017 年前后，如何构建轻量型的网络已经越来越受到研究者的重视。常用的技术手段主要包括以下两类：一是构建轻型的特征提取网络；二是对已训练好的复杂模型通过减小精度、剪枝等方法压缩。此时，谷歌公司发布了一种轻量化网络 MobileNet，并成了后来研究者经常使用的基准模型。

在 MobileNet 中，作者使用深度可分离卷积的思想设计了一种新颖高效的网络架构，其设计了按比例减少通道数和按比例降低特征图大小的两个超参数。这样使得人们能够按照任务需求和现实场景对模型在运算时间与准确度之间做出取舍。其实它就是把标准卷积分解成通道卷积和逐点卷积。标准卷积与深度可分离卷积参数量对比如下，其中 D_K 为卷积核尺寸、D_F 为通道卷积的卷积核尺寸、N 为卷积核数量、M 为通道的数量。

标准卷积：
$$D_K \cdot D_K \cdot M \cdot N \cdot D_F \cdot D_F \tag{1-2}$$

深度可分离卷积：
$$D_K \cdot D_K \cdot M \cdot D_F \cdot D_F + M \cdot N \cdot D_F \cdot D_F \tag{1-3}$$

对比结果：
$$\frac{D_K \cdot D_K \cdot M \cdot D_F \cdot D_F + M \cdot N \cdot D_F \cdot D_F}{D_K \cdot D_K \cdot M \cdot N \cdot D_F \cdot D_F} = \frac{1}{N} + \frac{1}{D_K^2} \tag{1-4}$$

2017 年，旷视公司发布了一个效率高且能够应用于移动端的网络——ShuffleNet，如图 1-15 所示。当计算资源受限时，网络的实际性能将会降低。出现这种问题的原因在于设计了过多的卷积核为 1×1 的卷积。于是，在 ShuffleNet 中，其作者采用组卷积与深度可分离卷积相结合的方法。提出通过构建逐点卷积来避免大量的 1×1 卷积，并利用通道重构来减轻由组卷积（Group Convolution）造成的弊端，并在残差思想上重新实现了网络的结构设计。在网络计算消耗大大降低的同时，仍可保证网络的性能。

组卷积方案的最早提出于 AlexNet，当时提出组卷积的原因是显卡设备的局限性。在 2012 年，显卡的显存容量较小难以实现大型模型的训练。由于显卡设备的更新迭代，ShuffleNet 的作者使用组卷积来减少模型的计算量和参数量，并采用通道重组操作来避免由组卷积导致学习特征较为局限的问题。

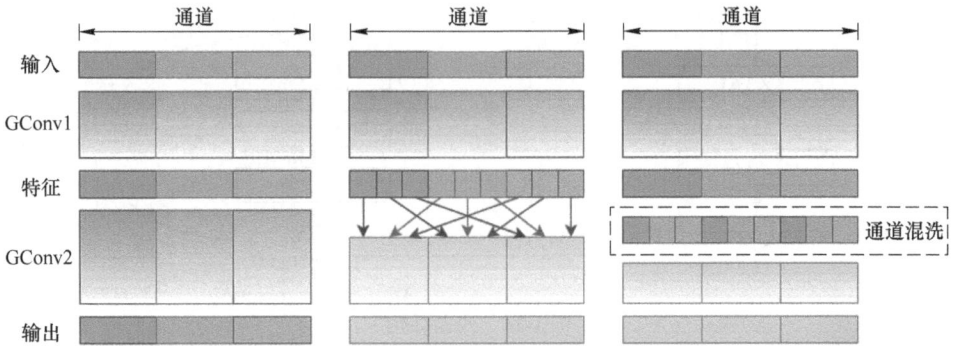

图 1-15   ShuffleNet 网络架构

彩图

1.2.2 语义分割相关基础知识

1.2.2.1 语义分割概要

语义分割的目的在于将输入 RGB 图像中的每个像素点进行分类，通过对每个像素点进行分类实现区域的划分。深度学习的方法为端到端的模型，也就是输入与输出的 RGB 图像尺寸相同且识别过程中无其他操作，如图 1-16 所示。构建网络的整体流程：首先将带有正确标签的图像输入网络中，以完成训练网络参数的目的；其次通过反复地迭代直到模型中各个参数达到最优解；最后加载训练好的模型完成预测任务。

输入的RGB图像   预测结果

图 1-16   端到端的语义分割流程

1.2.2.2 评价指标

随着语义分割技术的不断进步，现阶段主要使用准确度、速度、硬件资源消耗三类评价指标来评判网络的性能。其中，k 表示除背景外的类别总数，i 表示真实值，j 表示预测值，P_{ij} 表示将 i 预测为 j。具体计算方法如下。

A 准确度

平均交并比（MIoU，Mean Intersection over Union）是一种为解决预期精度不平衡这一缺点所提出的指标，具体计算见式（1-5）。它对分类不平衡具有鲁棒性,并且可以说是评估语义分割任务时最受欢迎的度量标准。MIoU 为各个类 IoU 的平均值,IoU 计算的是交集与并集之比。交集为预测正确的区域,并集为真实值与预测值的并集。由于 P_{ij} 表示将 i 预测为 j 为假负（FN）、P_{ji} 表示将 j 预测为 i 为假正（FP）、P_{ii} 表示将 i 预测为 i 为真（TP），因此其计算过程见式（1-6）。

$$\text{MIoU} = \frac{1}{k+1} \sum_{i=0}^{k} \frac{p_{ii}}{\sum_{j=0}^{k} p_{ij} + \sum_{j=0}^{k} p_{ji} - p_{ii}} \tag{1-5}$$

$$\text{MIoU} = \frac{1}{k+1} \sum_{i=0}^{k} \frac{TP}{FN + FP + TP} \tag{1-6}$$

平均像素准确度（MPA,Mean Pixel Accuracy）:MPA 为各个类像素准确率（PA）的均值,具体计算见式（1-7）。像素准确率是最为简单且直观的指标之一,其仅需计算分类正确的像素个数与标签中正确的像素个数的比值。

$$\text{MPA} = \frac{1}{k+1} \sum_{i=0}^{k} \frac{p_{ii}}{\sum_{j=0}^{k} p_{ij}} \tag{1-7}$$

频权交并比（FwIoU,Frequency-weighted Intersection over Union）:其为 MIoU 的拓展形式,即通过对所预测的类别分别予以一个权重,权重的产生方式为该目标出现的频率,具体计算见式（1-8）。

$$\text{FwIoU} = \frac{1}{\sum_{i=0}^{k} \sum_{j=0}^{k} p_{ij}} \sum_{i=0}^{k} \frac{p_{ii} \sum_{j=0}^{k} p_{ij}}{\sum_{j=0}^{k} p_{ij} + \sum_{j=0}^{k} p_{ji} - p_{ii}} \tag{1-8}$$

B 执行时间

每秒的帧数（FPS,Frame Per Second）:随着科技的进步越来越多的应用需要使用实时语义分割,速度在实际应用中起到决定性的作用。因此,评价一个分割网络时要同时考虑网络的运行速度,速度的主要评价指标为 FPS。在语义分割中,FPS 代表 1s 模型所预测的图像个数,其计算公式如下,其中 FrameNum 为总帧数,ElapsedTime 为总时间。

$$\text{FPS} = \frac{\text{FrameNum}}{\text{ElapsedTime}} \tag{1-9}$$

C 硬件资源消耗

内存消耗:语义分割的实际应用通常使用于边缘设备中,边缘设备的硬件资源是十分受限的，如果 CPU 和 GPU 的性能较低，就会造成网络运行较慢。但如果网络模型的大小超出边缘设备的运行内存，程序将无法运行。因此，模型所消耗的内存起到决定性的作用。在通常情形下，采用最大峰值内存占用（Peak Memory Usage）来表示模型的硬件使用情况。

1.2.3 数据集介绍

为了促进语义分割在关键领域的快速增长以及建立完善的性能基准，现阶段已经产生了一些可靠的数据集。表 1-1 汇总了现阶段在语义分割任务中的高质量数据集。它包含了不同场景的数据集，有些数据集最初是为分类任务开发的。其中有一些是为特定任务的专业数据集，适用于特定的应用。例如，自动驾驶等应用场景，其中涵盖了广泛的场景和众多的类别以及大量的注释标签。本章研究主要面向道路场景下的实时语义分割，因此着重介绍基于道路场景下的 Cityscapes 数据集和 CamVid 数据集。

表 1-1 常见的语义分割数据集

数据集	图像数量	类别	年份
COCO	164K	172	2017
ADE20K	25.2K	2693	2017
Cityscapes	25K	30	2016
SYNTHIA	13K	13	2016
PASCAL	10.1K	540	2014
SIFT Flow	2.7K	33	2009
CamVid	701	32	2008
KITTI	203	13	2012

1.2.3.1 Cityscapes 交通场景数据集

Cityscapes 数据集注重于对城市街道场景的语义理解，由戴姆勒在内的 3 个德国单位共同创造。数据集中的样本城市非常多样化，在数据集的图像中共有 50 余个城市，图像均取自天气晴朗的白天。为了丰富数据的多样化，图像包含春、夏、秋 3 个季节。数据集中有精细和粗糙两种标签，分别为 5000 张精细标签以及 20000 张粗标签，两种标签数据集如图 1-17 所示。其中，精细标签数据集共有 2975 张训练集、1525 张测试集以及 500 张验证集。数据集中各类的定义见表 1-2。

图 1-17 Cityscapes 标签

彩图

表 1-2 Cityscapes 数据集类别信息

组 别	详 细 类 别
平面	道路、人行道、停车场、铁路轨道
人类	行人、骑手
车辆	汽车、卡车、巴士、轨道列车、摩托车、自行车、大篷车、拖车
建筑	建筑、墙壁、围栏、护栏、桥梁、隧道
对象	灯杆、灯杆组、交通标志、红绿灯
自然	植被、地形
天空	天空
空白	地面、动态、静态

1.2.3.2 CamVid 交通场景数据集

CamVid 是另一个城市场景数据集，其中包括以 960×720 像素以每秒 30 帧的速度捕获的 4 个高清视频序列。视频的总时长超过 22min 或大约 40K 帧。在后者中，有 701 张图片被手动标记为 32 个对象类。有趣的是，注释工作大约花费了 230 个工时，平均注释时间不到 20min。每一个带注释的图像都由第二个人检查并确认准确性。一般情形下，仅使用 11 个分类的标签。其中用作训练、验证、测试的照片分别为 367 张、233 张以及 101 张。CamVid 共分为移动物体（Moving Objects）、路（Road）、天花板（Ceiling）、固定对象（Fixed Objects）4 个大类。移动物体（Moving Objects）类别中包含动物、行人、孩子、推车、骑自行车的人、摩托车、轿车、越野车、卡车、公共汽车、火车；路（Road）类别中包含可行驶的道路、路肩、可驾驶的车道标记、不可行驶的车道标记；天花板（Celling）类别中包含天空、隧道、拱道；固定对象（Fixed Objects）类别中则包含建筑物、墙壁、树木、植物、栏杆、人行道、停车场、栏杆、拥挤道路、桥梁、标志、红绿灯、其他。CamVid 数据集中所有类别的比重如图 1-18 所示。

■ 动物   ■ 行人   ■ 孩子

■ 滚动推车/行李/婴儿车   ■ 骑自行车的人   ■ 摩托车/踏板车

■ 汽车(轿车/旅行车)   ■ 越野车/皮卡车   ■ 卡车/公共汽车

■ 火车   ■ 杂项   ■ 道路(可行驶的路面)

■ 路肩   ■ 车道标记可行驶   ■ 不可驾驶

■ 天空   ■ 隧道   ■ 拱道

■ 建筑   ■ 墙

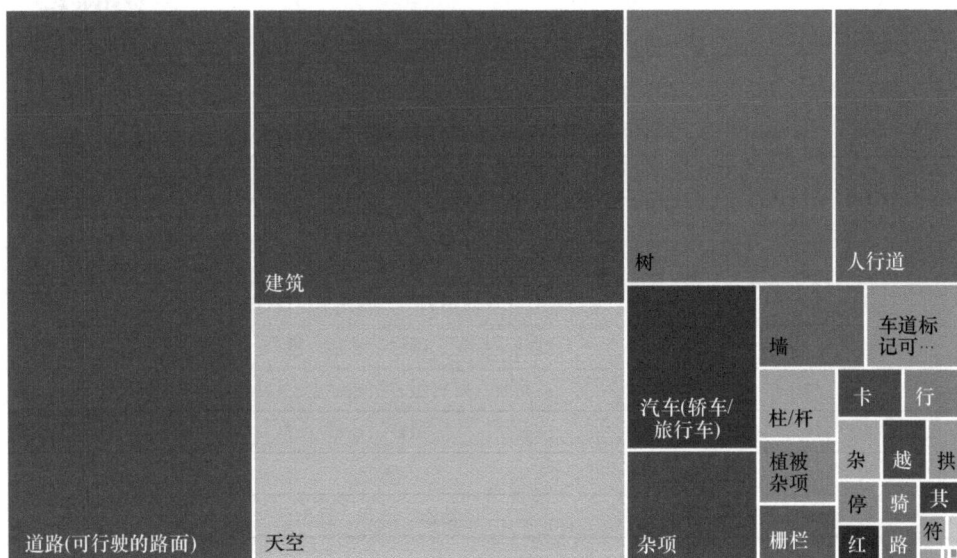

图 1-18　CamVid 数据集各类的比例

彩图

1.2.4　实时语义分割任务的典型解决方案

1.2.4.1　基于特征提取

实现实时语义分割的关键方法之一就是从特征提取角度入手。通过采用轻量型的特征提取网络架构技术来降低网络的参数量和计算量，从而达到预测的实时性。大部分网络均采用主干网络为 VGG 系列中的 19 层网络、ResNet 系列中 50 层或者 101 层网络，这种架构含有大量的参数且计算量较大。直接将其换成层数少的类型即可加快预测速度。如果速度仍旧缓慢，就换成例如 MobileNet 系列的轻量型架构。这种直截了当的方法往往可以达到非常明显的效果。代表性的网络有 ENet、SQ、ESPNet 等。

A　ENet

ENet 的作者发现，现阶段的分割网络还难以实现即时分割。其主要问题就是网络中存在大量的浮点运算，其导致执行时耗时过长，也因此大大降低了执行效率。ENet 精简了模型参数，以平衡模型的识别精准度和预测时的速度，而且网络中并未包含任何后端处理技术。ENet 设计了一种瓶颈模块，分为非下采样的瓶颈模块和下采样的瓶颈模块，如图 1-19 所示。

ENet 采用了去除模型中偏置的策略，这是因为去除后能在一定的范围内降低内存的消耗以及计算量。而且 GPU 加速库能在单独的内核中进行偏置的计算操作，因此该网络的操作并未降低网络的精准度。在上采样过程中，该网络并未采用与编码器对称的解码器，反而使用了一个较小的解码器。原因是作者认为语义分割与分类网络类似，其解码器仅是起到对细节进行细微调整的作用。

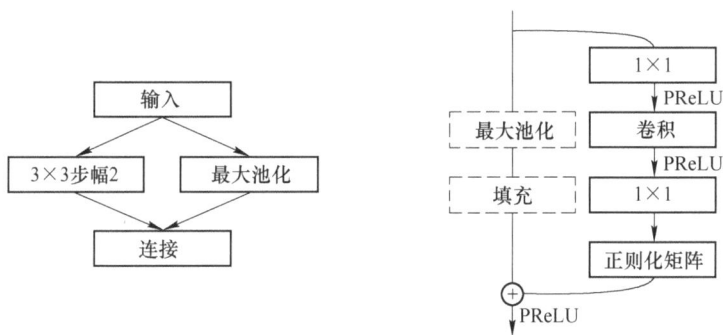

图 1-19　ENet 非瓶颈残差块

B　ESPNet

ESPNet 是采用轻量型网络架构的经典模型之一。该网络的主要创新点在于其构建了一个名为 ESP 的高效特征提取模块，该模块由逐点卷积和空洞卷积构成。这两种卷积可以减少计算复杂性以及扩大网络的感受野。逐点卷积将输入映射到低维特征空间，空洞卷积金字塔使用 K 组卷积核为 $n \times n$ 的空洞卷积，同时重采样低维特征，每个空洞卷积的空洞率为 2^{k-1}。这种分解方法能够大量减少 ESP 模块的参数量以及内存的消耗，并且维持模型一直具有较大的感受野。对于输入和输出的维度为 M 和 N，卷积核大小为 $n \times n$ 的标准卷积，需要学习的参数量为 $n^2 MN$，有效感受域为 n^2。超参数 k 用来调节 ESP 模块的计算复杂度，首先使用逐点卷积将输入维度从 M 降为 K/N，然后将低维特征分别使用上述的空洞卷积金字塔进行处理，最后将 K 组空洞卷积的输出合并。ESP 模块参数量为 $1/K(MN+n^2 N^2)$，其在参数数量和感受域方面都有一定的提升，ESP 结构如图 1-20 所示。

1.2.4.2　基于多分支结构

虽然浅层网络运算速率较快，但其特征提取效率的表现较弱。怎样平衡二

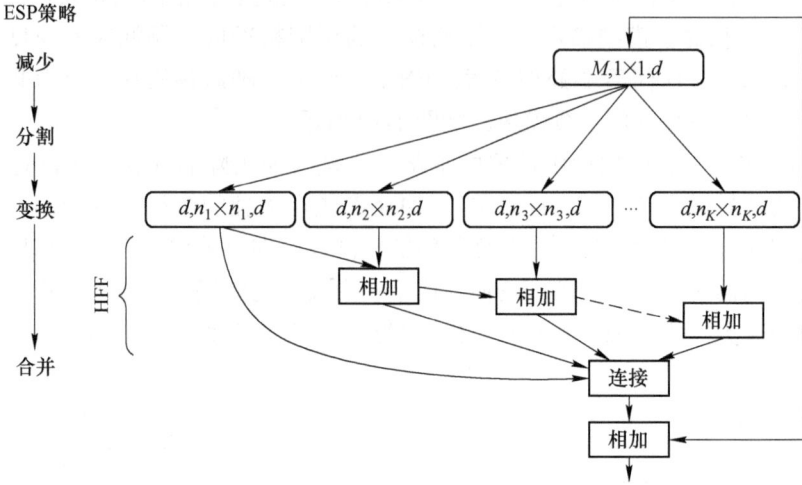

图 1-20 ESP 模块结构

者，成了多分支这一类方法中主要考虑到的问题。如何有效地平衡速度与精度成了一种解决实时性的主流研究。

A ICNet

ICNet 的作者发现不同图像在设置为不同的分辨率时，即使通过了同样的网络层，计算速度同样也是不相同的。这是因为更大的图片意味着需要付出更多的计算代价，而较小的图片即使通过了同样的网络结构，按照同样的参数计算，也同样能以一种比较快的速率完成计算。不过，由于得到的图片面积极小，其在上采样过程中可能在边界处会产生大量的差错。

该网络的核心创新点：（1）使一张较低分辨率的图片经过一次完整的预测，从而得到一张分辨率较低的预测结果；（2）使用一张正常分辨率的图片输入到网络中，从而得到了保存了更多细节的预测图像；（3）把这两种分辨率不同的预测图像加以组合，最后得到了最终的预测结果。其网络结构如图 1-21 所示。

B BiSeNet

BiSeNet 中含有功能不同的两条路径：一条是空间路径，也是用来提取空间信息的一条路径；另一条则是上下文路径，即用来提取图像中高级语义信息以及上下文信息的。其中，空间路径由 3 个普通的卷积模块组成，并且各个模块的层数都很少。

因此，即使是将原图输入网络中，其运算速率也足够快。在网络的上下文路径中，由于需要提取上下文信息，因此该路径要不断地进行下采样操作。在这条路径中，输入图像的尺寸为原始的 1/4 大小，经过 3 次下采样得到 1/32 大小的输出特征图。两条路径的特征图使用一个特定的融合模块进行融合操作，融合后的尺寸为 1/8 大小。最后，该网络通过双线性插值方法将特征图恢复到原来图像的尺寸。其网络结构如图 1-22 所示。

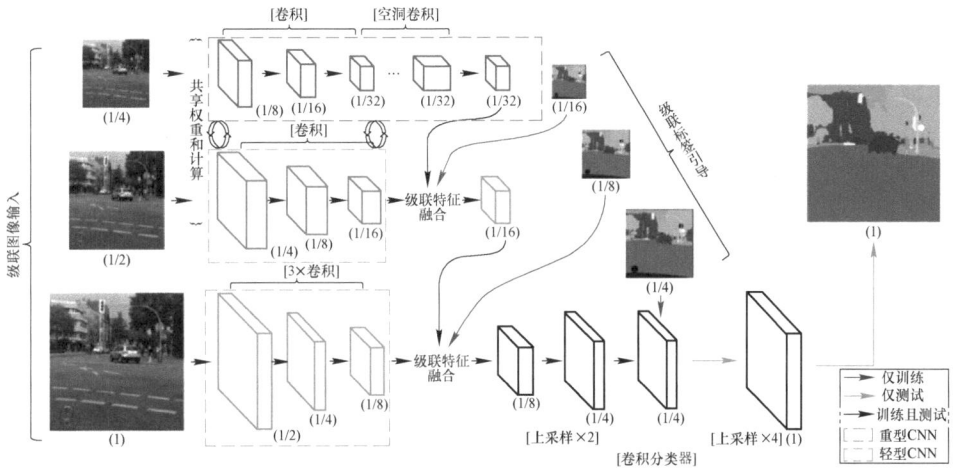

图 1-21　ICNet 网络架构

彩图

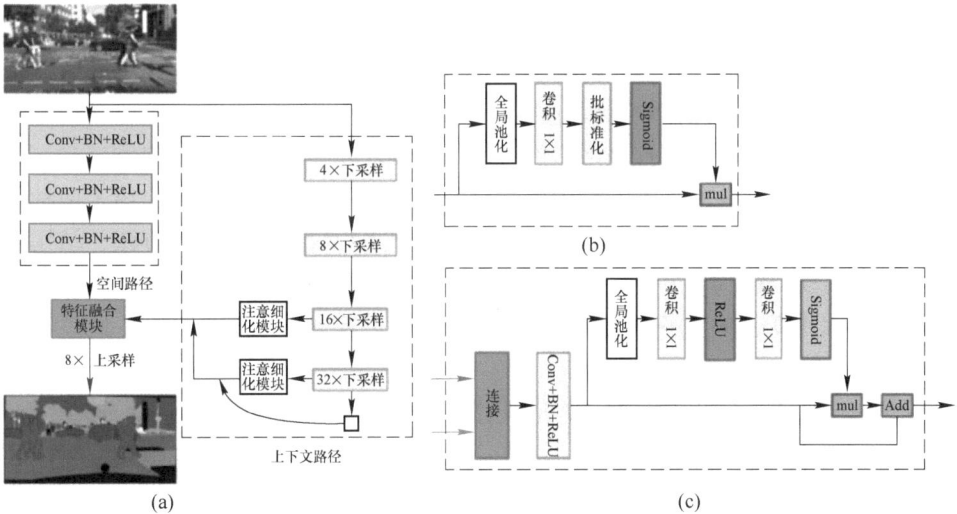

图 1-22　BiSeNet 网络架构

（a）网络架构；（b）注意细化模块；（c）特征融合模块

彩图

1.2.4.3 基于分辨率角度

在大部分的网络中，用来恢复分辨率的上采样模块含有大量的参数，因此构建高效的上采样模块是行之有效的方法之一。通过构建高效的分辨率恢复模块来提高速度可以应用于大多数计算机视觉任务中。现有的端到端模型都是基于全卷积神经网络的原理，都经过降采样和上采样两个环节。因此，从分辨率方向入手可以应用于整个语义分割领域。

怎样才能构建一个平衡速度与精度的上采样模块是迫切需要解决的问题之一。另一个特别重要的问题就是分辨率，假设输入的像素都保持原图尺寸，那么在训练中所用的计算资源就会短缺，甚至出现批大小（Batch size）设置太小的现象，从而影响训练效率。因此在一般情况下，不管是训练还是最后的前向传播阶段，大部分网络都会选择 1/4 大小的分辨率进行推导。最后，通过双线性插值等方法来实现将分辨率恢复至原图大小的任务。这将会造成一个非常重大的问题，在编码器阶段通过池化而丢失的一些细节信息、边界等信息将无法还原。因此，设计一种速度快、准确度高的上采样模块是一个十分重要的任务。

基于这一理论的文章最早可以追溯到 2015 年的 FCN 网络。在医学影像分割中最为经典的 UNet 也做出了贡献，UNet 是通过构建层级相同的编码器和解码器来实现的。在每个相同尺寸的层级间使用了跳跃连接的方式进行融合特征。另外，DeconvNet 也使用了这个方法。作为最早的实时网络之一的 SegNet，其编码器的部分在进行池化操作的过程中，SegNet 会在下采样时将池化时的最大值的索引记录保存下来。之后在上采样的时候，再通过原来池化模块中记录下来的索引把最大值恢复到对应的区域，以此提高上采集的效率。

本节首先介绍了卷积神经网络的基本知识以及卷积神经网络的典型结构，其次介绍了图像语义分割技术的相关概念以及相关的评价指标。再次介绍了两种最常用的数据集，其中包括 Cityspaces 和 Camvid，并对数据集的标注方法、结构特点进行了简要叙述。本节最后介绍了实时语义分割任务的典型解决方案，包括基于特征提取角度、基于多分支结构角度以及基于分辨率角度。

1.3 实时语义分割网络 SSRNet 的模型设计

现阶段，随着深度学习技术以及显卡等硬件设备的迅速发展和进步，语义分割的准确度已经取得了显著的提高。但由于大部分高准确度的网络是通过构建层数更深、构建更复杂的特征提取结构实现的。因此，现阶段高精度的语义分割网络并不具备实时性，无法应用于自动驾驶、边缘计算等场景。如何建立快速高效的实时语义分割网络已经变成了一项非常富有挑战性的课题，因语义分割是一种密集的分类问题，网络必须对图像中的各个像素进行分类，语义分割网络的速度通常难以实际应用，所以如何平衡准确度与效率是一项非常有挑战性的研究课题。尤其是处理高分辨率的图像，例如卫星图像、医学图像等。现阶段，大部分的实时网络都会将输入图像在输入网络前进行下采样，以降低整个网络计算量。本节将详细地介绍网络架构中的每一个模块。

1.3.1 网络的整体架构

本节提出了一种新颖的基于双分支架构的高效实时语义分割网络，由于该网络采用 SSR 模块构建，因此将网络命名为 SSRNet。SSRNet 的参数量仅为 3.11M，在 Cityscapes 数据集下，能以 98FPS 的速度取得 71.4% 的 MIoU。本节主要从特征提取、架构设置、特征融合、上采样 4 个大方向入手进行设计。实验结果表明，SSRNet 取得了十分显著的效果，并可以应用于自动驾驶、交通场景识别等领域。SSRNet 的网络性能在先进的实时语义分割模型中位居前列。

本节提出了一种新型的特征提取残差块 SSR，该残差块可以准确且高效地提取出图像中的特征，并且其具有的两种版本可以分别应用于不同分辨率下的特征提取任务以及特征提取中的下采样任务中。SSR-S2 版本较常规的池化操作具有十分显著的效果，其能够更加平滑地提取相应特征。本节提出的上下文信息提取路径可以高效地获取到上下文信息，该路径采用空洞卷积与深度可分离卷积组合的方式，通过使用不同扩张率提高感受野，能够包含更多的全局信息，进而提高对小目标的分割效果。本节提出了一种共享型空间路径，通过共享空间路径可以实现无需增加任何操作即可增加上下文路径的层数并扩大网络的感受野。本节提出了一种高交互性特征融合模块，其可以充分地发挥上下文信息和空间信息的互补优势，并能将上下文信息和空间信息充分地相互融合。本节提出的上采样模块能够简单高效地恢复图像分辨率。

本节构建的实时语义分割网络可分为 6 个部分，下面将详细介绍这 6 个部分：（1）特征提取残差块；（2）共享型双分支网络架构；（3）上下文路径；（4）特征融合模块；（5）上采样模块；（6）辅助模块。本节构建的整体网络架构如图 1-23 所示。

1.3.2 特征提取残差块

随着深度学习理论的不断完善以及显卡等设备的快速更新换代，深度卷积神经网络的准确度也逐步地提升，但随之增加的网络层数会导致网络预测效率的降低。现阶段，许多网络在速度与准确度之间选择了准确度，大部分准确度的提升是通过加深网络的层数来实现的，会拖慢网络的执行速度，例如 Inception 系列和 DeepLab 系列等。现阶段，许多轻量级的实时语义分割网络主要采用压缩网络和高效提取特征两种方法来提升网络的效率。第一种方法主要通过对预训练模型进

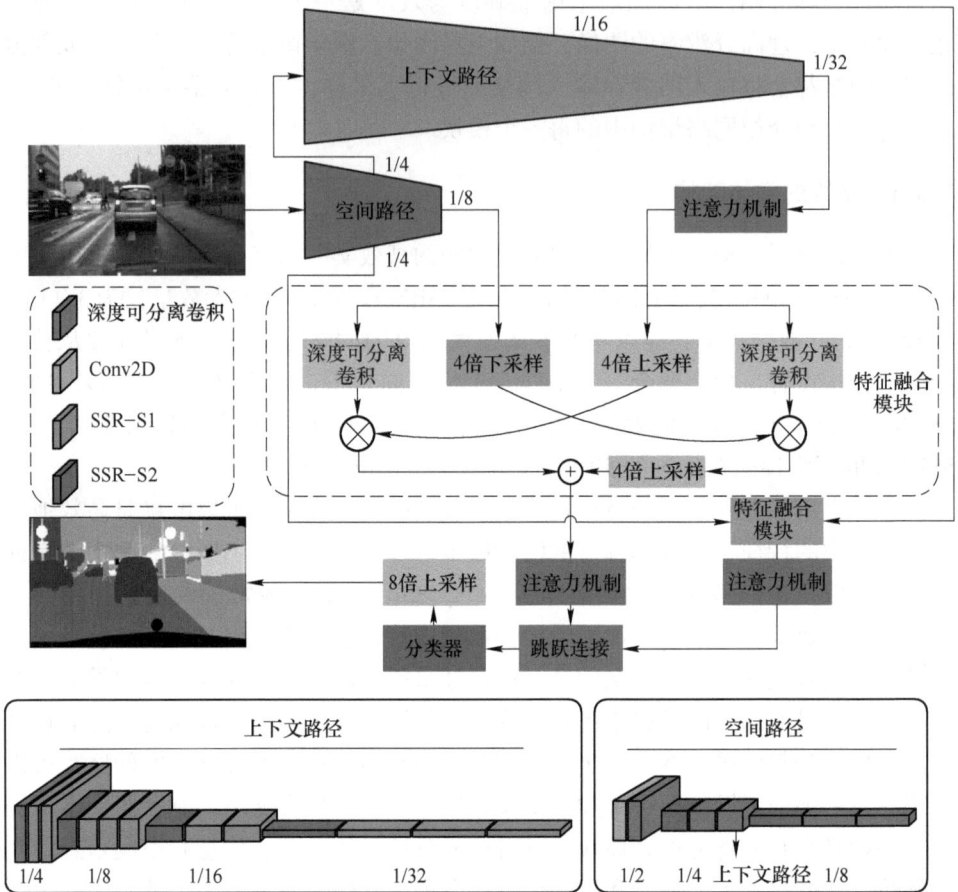

图 1-23 SSRNet 网络整体架构图

行简化操作，其通过去除预训练模型的冗余结构来提高网络的执行
效率，这种方法主要包括剪枝操作、知识蒸馏操作、模型量化操作
等轻量化技术。第二种方法主要通过使用高效卷积的方法来构建轻

量型特征提取网络，通过使网络主干结构中的卷积换成高效卷积操作来实现实时
效果。该类方法中，大多数高效网络通常采用分解普通卷积的方法，最常用的分
解策略为深度可分离卷积以及分组卷积。这种策略有许多的案例，其中 ENet 的
网络架构就采用了浅层的 ResNet 网络，ShuffleNet 通过组合深度可分离卷积以及
分组卷积来实现较小的参数量和较低的计算量。

1.3.2.1 残差结构

ResNet 提出的残差原理已经深刻地影响了深度卷积神经网络，虽然其构造看
起来十分简单易懂，但却是一种能有效提升网络性能的结构。在网络的前向传播

过程中，残差结构通过构建一种跨层连接结构来增强网络的性能，并且实践已经证明，残差架构能够更有效地提高"深层"网络的识别能力。残差结构的提出使语义分割等问题得到了更好的解决，同时为本节提出的 SSR 结构提供了十分重要的理论基础。

残差网络的三种经典形态结构如图 1-24 所示。图 1-24（a）所示为非瓶颈残差结构，该结构是最为经典的一种结构。该结构共由两条分支构成，分别为一条主分支和一条捷径分支。主分支由两个卷积核为 3×3 的普通卷积构成，每个 3×3 卷积后分别使用 ReLU 激活函数来构建非线性。主分支中的特征图在经过两组 3×3 普通卷积后，需使通道数和特征图大小保证不变；捷径分支为输入主分支的原始特征图。最后，主分支与捷径分支采用各个像素相加的操作完成两个分支的特征融合。由于两次卷积核大小相等且每次卷积后的特征图大小也相同，因此这类卷积称为非瓶颈残差结构。图 1-24（b）为瓶颈残差结构，该结构是残差结构的经典变形体之一，主要是为了提高残差结构的效率。瓶颈残差结构通常使用两个卷积核为 1×1 的普通卷积，这两个 1×1 卷积操作的作用分别为降低特征图的维度和恢复特征图的维度。图 1-24（c）为非瓶颈一维残差结构，该结构是在经典的卷积结构的基础上通过使用卷积分解的思想实现的。这种变体是十分常用的，该变体采用将卷积核为 3×3 的普通卷积分解为两个卷积核为 3×1 和 1×3 的组合。各种经典的残差结构变体为本节网络的设计提供了不可或缺的思路并奠定了坚实的理论基础。

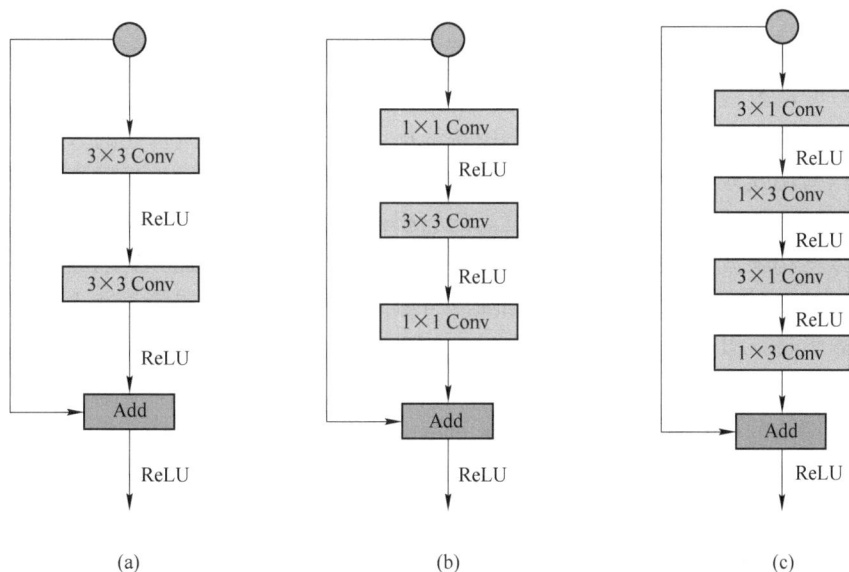

图 1-24　残差网络的经典形态结构

（a）非瓶颈残差结构；（b）瓶颈残差结构；（c）非瓶颈Ⅰ维残差结构

1.3.2.2 分组卷积

分组卷积操作（Group Convolution）首先将输入特征构建成不同的组别，然后采用不同类型的卷积核对各个组内的特征图加以卷积，上述操作方式能够有效地降低卷积时的计算量。普遍的卷积都是在全部的输入数据中完成卷积运算，也能称为全通道式卷积。但相较于普通卷积的计算方式，分组卷积可以看作是一个多通道稀疏运算的方式。也有很多专门利用分组卷积来设计的网络，这类网络普遍具有较少的参数量和较低的计算量，如 Xception、MobileNet、ResNeXt 等。

Xception 和 MobileNet 利用深度可分离卷积（Depthwise Separable Convolutions）来构建含有较少参数量的网络，但其实际上是一个相对特定的分组卷积。深度可分离卷积所构建的分组个数与输入特征的通道数目相同，这表明每个分组内仅被分有一个特征图。不过，这些网络通常面临着一个较大的缺点，即卷积核为 1×1 的卷积数量过大。实际上，ResNeXt 模型中的 1×1 卷积大约占据了93.4%的乘加运算。

ShuffleNet 提出了通道重新组合的方法（Channel Shuffle），它可以在提高网络精确度的同时，减少模型的运算量，其运行流程如图 1-24（b）所示。通过重排操作可以对经过分组卷积运算之后的特征图进行重新组合，因为这样才能确保接下来分组卷积运算的输入来源于不同的组别。只有通过重新排列操作，特征信息才能流通于不同的组间。虽然这种方法等价于图 1-24（c）的方案，该方案采用在组卷积之后对通道进行了重新组合，但是它并不是完全随机的行为，而实际上是均匀的打乱，整体的过程如图 1-24 所示。通过重新组合的方式为本节 SSR 特征提取残差块的提出奠定了坚实的理论基础。

1.3.2.3 SSR 特征提取残差块

本节致力于解决实时语义分割中特征提取的效率问题，所构建的 SSR 特征提取架构采用残差思想实现。残差结构的优越性已经经过了大量先进网络的实践并得到了充分的认可。现阶段准确度高的卷积神经网络均采用残差结构，因此也采用残差结构来设计 SSR 结构，希望在有限的计算资源内，网络可以合理地平衡执行速率和识别精度，并且通过使用深度可分离卷积和分组卷积的方法来减少计算量和参数量，以达到增强网络综合能力的目的。同时还受到了 ShuffleNet 的启发，在残差块中加入了通道拆分（Channel Split）和通道重组（Channel Shuffle）操作来降低网络的计算量，能够达到特征重用的效果，通过这种方式能够增强特征通道间的信息交互能力，从而在未增加计算量的前提下提高模型的密集预测能力，并且在一定程度上扩大了网络的容量。虽然增加了上述对通道的操作，但这些额外的操作并不会显著地增加网络的计算量。由于本模块采用了通道拆分和通道重组（见图 1-25）且该模块的架构为残差结构，因此将残差块命名为 Split-Shuffle-Residual（SSR）。

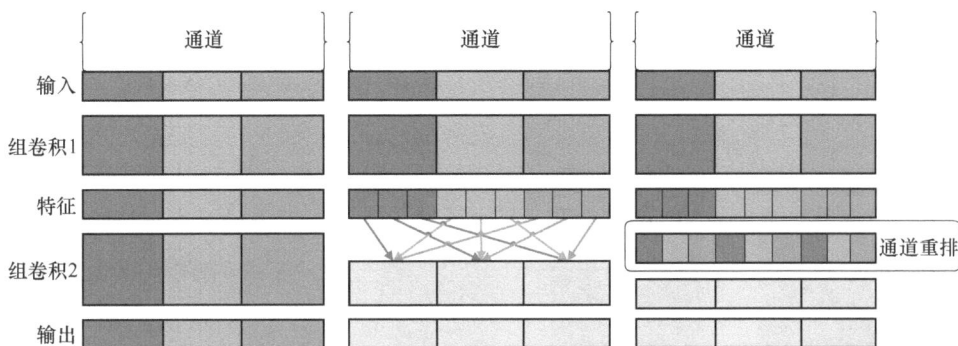

图 1-25   通道拆分与重排的原理图

本节设计的 SSR 残差块有步长为 1 的 S1 版本和步长为 2 的 S2 版本，其各自有不同的分工，图 1-26 详细地描绘了两种残差块的具体结构。两种版本的 SSR 残差块具有不同的分工。SSR-S1 模块主要负责对特征图上的有效信息进行提取，其步长为 1，并且特征图在提取过程中的大小和通道数不发生变化。SSR-S2 模块主要负责特征图的降采样工作。在卷积神经网络中，特征图丢失信息最多的环节就是降采样过程。降采样过程主要是为了降低特征图的大小，以保证整体网络的资源使用。构建 SSR-S2 的主要目的就是降低降采样时网络的信息丢失问题。在本节中，SSR-S2 的使用有效地防止降采样过程中的信息丢失问题。

A   SSR-S1

该结构使用通道拆分操作将通道分为两个分支，每个分支为输入特征图通道数的一半。在 SSR-S1 中，本节在两个分支上设计了两种不同类型的卷积来共同提取特征。这两种卷积分别为深度可分离卷积和空洞卷积，使用深度可分离卷积是为了降低网络的参数量从而减少硬件资源，使用空洞卷积是为了扩大网络的感受野，并通过空洞率（Dilation Rate）的设置可以捕获多尺度上下文信息，进而提高模型的准确性。与采用大卷积核的网络相比，该方法在计算效率和参数量上是十分高效的。同时将卷积核为 3×3 的空洞卷积分解为卷积核分别为 3×1 和 1×3 的两个普通卷积操作。

在采用空洞卷积的支路中，残差结构使用常用的 1×1 卷积操作。在 SSR-S1 版本中先通过一个 1×1 卷积来降低特征图的通道数，从而降低网络的参数量，经过空洞卷积和深度可分离卷积提取特征后再使用卷积核为 1×1 的卷积操作对特征图进行升维操作，从而恢复特征图的原尺寸。SSR 结构使用的是经典的 ReLU 激活函数，虽然现阶段的 ReLU 激活函数已经更新迭代到 ReLU6，但是相较于传统的 ReLU 激活函数并没有显著的性能提升，反而会增加一定的计算量。由于本节

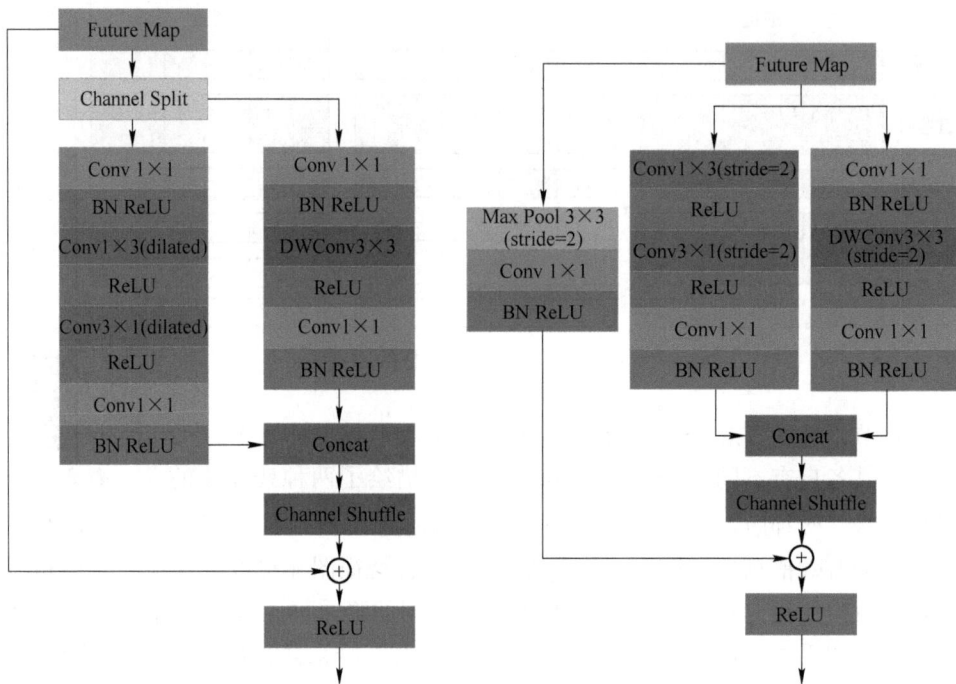

图 1-26 SSR 特征提取残差块的网络详细架构

Channle Shuffle—通道重组；Channel Split—通道拆分；Concat—按通道维度拼接；
dilated—空洞卷积；stride—步长；Max Pool—最大池化下采样；DWConv—深度可分离卷积；
Conv—标准二维卷积；ReLU—激活函数；BN—批标准化

是为了解决实时性的问题，网络的效率是十分重要的，因此本节提出的 SSR 特征提取残差块中均采用了传统的 ReLU 激活函数。

为了增强提取效果，在深度可分离卷积和空洞卷积的前后均使用了批标准化操作（Batch Normalization）来增强训练结果。经过空洞卷积和深度可分离卷积提取后的两个分支，采用通道拼接方式（Concat）拼接为原通道数的特征图。拼接后的特征图会通过通道重组操作来增强特征间的信息交互能力。最后使用了残差结构的思想构建了一条捷径分支，通过让原始特征图与提取后的特征图进行逐像素相乘来达到解决梯度爆炸和梯度消失的问题。

B SSR-S2

本残差块主要负责特征图的降采样工作，经过该过程处理后会得到尺寸减小一半、通道扩大 2 倍的特征图。设计该结构的目的是减少降采样时大量空间信息的丢失问题。SSR-S2 结构采用与 S1 版本相近的设计模式，即空洞卷积和深度可分离卷积组合的方案。在特征图输入时，该结构会将特征图输入到两条支路中。

两条支路的卷积计算中均将步长设置为 2，空洞卷积仅采用卷积分解的策略来实现降低参数量的目的，深度可分离卷积依旧采用 1×1 卷积的策略来达到减少通道数的目的。

在接下来的特征融合步骤中，采用横向拼接的操作以及通道重组操作。此时，特征图为通道数扩大 2 倍、尺寸减小 2 倍的效果。在捷径分支的设计上，首先采用池化核为 3×3 的最大池化下采样（Max Pooling）对特征图进行下采样操作。由于主分支特征图的通道为原来的 2 倍，因此在最大池化下采样后本节使用了卷积核为 1×1 的卷积操作，通过对特征图进行升维操作以及批标准化来增强提取效果。

1.3.3 共享型双分支网络架构

过去的 10 年是深度学习飞速发展的时期，大量的科研人员在网络架构的设计上完成了众多的杰出工作。现阶段，许多的语义分割模型使用着图像分类网络作为主干网络，如 VGG、ResNet、Xception、EfficientNet 等经典的主干网络。然而，直接使用主干网络会出现两个问题：（1）这些为分类网络设计的深度卷积神经网络的模型参数量、计算量过于庞大，使用后导致整体模型的体积过大；（2）由于分类网络的网络深度普遍很深，经过多次下采样操作后会丢失大量的特征，这些丢失特征的恢复工作是十分困难的。为了解决这类问题，产生了一些具有代表性的网络架构，还有一些研究员在原有方法的基础上对后续网络进行了改进。图 1-27 介绍了实时语义分割领域上十分有代表性的架构，U 形网络架构和双分支网络架构。图 1-27（a）为 U 形网络架构，该架构通常采用对称的编码器-解码器模式，该方案采用合并相应阶段的特征图。然而，这类网络架构通常会带来巨大的额外计算。图 1-27（b）为双分支结构，在该结构中的两种路径分别是用于获取低层语义信息和生成高分辨率特征图的空间路径，以及用于提取高层语义信息和生成低分率特征图的上下文路径。提取特征后，通过特别的特征融合方式来融合这两种路径中的特征图。但是这种方法的缺点是缺少两个分支之间的交互，还有很大的改进空间。图 1-27（c）为本节提出的共享型双分支网络架构，该架构能够共享浅层网络的权重信息，进而实现权值共享。该操作的效果类似于编码器-解码器模型中的跳跃连接，但本节设计的架构仅使用一次跳跃连接来维持网络运行时的效率。

空间信息在语义分割任务中的重视程度占比较低，其主要原因共有以下两点：一是随着网络卷积层数的增加以及各阶段之间下采样操作的使用，由于卷积操作和下采样操作的设计，空间信息的丢失是一个必然的事件。在深度卷积神经网络中空间信息的丢失被认为是正常现象。二是想要恢复丢失的空间信息是一项十分困难的任务，并且一些丢失的空间是无法通过后期恢复的。一些恢复空间信

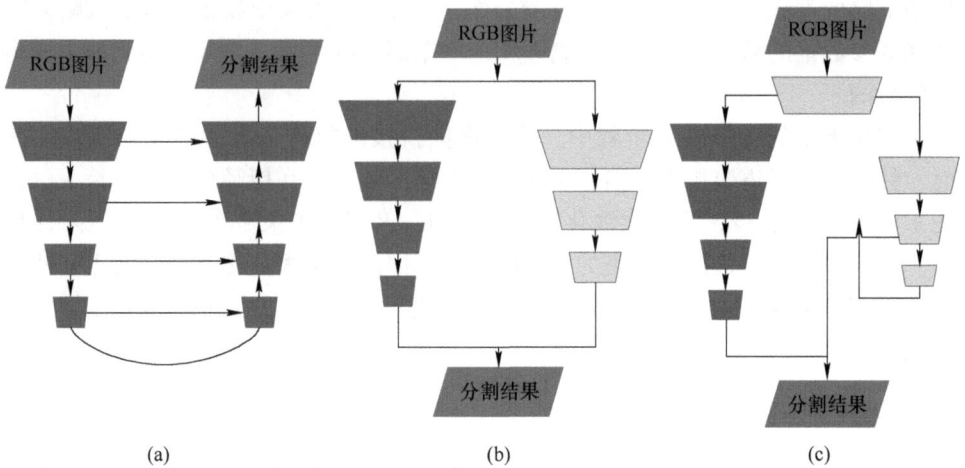

图 1-27 实时语义分割领域代表性的网络架构

（a）编码器解码器架构；（b）双分支架构；（c）本节共享性架构

息的方法也会耗费一定的计算资源，这通常会影响网络的效率。因此，很多方法都忽略了空间路径。然而，空间信息对语义分割的预测结果具有十分重要的意义。在一些经典的方法中，如 UNet 网络通过直接将浅层的空间信息与解码器上对应分辨率的特征图相连接。这类操作虽然可以有效地恢复空间信息，但是由于需要增加大量的参数量和计算量，在很大程度上影响了网络效率。ICNet 通过使用级联网络的方法来补充丢失的空间信息。

在实时语义分割任务中，网络的参数量以及计算量都需要保证高效。因此，在实时语义分割中保证上下文信息和空间信息的精度是十分困难的，尤其是想要同时满足二者。在经典的编码解码结构中，伴随着网络深度的不断增加会出现空间细节信息的丢失问题。通常在实时语义分割网络中会采用裁剪和剪枝方案，例如裁剪输入图片的大小。这些方案虽然可以有效地提高轻量级模型的运行效率，但这两种方案都会破坏网络中大量的空间信息。因此，在保证网络执行效率的条件下，如何高效地确保空间信息的准确性是一项十分有难度的工作。BiSeNet 网络提出了构建一条空间路径来解决空间信息丢失的问题，这一想法经过大量的实验表明，能够高效地保存网络中的空间信息。因此，使用空间路径来平衡上下文信息和空间信息的精度是一种十分有效的办法。

深度卷积神经网络在前几层通常是用来去提取低级特征的，低级特征通常有大量的空间信息。经典的双分支架构通常直接将输入的 RGB 图像输入到空间路径和上下文路径这两个分支中。这种方法没有充分地发挥空间路径的所有价值。由于空间路径的主要目的就是获取空间信息，所以空间路径中卷积层的设计与传统的深度卷积神经网络基本相同。于是，本节并没有采用单独计算两个分支的方案,而是采用共享型空间路径。而且共享型空间路径能够在浅层网络中的低级特征与上下文路径之间共享,不但减少了网络的参数量和计算量,还增加了两个分支之间的交互能力。

经过大量详尽的实验后,本节将空间路径构建为 3 个阶段。这 3 个阶段以特征图的大小进行命名,分别为 1/2 阶段、1/4 阶段、1/8 阶段。由于深度可分离卷积的使用可以在一定程度上提高网络的运算速度。因此,在空间路径中,主要使用了普通卷积、深度可分离卷积和 SSR-S2 残差块。在卷积操作后均采用批归一化和 ReLU 激活函数与之组合。由于 1/2 阶段是处理通道数为 3 的 RGB 图像,一些高效的卷积操作无法发挥出效果。因此,在本阶段中,采用了一个步长为 2 的普通卷积(Conv2D)以及一个深度可分离卷积,普通卷积用来实现下采样功能,深度可分离卷积用来提取特征,此时特征图的大小为 256×512,通道数为 32。在 1/4 阶段中,采用 SSR-S2 残差块和深度可分离卷积相组合的设计。SSR-S2 残差块和深度可分离卷积设置的数目分别为 1 和 2,SSR-S2 残差块的主要功能是降维。为了平衡网络整体的识别精度和速度,本阶段共使用 2 次深度可分离卷积,此时特征图的大小为 128×256,通道数为 64。1/2 阶段和 1/4 阶段为空间路径的共享阶段,1/4 阶段的特征图将会输入到上下文路径中继续提取上下文信息。在 1/8 阶段中,采用和 1/4 阶段同样的架构设置。此时特征图的大小为 64×128,通道数为 128。提取后的特征图为原始特征图的 1/8 大小,这是由于 1/8 大小的特征图既可以保留丰富的空间信息还可以保证网络的运行速度,空间路径的具体网络架构见表 1-3。

表 1-3 空间路径的详细网络架构信息

阶段	输入尺寸	运算名称	输出通道数	数量	步长
1/2	512×1024×3	Conv2D	32	1	2
	256×512×32	DWConv	32	1	1
1/4	256×512×32	SSR-S2	64	1	2
	128×256×64	DWConv	64	2	1
1/8	64×256×128	SSR-S2	128	1	2
	64×128×128	DWConv	128	2	1

1.3.4 上下文路径

得益于双分支结构的设计,浅层网络中的空间信息由空间路径获取,深层网络中的上下文信息由上下文路径获取。由于在空间路径中已经获取到了丰富的空间信息,所以在上下文路径中需要获取丰富的上下文信息即可。常规架构的经典语义分割网络通常使用现有的分类网络作为主干网络,会造成参数量过大、计算量偏高的问题。因此，在上下文路径中使用 SSR-S1 和 SSR-S2 两种卷积结构进行构建。SSR-S1 的构建想法主要来源于上下文路径，因仅需获取丰富的上下文信息，所以本节选用空洞卷积和深度可分离卷积两种卷积进行特征提取。空洞卷积可以通过设置不同的膨胀系数，获取多尺度的上下文信息，深度可分离卷积相比于普通卷积主要的优势在于参数量小，组合两种卷积能够使上下文路径获取到更精准的特征。并且空洞卷积在使用不同膨胀系数后，虽然可以获取多尺度的上下文信息，但其卷积核中空洞率的设置会遗漏一部分信息，采用深度可分离卷积与空洞卷积互相组合的方式还能解决空洞卷积的信息丢失现象。

　　上下文路径的输入采用共享空间路径的方式，该方法会在未增加计算量的前提下将具有丰富空间语义信息的特征图输入到上下文路径中，实现增强特征交互以及扩大网络容量的作用。为了平衡网络的计算速度与精度，本节将上下文路径设计为 4 个阶段，共分为 1/4 阶段、1/8 阶段、1/16 阶段以及 1/32 阶段，这 4 个阶段与空间路径的命名方式相同，均以特征图的大小进行命名。在 1/4 阶段，由于输入信息为空间路径中 1/4 阶段的特征图，该阶段的通道数较大会影响网络的执行速度。因此，使用 1×1 卷积对特征图进行降维操作，以保证网络的运行效率。接下来使用 SSR-S1 残差块进行特征提取。由于本阶段为上下文路径的第一阶段，若空洞率设置过大可能会造成部分信息丢失，从而导致接下来的特征提取出现较大的误差，影响网络的性能。所以在此阶段采用膨胀系数分别为 1 和 2 的 SSR-S1 残差块来提取信息，此时特征图的大小为 128×256，通道数为 16。在 1/8 阶段中，首先使用 SSR-S2 进行降采样操作得到尺寸减半通道数翻倍的特征图，然后使用不同膨胀系数的 SSR-S1 残差块来提取上下文信息。在本阶段中，使用了膨胀系数为 2 和 6 的两个 SSR-S1 残差块来提取特征。此时特征图的大小为 64×128，通道数为 32。在 1/16 阶段中，使用了和 1/8 阶段相同的架构，此时特征图的大小为 32×64，通道数为 64。在 1/32 阶段中，由于特征图尺寸较小，提取特征时消耗较小，因此本节使用了膨胀系数为 2、4、6、6 的 4 个 SSR-S1 残差块提取上下文信息。此时特征图的大小为 16×32，通道数为 128。在上下文路径的末端使用了运算量极小的 Coordinate 注意力机制来计算通道间的权重向量，该权重向量可以对特征图的通道进行重新加权，以达到对每个通道的重新选择和组合的目的。经过上下文路径提取后，特征图为原始的 1/32 大小，这是由于使用过多的下采样操作，空间信息的恢复工作将会十分困难。并且，此刻分辨率的特征图可以较好地平衡网络的速度和精度。上下文路径的详细架构信息见表 1-4。

表 1-4　上下文路径的详细网络架构信息

阶段	输入尺寸	运算名称	空洞率	输出通道数	数量	步长
1/4	128×256×64	Conv2D	1	16	1	1
	128×256×16	SSR-S1	1, 2	16	2	1
1/8	128×256×16	SSR-S2	1	32	1	2
	64×128×32	SSR-S1	2, 6	32	2	1
1/16	64×128×32	SSR-S2	1	64	1	2
	32×64×64	SSR-S1	2, 6	64	2	1
1/32	32×64×64	SSR-S2	1	128	1	2
	16×32×128	SSR-S1	2, 4, 6, 6	128	4	1

1.3.5　特征融合模块

空间信息与上下文信息之间存在较大的差异，空间信息主要体现在细节信息，如边界信息等。上下文信息主要体现在全局信息，如分辨两种对象的位置等。由于空间信息与上下文信息之间存在极大的差异，若简单地将空间路径和上下文路径直接融合，将会严重影响网络的识别精度。因此，本节设计了一个能够交互两种不同特征的特征融合模块，该模块能够充分地发挥出两种模型之间的互补优势。

空间路径中蕴含的是低级语义信息，上下文路径中蕴含的是高级的语义信息，因此上下文路径与空间路径中的语义信息是互补的关系。若想要融合互补关系的两种特征，需要让两种特征互相定位到互补的区间。定位到互补区间的最主要条件之一就是相互通信，如果两种信息之间无法通信将无法发挥两种信息互补关系的优势。构建能够充分通信的两条路径成为了本节构建特征融合模块最重要的任务之一。受 BiSeNet V2 网络的启发，为实现充分交互两条路径的首要任务，本节在空间路径与上下文路径中构建出两条特征图大小分别为 1/8 大小和 1/32 大小的路径。为了构建充分交互的通道，将两条路径下相同尺寸的特征图进行逐像素相乘操作。本模块使用逐像素相加的方法得到融合后的结果。最后，融合后的特征经过一次卷积核为 3×3 的普通卷积提取信息后即得到了最终的融合特征图。

本节提出的特征融合模块能够充分交互的主要原因为：首先经过上下文路径与空间路径提取出的特征图大小分别为 1/8 和 1/32。经典的融合方案通常采用将上下文路径的特征图上采样至空间路径特征图的尺寸后再进行融合，这类方法在融合时无法充分发挥出空间路径应有的效果。本节网络通过在空间路径和上下文路径上分别构建出符合另一条路径尺寸的特征图来实现两两相互交叉，这种方法会增强两条路径之间的交互能力。

本节提出的特征融合模块具体的实施方案如下。

（1）空间信息共分为两个分支：一个是原尺寸分支；另一个是下采样分支。

原尺寸分支采用一个3×3的深度可分离卷积和一个卷积核为1×1的普通卷积来提取特征，每个卷积操作后均使用批标准化和ReLU激活函数。下采样分支采用一个步距为2、卷积核为3×3的普通卷积和一个池化核为3×3的最大池化下采样相组合。为了提高网络的执行效率，本节采用了卷积分解的方式进行构建。通过卷积分解的方式，将卷积核为3×3的普通卷积分解为3×1和1×3两个卷积。

（2）上下文信息共分为两个分支，是原尺寸分支和上采样分支。原尺寸分支的设计与空间信息相同，上采样分支采用卷积核为3×3的普通卷积和上采样方法组成。为了保证网络的参数量以及计算量，使用卷积分解的方法来处理卷积核为3×3的普通卷积。为了减少参数以及提高速度，上采样使用的是不含参数的双线性插值方法。

（3）空间信息与上下文信息相互交互后，采用了卷积核为3×3的普通卷积来充分地融合空间信息与上下文信息，此处仍采用卷积分解的方式来减少参数量。按照ShuffleNet V2的设计原理，各分支的网络层数应尽可能相等，深度可分离卷积共经过两步操作，可理解为2层网络，因而分解3×3的卷积是不会影响网络速度的。

特征融合模块的详细结构如图1-28所示。

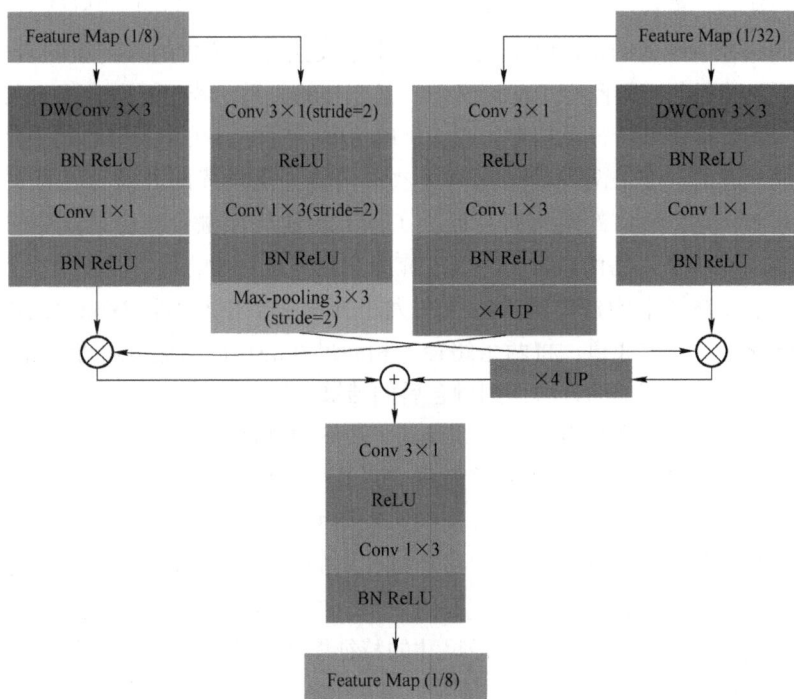

图1-28 特征融合模块的详细架构图

Feature Map—特征图；Max-pooling—最大池化下采样；DWConv—深度可分离卷积；

Conv—标准二维卷积；ReLU—激活函数；BN—批标准化；UP—上采样

1.3.6 上采样模块

语义分割的上采样操作是最重要的环节之一，上采样模块同样是占据大量计算量的模块之一。作为经典上采样方法之一的反卷积（Transposed Convolution），在上采样的过程中会消耗大量的计算资源，影响网络的性能。速度对实时语义分割的重要程度不言而喻，本节采用了传统的双线性插值（Bilinear Interpolation）作为上采样的方法，采用该方法的主要原因在于其无需训练任何额外的参数，并且相比于需要训练参数的方法不存在过大的性能差距。

在上采样模块中，构建了一个中分辨率特征图，通过跳跃连接的方式来构建多尺度的特征图以增强网络的性能。这个中分辨率特征图是空间路径中 1/8 阶段的特征图与上下文路径 1/16 阶段的特征图经由特征融合模块融合后的结果。上采样模块主要由跳跃连接（Skip Connection）、分类器（Classifier）和 8 倍双线性插值上采样组成。本模块首先将中分辨率特征图与融合后的特征图使用跳跃连接对特征图进行融合。跳跃连接操作由横向拼接的 concat 操作和起到降维操作的 1×1 普通卷积组成，此操作能够有效地增强多尺度信息。上采样模块的具体架构如图 1-29 所示。

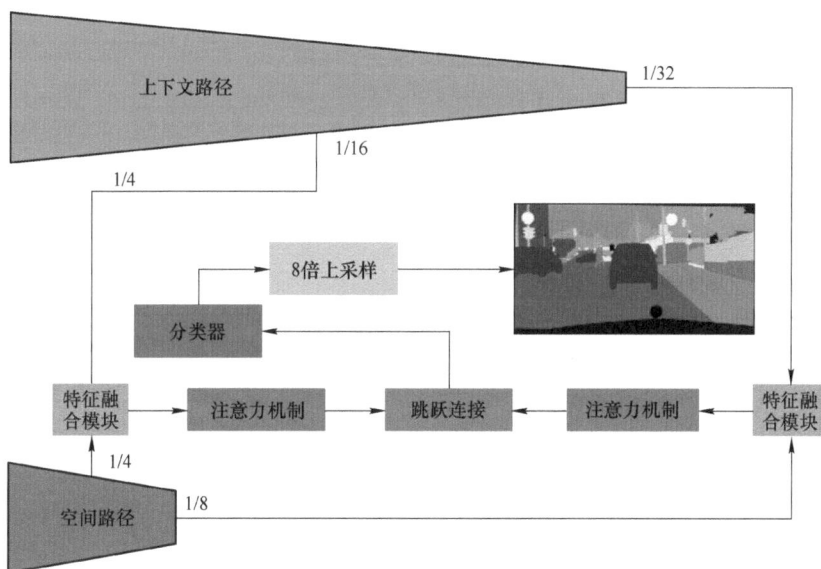

图 1-29 上采样模块架构图

1.3.7 辅助模块

1.3.7.1 注意力机制

随着深度学习技术的不断进步，语义分割网络的性能也在不断地提升。现阶段，由于数据集的精度问题，网络性能的提升逐渐缓慢。单从网络架构、特征提取结构上，无法有效地提升网络的性能。注意力机制的使用有效地解决了这个问题，注意力机制主要分为空间注意力机制和通道注意力机制，空间注意力机制较通道注意力机制更消耗计算量和参数量。在实时语义分割问题上，通常使用基于通道的注意力机制。基于通道的注意力机制最主要的工作机理就是给特征图的各个通道赋予一种权重，并利用权重来确定各个通道对于网络特征的重要性，以实现更为准确的特征捕获。现阶段，已经有大量优秀的注意力机制被设计出来，使用注意力机制已经成为语义分割网络中不可或缺的一部分。在本节中，使用的是名为"Coordinate"的注意力机制。

现阶段，在如何设计移动网络的研究中，通道注意力机制对于提高模型性能具有不可忽视的效果。不过由于很多通道注意力机制考虑到网络的执行效率，往往都会忽略了位置信息，所以位置信息对于构建空间信息的选择性注意力图也非常关键。Coordinate 注意力机制通过将位置信息内嵌到通道注意力机制中，给移动网络的设计提供了一个全新的注意力方法。其与利用二维全局池化的方法将特征转化为一个特征向量的通道注意力机制有所不同，该注意力机制将通道注意力机制划分为两个一维特征编码，它们沿着两个方向来融合特征信息。在这个方法中，网络能够沿着某个空间方向捕捉远程的依赖关系，并且还能够沿另一个空间方向保持更准确的位置特征。然后再把所获取的特征信息分别编码为对方位置感知和位置信息敏感的注意力图像，通过这种注意力图与输入特征图搭配使用，从而进一步提高网络对感兴趣对象的表示能力。该注意力机制能够更灵活地嵌入经典的移动网络，并且基本没有计算消耗。大量实验表明，该坐标注意力机制不仅有利于 ImageNet 分类，而在目标检测和语义分割任务中表现更好，其整体架构如图 1-30 所示。

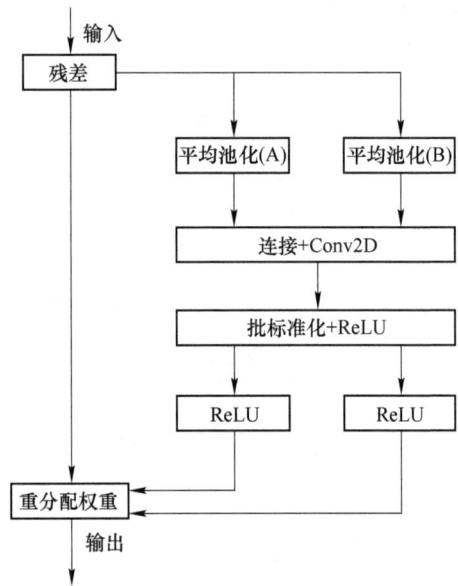

图 1-30 Coordinate 注意力机制架构图

1.3.7.2 分类器

由于实时语义分割任务要求网络需要有较高的执行效率，于是本节在上采样部分直接使用了双线性插值进行 8 倍上采样操作，以满足网络的执行速度。但是在网络的训练过程中，发现训练时波动较大。因此，在上采样前构建了一个分类器用来辅助网络的训练及提高网络的准确性。

在分类器中，本节采用两个深度可分离卷积、一个普通的 1×1 卷积以及 Dropout 操作。经过详细的实验表明，分类器可以进一步优化融合后的特征图以及防止网络过拟合现象的发生，分类器的使用能够在一定程度上有效地提高网络的准确率，其最终输出通道数为数据集类别个数，当前的 Cityscapes 数据集类别数为 19。分类器的具体架构如图 1-31 所示，分类器的详细架构信息见表 1-5。

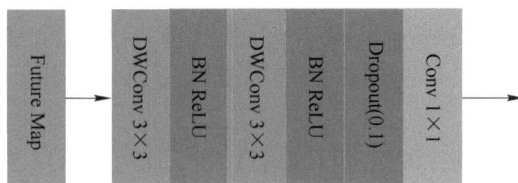

图 1-31　分类器详细架构图

表 1-5　分类器模块的详细架构信息

输入尺寸	操作名称	输出通道数	数量	步长
64×128×128	DWConv	128	2	1
64×128×128	Conv2D	19	1	1

1.3.7.3　损失函数

在本网络中，共设计了三个损失函数，一个主损失函数和两个辅助损失函数，其中辅助损失函数用来监测两个分支的输出情况。本节设定了一个损失函数权重系数，并通过此系数来平衡主损失函数与辅助损失函数。

在进行实验时，将辅助损失函数的权重设为 0.4。所有的损失函数都使用了交叉熵损失函数，交叉熵损失函数的公式定义见式（1-10）。

$$L = \frac{1}{N}\sum_i L_i = -\frac{1}{N}\sum_i\sum_{c=1}^{M} y_{ic}\lg p_{ic} \qquad (1\text{-}10)$$

式中　M——类型的数量；

y_{ic}——符号函数（0 或 1），假设样本 i 的真实类型等于 c 则取 1，否则取 0；

p_{ic}——观测样本 i 属于类型 c 的预测概率。

本节论述了 SSRNet 的各部分组成结构。首先对现有特征提取结构的利弊进行分析，并提出了 SSR 特征提取结构。其次使用共享型双分支结构构建整体网络，达到共享浅层网络的权重信息，进而实现权值共享。再次通过构建特征融合模块来增强空间路径与上下文路径之间的交互能力，提高模型的分割效果。然后为了提高网络的速度，构建了使用跳跃连接的上采样模块。最后为了提高模型效果，使用了 Coordinate 注意力机制，构建了分类器以及采用辅助损失函数。

1.4 实验与分析

1.4.1 开发环境

本节提出的实时语义分割网络是在 PyTorch 机器学习框架下完成实验的。PyTorch 是一种开放的深度学习架构，该架构由 Facebook 人工智能研究院的 Torch7 团队研发，它的底层采用 Torch 但实现与运用全部是由 Python 完成的。该框架主要供人工智能领域的研究及应用研发使用。PyTorch 最主要的特点有：

（1）拥有 GPU 张量，该张量可以通过 GPU 加速，达到在短时间内处理大量数据的要求；

（2）提供了动态神经网络，可逐层地对神经网络进行调整并拥有自动求导的特点。

本节的软件环境为：PyTorch 和 Python 分别采用 3.7 版本和 1.7.1 版本。其他主要的机器学习库分别采用 torchvision-0.10.0、CUDA-10.1、OpenCV-3.4.2、Numpy-1.19.2、Pandas-1.1.5。操作系统选择了 Ubuntu 21.04，集成开发环境（IDE）使用了最受欢迎的 PyCharm。为了更加方便地匹配编译环境，本节使用了 Anaconda 对环境进行统一管理。

本节的硬件环境为：实验是在戴尔 T7920 图像服务器上完成的。处理器（CPU）为 Intel Xeon（R）Bronze3104；运行内存为 128GB，内存规格为 DDR4 的 ECC2400；硬盘共安装了 3 块，1 块用来运行系统以及测试网络性能的 512GB 固态硬盘以及 2 块用来存储数据的 4TB 机械硬盘。显卡为两块显存为 12GB 的 Nvidia Titan Xp（Pascal）GPU。实验主要的软硬件配置见表 1-6。

表 1-6 实验的主要配置

配 置 名 称	详　情
操作系统	Ubuntu16.04
处理器（CPU）	Intel Xeon（R）Bronze3104
显卡（GPU）	Nvidia Titan Xp（Pascal）× 2
内存	128GB DDR4
硬盘	512GB SSD + 4TB×2
操作系统	Ubuntu 21.04
基础语言	Python 3.7
深度学习框架	PyTorch 1.7.1

配置名称	详情
CUDA	CUDA 10.1
cuDNN	cuDNN 7.4.2

1.4.2 实验设计

大部分主流的实时语义分割网络均采用 Nvidia 1080Ti GPU 完成模型的测试工作，为了与之形成更加公平与鲜明的对比，本节将模型的训练工作和测试工作在两个不同的环境中完成。模型的训练、调试等工作均在两块显存为 12GB 的 Nvidia Titan Xp 上完成，模型的性能测试工作是在单块 Nvidia 1080Ti GPU 上完成。通过上述的方法，能够保证网络模型的快速训练，同时还能够和先进网络的性能进行直观且公正的对比。并且为了全面地测试网络的性能，本节在 Cityscapes 和 CamVid 两种数据集下进行了实验。

1.4.2.1 实验参数设置

由于 Adam 优化器容易错过最优解，因此选择 SGD（Stochastic Gradient Decent）为优化器。采用 SGD 配合 Momentum 的方法来训练模型，其实际使用效果不亚于 Adam，同时还使用了多项式衰减的"poly"学习率调整方法来辅助训练。其计算公式如下：

$$lr = base\_lr \times \left(1 - \frac{epoch}{num\_epoch}\right)^{power} \tag{1-11}$$

式中　　　lr——新的学习率；

　　base_lr——基准学习率；

　　　epoch——迭代次数；

　num_epoch——最大迭代次数；

　　　power——控制曲线的形状（通常其大于 1）。

其中"poly"学习率调整方法具体设置如下：初始学习率 base_lr 设为 4e-5，num_epoch 设为 1000，power 设为 0.9。其他主要训练参数配置如下：momentum 设为 0.9，batch-size 设为 16，初始学习率设为 0.045，power 设为 0.9，weight decay 设为 4e-5。本网络的具体参数见表 1-7。

表 1-7　训练时超参数的设置

配置参数	参数值	详情
优化器	SGD	随机梯度下降算法
Momentum	0.9	线性动量

续表 1-7

配置参数	参数值	详 情
base_lr	0.045	初始学习率
epoch	1000	迭代次数
batch-size	16	一次训练的样本数目
weight decay	4e-5	权重衰减（L2 正则化）
power	0.9	控制曲线的形状

由于这两种数据集的训练集数量有限，因此本节采用了标准的数据增强技术。在 0.5~2 这个区间内随意调节图片的尺寸、调整图片的水平倾斜度，在规定范围内，随意修改图片的饱和度、亮度和对比度。为了获取效果更加显著的结果，对 Cityscapes 数据集进行了标准化处理。由于本节的主干网络需用 Cityscapes 数据集的粗标签进行辅助训练，因此标准化处理仅对 Cityscapes 数据集进行处理。经过计算得到 Cityscapes 数据集的平均值（mean）为（0.485，0.456，0.406），方差（STD）为（0.229，0.224，0.225）。在网络参数的训练中，由于 Cityscapes 数据集出现类别不均匀问题，所以采用了加权的交叉熵（WCE，Weighted Cross Entropy）对模型训练优化，具体计算见式（1-12）。

$$H(y, x) = -\sum_i w_i p(y_i) \lg p(x_i) \qquad (1\text{-}12)$$

其中权重 w 通过对各个类型在训练集中的占比估算而得出，见式（1-13）。

$$w_{\text{class}} = \frac{1}{\ln(c + p_{\text{class}})} \qquad (1\text{-}13)$$

1.4.2.2　模型的训练

由于训练时实验室的设备采用的是单机双卡模式，所以实验中选择了分布式训练的方法。其主要是按照并行类别的方式分类，分为网络和数据两种类别。在并行网络的类别中，通过使用不同的 GPU 输入同样的数据信息，但同时执行网络的不同组成部分，比如多层网络的不同层。并行数据的并联方法则使用不同的GPU 输入不同的数据信息，但是执行同样的完整模块。如果网络特别大，或者某个 GPU 已经存不下数据的时候，也应该采用模型并行的方案，将模型的不同组成部分交由不同的机器负责，不过这会产生较大的传输消耗，同时会对模型并行的所有组成部分产生相应的时间依赖，而且模型的可伸缩性也较差。因此，往往当某个 GPU 能够放下某个模块的时候，都会选择数据并行的方案来训练，这是因为各部分之间相对独立，可伸缩性好。但鉴于本节设计的是轻量型网络，所以选择了数据并行的方法来完成训练。

在训练过程中，发现仅使用 Cityscapes 的精细标签难以从零开始训练出效果好的模型，并有可能出现过拟合的现象。为了解决这个问题，首先使用 Cityscapes 数据集提供的 20000 张粗标记进行 600 轮的训练，这个过程的训练结果相当于使用经过 ImageNet 数据集训练后的预训练模型。在使用粗标签训练后，再使用精细标签进行 400 轮的训练。由于 Cityscapes 数据集具有充分的数据量以及大量数据增强操作的使用，因此模型出现过拟合现象的可能性很小。

CamVid 数据集的训练任务主要使用迁移学习的方式，本节采用将 Cityscapes 数据集下训练好的权重迁移到 CamVid 数据集的训练任务中的方案。由于 CamVid 数据集中的图像数量仅为 367 张，所以如果单纯地通过 CamVid 数据集从零开始训练本节模型，在该过程中很容易就会发生过拟合的现象，从而影响实验的准确性。

在训练过程中，采用完成一轮训练就立刻测试该轮权重的训练策略。由于网络的训练轮数较大，在训练模型时仅保存当前训练权重和最优权重。训练时，当前权重文件用当前训练轮数来命名，最优模型用"best_model"来命名。由于网络采用 PyTorch 深度学习框架构建的，因此模型文件的后缀为".pth"。在网络训练时，控制台的详细信息如图 1-32 所示。

由于使用 Cityscapes 数据集中的粗标签进行增强训练以及一系列的数据增强计算，所提出的网络在训练过程中较为稳定，并未出现较大的波动以及过拟合的现象。本节所构建的网络在训练过程中 MIoU 数值、MPA 数值以及 Loss 数值的变化曲线如图 1-33 和图 1-34 所示。

```
2021-06-01 16:36:38,398 Segmentron INF0:Epoch:401/1000||Iters:10/92||Lr:0.028410||Loss:0.6587||Cost Time:1 day,0:30:22||Estimated Time:1 day,12:44:33
2021-06-01 16:36:57,337 Segmentron INF0:Epoch:401/1000||Iters:20/92||Lr:0.028406||Loss:0.6164||Cost Time:1 day,0:30:40||Estimated Time:1 day,12:44:01
2021-06-01 16:37:18,922 Segmentron INF0:Epoch:401/1000||Iters:30/92||Lr:0.028401||Loss:0.5937||Cost Time:1 day,0:31:02||Estimated Time:1 day,12:43:33
2021-06-01 16:37:38,113 Segmentron INF0:Epoch:401/1000||Iters:40/92||Lr:0.028397||Loss:0.6609||Cost Time:1 day,0:31:21||Estimated Time:1 day,12:43:02
2021-06-01 16:37:57,651 Segmentron INF0:Epoch:401/1000||Iters:50/92||Lr:0.028392||Loss:0.6081||Cost Time:1 day,0:31:41||Estimated Time:1 day,12:42:32
2021-06-01 16:38:18,521 Segmentron INF0:Epoch:401/1000||Iters:60/92||Lr:0.028387||Loss:0.6486||Cost Time:1 day,0:32:02||Estimated Time:1 day,12:42:03
2021-06-01 16:38:36,687 Segmentron INF0:Epoch:401/1000||Iters:70/92||Lr:0.028383||Loss:0.6218||Cost Time:1 day,0:32:19||Estimated Time:1 day,12:41:36
2021-06-01 16:38:57,937 Segmentron INF0:Epoch:401/1000||Iters:80/92||Lr:0.028378||Loss:0.6070||Cost Time:1 day,0:32:41||Estimated Time:1 day,12:41:03
2021-06-01 16:39:17,845 Segmentron INF0:Epoch:401/1000||Iters:90/92||Lr:0.028373||Loss:0.6213||Cost Time:1 day,0:33:01||Estimated Time:1 day,12:40:33
2021-06-01 16:39:22 617 Segmentron INF0:Epoch:401 model saved in :runs/checkpoints/SSRNet__cityscape_2021-05-31-16-06/401.pth
```

图 1-32　训练过程中控制台的详细信息

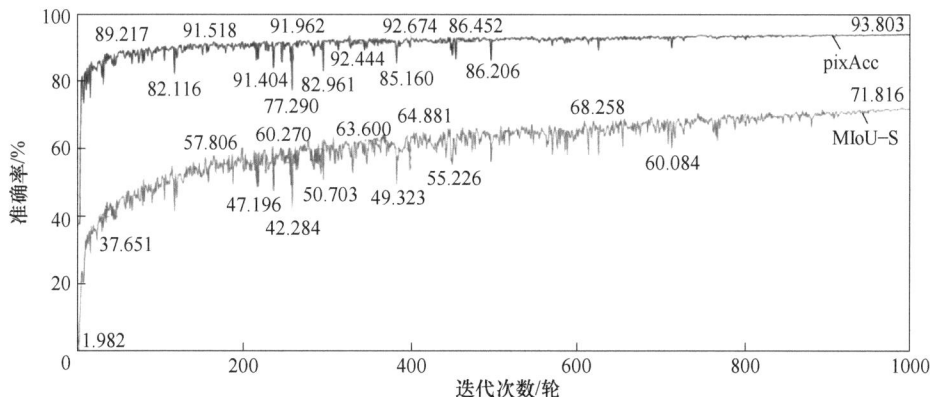

图 1-33　训练过程中 MIoU 和 MPA 的变化曲线图

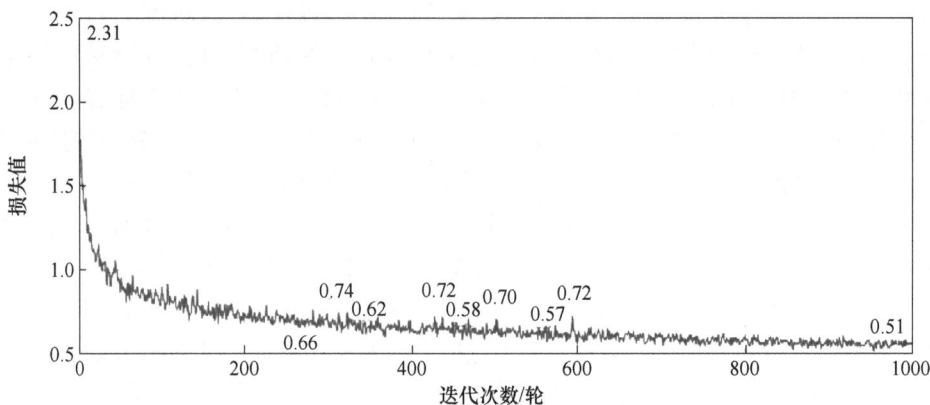

图 1-34　训练过程中 Loss 的变化曲线图

1.4.2.3　模型的测试

在模型的测试阶段中，并不采用任何数据增强技术。输入的 RGB 图像采用单尺度的输入模式，通过网络的前向传播得到图像的分割结果，主要使用 FPS 和 MIoU 来评价网络的性能。FPS 的测试方法为统计预测测试集时所用时间的方式。

因此，测试时的 batch size 设为 1，通过累加每张图像的处理时间来得到预测全部测试集所需的时间。为了使结果更加准确，采用去除耗时最长时间和耗时最短时间的计时方案。本节的 FPS 测试方法还记录了 RGB 图像数据传到 GPU 上的时间以及运行内存接收到来自 GPU 的预测结果的延迟时间，因此 FPS 的预测结果是十分可靠的，核心测试代码片段如图 1-35 所示。

```
time_start=time.time()
image=image.to(self.device)
target=target.to(self.device)
each_time=time.time()
with torch no_grad():
  output=model.evaluate(image)
torch.cuda.synchronize()
time_taken=time.time()-each_time
total_time+=time_taken
total.append(time_taken)
synchronize()
avg_time=sum(total)-max(total)-min(total)
```

图 1-35　测试 FPS 的核心代码

1.4.3　实验结果与分析

1.4.3.1　性能测试

本节对模型性能的分析主要使用 Cityscapes 数据集，这是因为 Cityscapes 数据集是一个大型的国外综合的道路场景数据集，而 CamVid 是一个训练集，仅有 367 张的小型道路场景语义分割数据集。使用 Cityscapes 数据集训练的模型在对比结果中可信度更高，而且在道路场景下的实时语义分割模型均使用 Cityscapes 数据集对模型的性能进行对比与分析的。

模型的参数量在一定程度上决定了网络的复杂度和运行速度，本节采用 PyTorch 框架中最常用的 torchsummary 函数库测量。并且，模型的参数量约为

3.11M。经过详尽的实验，本节提出的模型在 Cityscapes 数据集下使用 MIoU、MPA、Kappa 和 FPS 评价指标来展示模型的性能。实验结果显示，在 Cityscapes 数据集上，以 512×1024 分辨率输入时取得如下性能。MIoU：71.4%；MPA：95.4%；Kappa：0.94；FPS：98。为了更加清晰且直观地展示各类的 IoU 数据和 PA 数据，采用树状图来展示所提出模型的性能，如图 1-36 和图 1-37 所示。本模型在道路类、天空类、汽车类、植被类和建筑类中均取得了超过 90% 的 IoU；在人行道类、公共汽车类、行人类、交通信号类、卡车类和自行车类中均取得了超过 70% 的 IoU。由于在自动驾驶等应用中，语义分割通常应用于场景识别的任务，因此本节提出的网络具有实际应用价值。并且在 CamVid 数据集上，以 960×720 分辨率输入图片时，网络能够以 110 FPS 的速度取得 63.8% 的 MIoU。

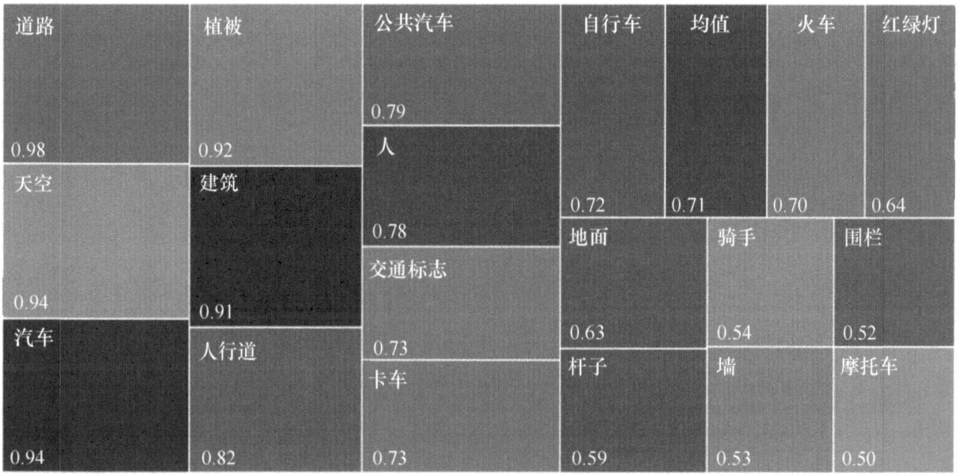

图 1-36　Cityscapes 数据集下各个类的 IoU 数据

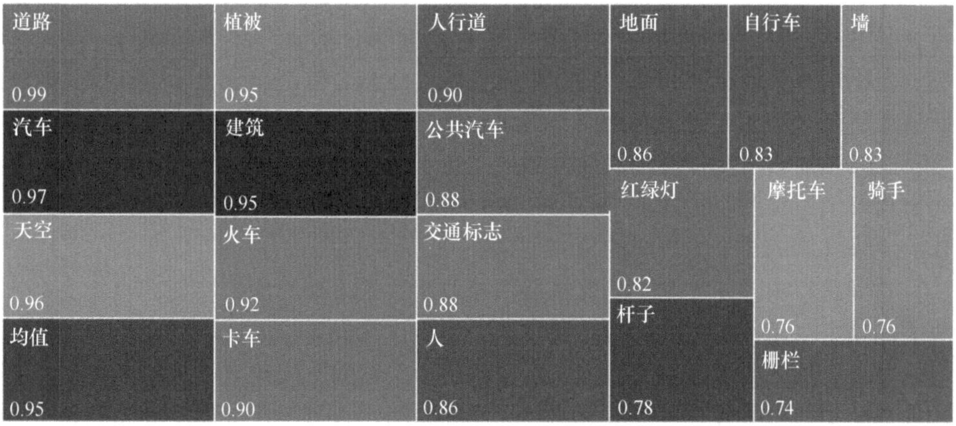

图 1-37　Cityscapes 数据集下各个类的 PA 数据

在 Cityscapes 数据集下，本节提出的模型可视化分割结果如图 1-38 所示。图中共有 4 行图像，第 1 行图像为输入的 RGB 图片；第 2 行图像为数据的标签图片；第 3 行图像为本节模型的分割结果；第 4 行图像为本节分割结果与原图组合的图像，组合后的图像十分方便观察分割的结果。

图 1-38   Cityscapes 数据集下的分割结果

1.4.3.2   消融实验

本节采用大型的 Cityscapes 数据集完成各个模块的消融实验工作，消融实验是验证模块有效性最直接有效的实验环节。文中共设计了 4 项实验，分别用来验证空间路径、特征融合模块、注意力机制以及上采样模块中的跳跃连接机制。消融实验的对比模型为仅使用了上下文路径的结果，实现流程是将上下文路径的输出直接使用双线性插值进行上采样的结果。其具体的运行流程为先直接对上下文路径的输出特征图经过分类器处理，后对特征图进行上采样操作，上采样后的结果为最终的预测结果。

空间路径的验证实验：随着特征图提取次数的不断增加，特征图会丢失一部分空间信息，而这部分信息很难通过上采样操作来恢复。因此，空间路径的构建是十分重要的，其可以极大程度上保留网络中丰富的空间信息。本实验中，采用逐像素相加的方法来合并上下文路径和空间路径。本节通过增加空间路径可以使网络的性能从 65.9% 提高到 67.2%，见表 1-8。

表 1-8 各模块消融实验的结果

| CP | SP | 聚 合 | | CA | SC | MIoU/% |
		Sum	FF			
√						65.9
√	√	√				67.2
√	√		√			68.3
√	√		√	√		69.5
√	√		√	√	√	71.4

注：CP 代表上下文路径，SP 代表空间路径，Sum 代表加和，FF 代表特征融合模块，CA 代表注意力机制，SC 代表跳跃连接。

特征融合模块的验证实验：充分融合网络中的空间信息和上下文信息是十分重要的，简单的特征融合操作无法充分地发挥出两条路径互补的优势。因此，采用能够使上下文信息和空间信息相互通信的融合模块是十分必要的。在本实验中，将像素逐渐相加替换成了本节构建的特征融合模块。通过增加特征融合模块可以使网络的性能从 67.2% 提高到 68.3%，见表 1-8。

注意力机制的验证实验：使用注意力机制来提高模型性能是一种简单有效的方式，对于实时语义分割来说速度是十分重要的，因此本节使用了轻量级的注意力机制。在几乎不增加参数量的情况下提高了模型的性能。通过注意力机制的使用，模型的性能从 68.3% 提高到了 69.5%，见表 1-8。

跳跃连接的验证实验：通过使用跳跃连接，将中分辨率的特征进行了融合，该操作不但能增加网络中多尺度信息，还能有效地提高模型的空间信息。通过使用跳跃连接，模型的性能从 69.5% 提高到了 71.4%，见表 1-8。

本节随机选取了 3 张不同场景的图像，其中包括行人过马路、车辆行驶、车辆等待信号三种不同场景的图片，并将其作为各个模块的消融实验可视化效果图，如图 1-39 所示。图中第 1 行为输入的 RGB 图片；第 2 行为数据集标签；第 3 行为引入上下文路径的效果图；第 4 行为引入特征融合模块的效果图；第 5 行为引入注意力机制的效果图；第 6 行为引入跳跃连接的效果图；最后 1 行为融合预测结果的 RGB 图像。

1.4.3.3 对比实验

实时语义分割问题是一项十分具有挑战性的问题，其不但需要在预测准确率和网络运行速度之间维持一个相对平衡的状态，还要考虑硬件资源的使用情况。因此，评判一个实时语义分割模型的性能时要从速度、精度、参数量等多个方面入手。

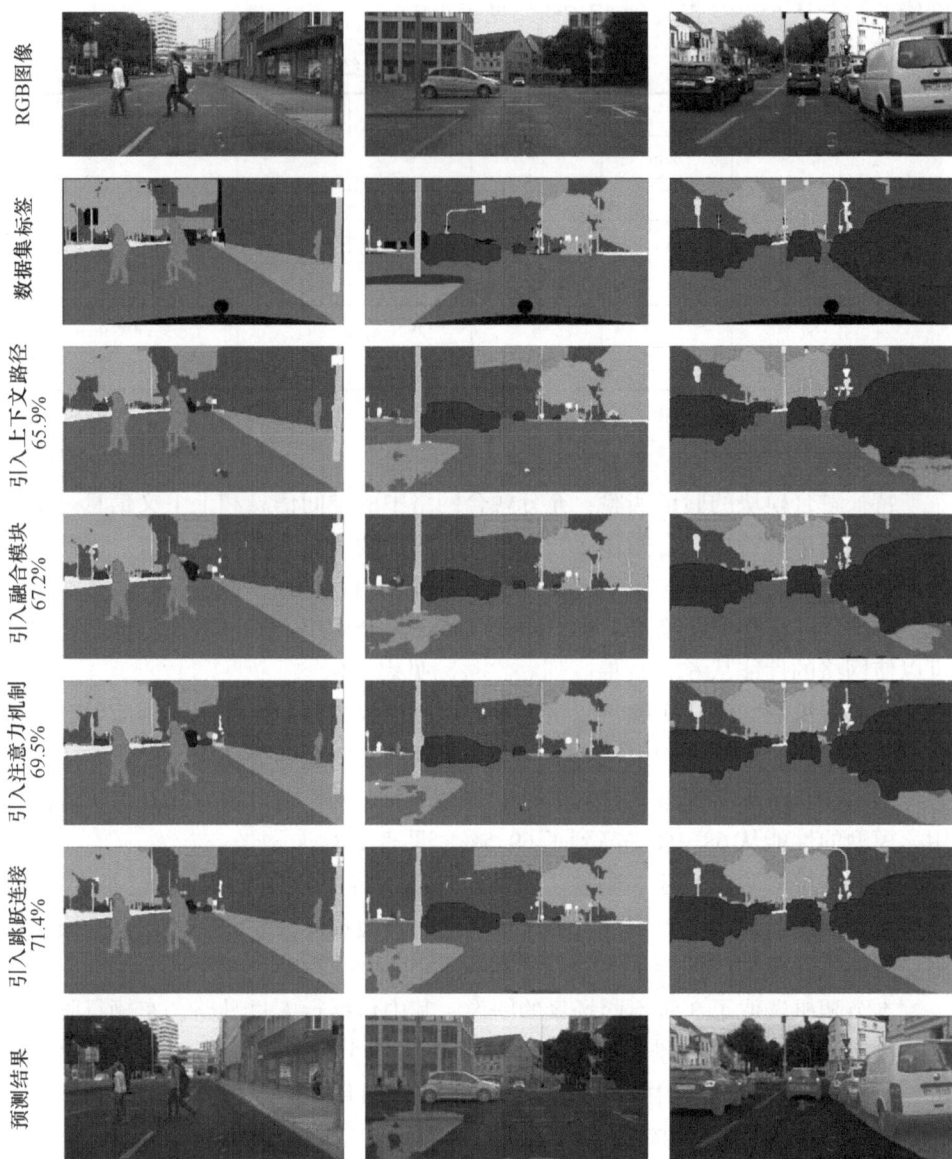

图 1-39 消融实验各阶段效果图

RGB图像
数据集标签
引入上下文路径 65.9%
引入融合模块 67.2%
引入注意力机制 69.5%
引入跳跃连接 71.4%
预测结果

　　在本节中，对近几年主流的实时语义分割模型进行了详尽的比较。其中，所对比的先进方法都出自计算机视觉相关的顶尖学术会议和顶尖杂志上，如 ECCV、CVPR、ICCV 等。这些模型代表着实时语义分割领域的领先水平以及发展趋势。文中共对比了 22 种语义分割算法，其中 6 种是提供了速度的非实时语义分割网络以及 16 种实时语义分割网络。6 种非实时语义分割网络分别为 CRF-RNN、DeepLab、FCN-8S、Dilation10、FRRN、PSPNet。16
种实时语义分割模型分别为 BiSeNet V1、DABNet、DFANet、ENet、ERFNet、
ESPNet、GUN、ICNet、SQ、SegNet、SwiftNet、BiSeNet V2、ContextNet、LedNet、
CGNet、LinkNet。本节采用二维散点图和表格的形式来展现模型性能的对比结
果。其中，对比实验的数据均取自原论文中发布的实验数据，以此确保实验的公
平与准确。

　　对比模型中测试环境绝大部分是同级别的，绝大部分的网络采用的显卡设备
为 Titan X、Titan Xp 与 GTX1080Ti。由于这三种显卡均采用相同的 GP102 处理
器，以及相同的 Pascal 架构，所以这三种显卡的性能十分接近。采用这三种类型
显卡进行测试的模型可以同时进行比较，参数的具体差异见表 1-9。

表 1-9　Titan X、Titan Xp 与 GTX1080Ti 性能对比

详细指标	Titan X	Titan Xp	GTX1080Ti
工艺	16nmFinFET	16nmFinFET	16nmFinFET
处理器	GP102	GP102	GP102
架构	Pascal	Pascal	Pascal
计算性能	11 TFLOPS	12 TFLOPS	11.3 TFLOPS
动态提升频率	1531MHz	1582MHz	1582MHz
核心基础频率	1417MHz	1481MHz	1481MHz
位宽	384-bit	384-bit	352-bit
CUDA 核心	3584	3840	3584
显存	12GB GDDR5X	12GB GDDR5X	11GB GDDR5X
功耗	250W	250W	250W

　　在散点图的方案中，通过使用速度与精度散点图的方式来展示本节模型的性
能，如图 1-40 所示。图中设置了两条辅助线，其中一条为预测速度达到 30FPS
的辅助标线，即实时性能的指标；另一条为均衡速度与精度的辅助标线，通过计
算与标线的距离能够判断出模型的综合能力，距离越近模型的综合性能越强。

　　本节提出的 SSRNet 为图 1-40 中的加框部分，由实验数据可知，在未使用预
训练模型的情况下，本网络在 Cityscapes 数据集上取得了 71.4% 的 MIoU 和 98 的
FPS。在模型的性能分布中，能够发现本节的综合性能在对比实验中较为突出。
由于在构建上下文路径时，着重权衡了运算速度与预测精度，主要是通过 SSR-
S1 残差块数量的使用、空洞卷积中空洞率的设置以及下采样率的设置实现的。

　　本节通过表格的形式列出了所有模型的详细实验信息，见表 1-10。表中共分
为 5 类信息，其中包含模型的下采样率、主干网络的选择、网络的准确率
（MIoU）、网络的运行速度（FPS）、显卡信息。通过这 5 类信息可以综合地评价

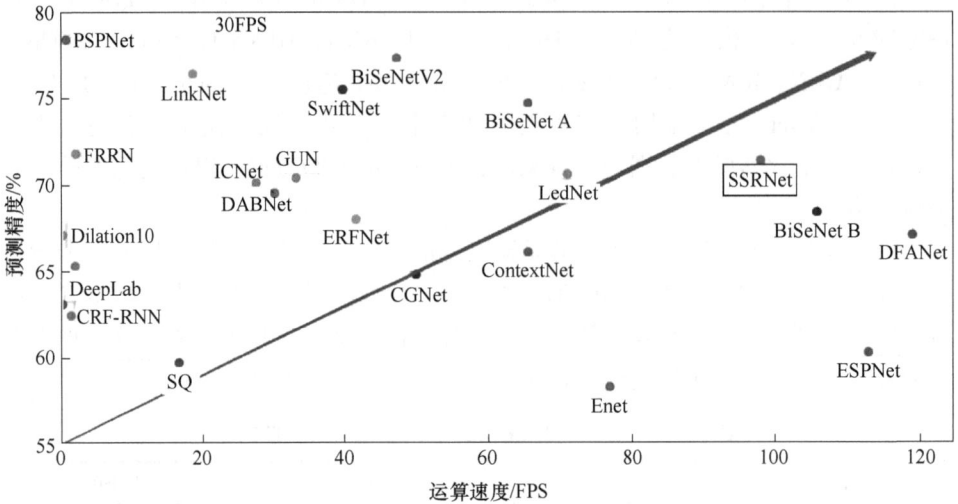

图 1-40 在 Cityscapes 数据集下的速度、精度图

各个网络的综合性能。与其他网络相比，本网络具有较强的综合性能。通过使用大量的卷积分解、深度可分离卷积以及分组卷积等技术来降低模型的参数量，最终模型的参数量仅为 3.11M。因此，本节网络不但具有较强的综合能力，还具有较少的参数量，可以在一定程度上减少内存的使用，内存的消耗量在一些嵌入式设备上尤其重要，如果网络模型的大小超出边缘设备的运行内存，那么程序将无法运行。因此，内存的消耗起到成功部署模型的关键性作用。相比于 DFANet 的 4.8M 参数量，本节网络参数量大约是其 2/3。

表 1-10 Cityscapes 数据集下模型对比结果

模型名称	下采样率	主干网网络	准确度（MIoU）	运行速度（FPS）	显卡信息
CRF-RNN	0.5	VGG16	62.5	1.4	—
DeepLab	0.5	VGG16	63.1	0.25	Titan X
FCN-8S	1	VGG16	65.3	2	Tesla K40c
Dilation10	0.25	VGG16	67.1	0.25	—
FRRN	0.5	no	71.8	2.1	Titan X
PSPNet	1	ResNet101	78.4	0.78	—
BiSeNet A	0.75	ResNet18	74.7	65.5	1080Ti
BiSeNet B	0.75	Xception39	68.4	105.8	1080Ti
DABNet	1	no	70.1	27.7	1080Ti
DFANet	0.5	Xception B	67.1	120	Titan X

模型名称	下采样率	主干网网络	准确度（MIoU）	运行速度（FPS）	显卡信息
Enet	0.5	no	58.3	76.9	Titan X
ERFNet	0.5	no	68	41.7	Titan X
ESPNet	0.5	ESPNet	60.3	112.9	Titan Xp
GUN	0.5	DRN-D-22	70.4	33.3	Titan Xp
ICNet	1	PSPNet50	69.5	30.3	Titan X
SQ	1	SqueezeNet	59.8	16.7	Titan X
SegNet	0.5	no	57	15	Titan X
SwiftNet	1	ResNet18	75.5	39.9	1080Ti
BiSeNetV2	0.5	no	77.3	47.3	1080Ti
ContextNet	0.5	no	66.1	65.5	Titan X
LedNet	0.5	no	70.6	71	1080Ti
CGNet	0.5	no	64.8	50	Tesla V100
LinkNet	0.5	ResNet18	76.4	18.7	Titan X
SSRNet	**0.5**	**no**	**71.4**	**98**	**1080Ti**

注："—"表示未给出相应数据。

在 CamVid 数据集下，本节网络在先进模型中的表现也较为可观。由于 CamVid 数据集中数据量较少，并且网络并未使用成熟的预训练模型，因此模型的性能相比于使用成熟预训练模型的网络较弱。

在上述网络中，共有 5 种网络在 CamVid 数据集下进行了测试，其中包括 SegNet、ENet、DFANet、ICNet 以及 BiSeNet V1。比较结果见表 1-11，表中共包含 4 类信息，分别为模型的主干网络、网络的准确度（MIoU）、网络的运行速度（FPS）、显卡信息。在 CamVid 数据集对比实验中，对比实验的数据也均取自原论文。

表 1-11　在 CamVid 数据集下模型的对比结果

方法	主干网络	准确度（MIoU）	运行速度（FPS）	显卡信息
SegNet	VGG16	60.1	4.6	Titan X
ENet	no	51.3	61.2	Titan X
DFANet	Xception A	64.7	120	Titan X
ICNet	PSPNet50	67.1	27.8	Titan X
BiSeNetV1	ResNet18	68.7	113	1080Ti
SSRNet	**no**	**66.5**	**110**	**1080Ti**

本节对比了 Cityscapes 数据集中各类别的 IoU 数据，以此来全面地评估网络

的性能。在对比实验的网络中，共有 7 种网络在论文中公布了各类 IoU 的详细数据，分别为 ICNet、ESPNet、ERFNet、ENet、ContextNet、CGNet、LedNet，实验采用折线图和表格来展示对比结果。本节网络的整体效果在对比网络中处于领先水平，各个网络详细的 IoU 数据见表 1-12。折线图如图 1-41 所示，从折线图可以看出，本节模型在公共汽车类、交通标志类、红绿灯类、火车类、卡车类、墙类中均取得了十分突出的表现。

表 1-12　Cityscapes 数据集下各类别 IoU 的详细数据

方法	道路	人行道	建筑	墙	栅栏	杆子	红绿灯	公共汽车	植被	地面
Enet	96.3	74.2	75	32.2	33.2	43.4	34.1	44	88.6	61.4
ESPNet	97	77.5	76.2	35	36.1	45	35.6	46.3	90.8	63.2
CGNet	95.5	78.7	88.1	40	43	54.1	59.8	63.9	89.6	67.6
ERFNet	97.2	80	89.5	41.6	45.3	56.4	60.5	64.6	91.4	68.7
ContextNet	97.1	78.6	90.4	46.5	48.1	60.9	60.4	71.1	91.2	60
ICNet	97.1	79.2	89.7	43.2	48.9	61.5	60.4	63.4	91.5	68.3
LedNet	97.1	78.6	90.4	46.5	48.1	60.9	60.4	71.1	91.2	60
SSRNet	**97.8**	**82.07**	**91.23**	**52.64**	**51.59**	**59.29**	**63.52**	**73.44**	**91.92**	**62.62**
方法	天空	人	骑手	汽车	卡车	公交	火车	摩托车	自行车	MIoU
Enet	90.6	65.5	38.4	90.6	36.9	50.5	48.1	38.8	55.4	58.3
ESPNet	92.6	67	40.9	92.3	38.1	52.5	50.1	41.8	57.2	60.3
CGNet	92.9	74.9	54.9	90.2	44.1	59.5	25.2	47.3	60.2	64.8
ERFNet	94.2	76.1	56.4	92.4	45.7	60.6	27	48.7	61.8	68
ContextNet	93.2	74.3	51.8	92.3	61	72.4	51	43.3	70.2	66.1
ICNet	93.5	74.6	56.1	92.6	51.3	72.7	51.3	53.6	70.5	69.5
LedNet	93.2	74.3	51.8	92.3	61	72.4	51	43.3	70.2	70.6
SSRNet	**94.34**	**78.03**	**53.89**	**93.81**	**72.79**	**78.92**	**69.51**	**50.47**	**72.33**	**71.4**

在道路场景下，图像中会出现不同尺度的物体。距离较远的物体由于尺度较小，导致分割难度较大，如远处的交通标志、红绿灯以及汽车等对象。远处小尺寸物体的分割问题属于小目标问题，这类问题可以通过获取多尺度信息来解决。由于空洞卷积对多尺度特征提取具有明显的优势，因此本节的特征提取结构采用了空洞卷积。但空洞卷积提取信息时会丢失空洞处的信息，本节采用了并行空洞卷积与深度可分离卷积的方式来提取特征，通过并行卷积的方式可以有效地解决空洞卷积固有的信息丢失问题。并且因空洞卷积能够有效地提取多尺度的信息，所以在小目标对象的分割问题上具有较为明显的效果提升。

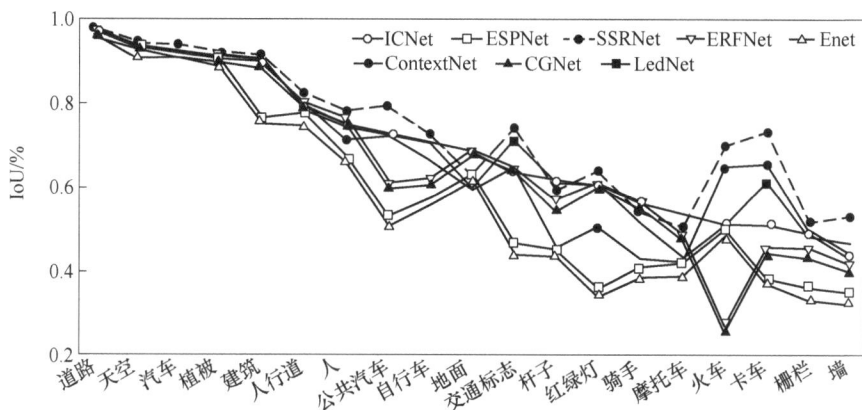

图 1-41 Cityscapes 数据集下各类 IoU 数据对比图

本节选用了分割准确度为 70.6%MIoU 的 LedNet 网络作为对比对象，由于语义分割数据集中不存在关于小目标对象的评价指标，因此通过可视化的方式展示了本模型在小目标问题上的分割能力。如图 1-42 所示，第 1 行图片为输入的原图；第 2 行图片为小目标对象的放大图片；第 3 行图片为本节对小目标对象的识别结果；第 4 行图片为 LedNet 对小目标对象的识别结果。在实验结果中可以发现，网络对小目标问题具有较好的分割效果。

在实验中，1 号标记为交通信号灯的分割结果，从分割结果中可以发现，本节能够较为全面地分割出灯柱等信息。2 号标记为尺度最小的交通信号灯，从分割结果中可以发现，本节能够正确分割出交通信号灯的信息，LedNet 将其识别为交通标志。3 号标记为交通指示牌，从分割结果中可以发现，相比于 LedNet 能够将其较为完整地分割出来。

1.4.4 模型的泛化能力

本节所提出的网络同时具备较强的拓展性，虽然该模型是在交通场景数据集中训练的，但在其他数据集上也十分出色。本节共采用两种方案来验证本节模型的拓展性：（1）使用其他分割数据集上测试模型的分割效果；（2）使用现实生活中的图片测试分割效果。通过这两个方案能够较为全面地测试本节模型的泛化能力。

首先，在 Pascal VOC2012 数据集上对本模型进行了泛化能力的验证，训练时的学习率等参数设置保持不变。经过 300 轮的训练后，本模型取得了 70.1%的 MIoU。其次，在百度图库中选取了 4 种不同类型的国内交通场景图片，以此来测试网络的泛化能力。这 4 种类型图片具有一定代表性，其分别为覆盖积雪的马路、多尺度的交通场景、稀疏车辆道路场景、密集道路场景。

图 1-42　与 LedNet 的小目标识别结果

彩图

　　Cityscapes 数据集为国外道路场景数据集，但国内道路较国外的道路设置、车辆细节、建筑结构等信息，存在较大的差异。因此，预测国内交通场景的图片是一项十分具有挑战的任务，同时也是证明本节模型泛化能力的有效方法之一。每张图片的实验结果中，均采用原始 RGB 图像、预测结果图和融合预测图的 RGB 图像，这 3 类图像来展示本节模型的泛化能力。为了更加直观地评估本模型的泛化能力，选择采用更高的分辨率显示预测结果。将 4 张预测图片分为两组，预测结果如图 1-43 和图 1-44 所示。

　　图 1-43 中左侧图像为冬季的交通场景，图中树叶已经全部掉落且道路中 50% 的面积均被积雪覆盖，这些因素均增加了预测的难度。但是在预测的结果

中，本节模型将树木、道路、小目标人像等类别均清晰地分割出来，该结果能够很好地证明本节模型的泛化能力以及识别能力。图 1-43 中右侧图片为复杂的交通岗场景，其中存在大量不同尺度的交通信号灯，此场景十分考验模型对小目标的识别能力。由于在街道场景中，交通信号灯是维系交通安全最重要的环节，其重要程度不言而喻，因此选用此图像来评估本节模型。预测结果中，模型将全部的交通信号灯全部分割了出来。图 1-43 中框内为小目标行人，从预测结果中可以展现出模型对小目标同样具有较强的识别能力。

图 1-43 泛化能力测试结果（1）

图 1-44 中左侧的图像为稀疏交通场景图像，此图中道路两侧的路灯均为特殊形状且路灯上均挂有广告牌。由于在 Cityscapes 数据集中并未有相应的数据，因此十分考验模型的泛化能力。实时语义分割任务通常适用于场景识别，因此道路的识别是至关重要的。在分割结果中，本节模型将机动车道和非机动车道路均较完整地分割了出来。由于路灯的特殊形状，模型将路灯识别成了交通信号灯；路灯杆上的广告牌识别成了交通标志。从本次实验结果中可以发现，深度学习较为依赖数据集的准确度；在现实场景中应用深度学习

算法时，应充分考虑现实场景中的干扰项。

图 1-44 泛化能力测试结果 (2)

彩图

图 1-44 中右侧的图像为密集交通场景图像，此图为车辆、行人在交通岗等候信号灯的时刻。该图的视角为违章监控设备的视角，因此图像中的视角范围较广、涵盖类别较多，图像中包含大量的多尺度信息，这类图片能够充分地检验模型的全方位性能。实验结果显示，本节模型能够较好地分割出近景和远景中的车辆、行人、道路、植被以及信号标志等类别的轮廓。图 1-44 中框内的小目标行人的分割结果再次证明了网络在小目标对象上的分割能力。

本节首先介绍了实验的开发环境。其次介绍了实验的参数设置、模型的训练设计、时间计算方案以及模型的性能测试方案。最后为了验证模型的性能，采用了消融实验、对比实验以及泛化能力实验。本节网络以 98 FPS 的速度在 Cityscapes 数据集上取得了 71.4%MIoU，以 110 FPS 的速度在 CamVid 数据集上取得了 66.5%MIoU。

参 考 文 献

［1］ Lecun Y, Bengio Y, Hinton G. Deep learning ［J］. Nature, 2015, 521 （7553）: 436-444.

［2］ 王雨. 面向自动驾驶场景的高效实时语义分割方法研究 ［D］. 南京: 南京邮电大学, 2020.

［3］ 范磊. 面向城市道路场景的语义分割模型研究 ［D］. 合肥: 合肥工业大学, 2019.

［4］ Lu D, Weng Q. A survey of image classification methods and techniques for improving classification performance ［J］. International Journal of Remote Sensing, 2007, 28 （5）: 823-870.

［5］ Zou Z, Shi Z, Guo Y, et al. Object detection in 20 years: A survey ［J］. arXiv, 2019: 1905.05055.

［6］ Minaee S, Boykov Y Y, Porikli F, et al. Image segmentation using deep learning: A survey ［J］. IEEE Transactions on Pattern Analysis and Machine Intelligence, 2021, 44 （7）: 3523-3542.

［7］ 钱波. 基于深度学习的交通场景理解方法研究 ［D］. 大连: 大连理工大学, 2018.

［8］ Davis L S, Rosenfeld A, Weszka J S. Region extraction by averaging and thresholding ［J］. IEEE Transactions on Systems, Man, and Cybernetics, 1975 （3）: 383-388.

［9］ Al-Amri S S, Kalyankar N V. Image segmentation by using threshold techniques ［J］. arXiv, 2010: 1005.4020.

［10］ Özden M, Polat E. Image segmentation using color and texture features ［C］. 2005 13th European Signal Processing Conference. IEEE, 2005: 1-4.

［11］ Ng H P, Ong S H, Foong K W C, et al. Medical image segmentation using K-means clustering and improved watershed algorithm ［C］. 2006 IEEE Southwest Symposium on Image Analysis and Interpretation. IEEE, 2006: 61-65.

［12］ Huang Z K, Liu D H. Segmentation of color image using EM algorithm in HSV color space ［C］. 2007 International Conference on Information Acquisition. IEEE, 2007: 316-319.

［13］ Tao W, Jin H, Zhang Y. Color image segmentation based on mean shift and normalized cuts ［J］. IEEE Transactions on Systems, Man, and Cybernetics, Part B （Cybernetics）, 2007, 37 （5）: 1382-1389.

［14］ Sulaiman S N, Isa N A M. Adaptive fuzzy-K-means clustering algorithm for image segmentation ［J］. IEEE Transactions on Consumer Electronics, 2010, 56 （4）: 2661-2668.

［15］ Prewitt J M S. Object enhancement and extraction ［J］. Picture Processing and Psychopictorics, 1970, 10 （1）: 15-19.

［16］ Roberts L G. Machine perception of three-dimensional solids ［D］. Cambridge: Massachusetts Institute of Technology, 1963.

［17］ Irwin F G. An isotropic 3×3 image gradient operator ［R］. Presentation at Stanford AI Project, 2014.

［18］ Shi J, Malik J. Normalized cuts and image segmentation ［J］. IEEE Transactions on Pattern

Analysis and Machine Intelligence, 2000, 22 (8): 888-905.

[19] Peng B, Zhang L, Yang J. Iterated graph cuts for image segmentation [C]. Asian Conference on Computer Vision. Springer, Berlin, Heidelberg, 2009: 677-686.

[20] Zhao C. Image segmentation based on fast normalized cut [J]. The Open Cybernetics & Systemics Journal, 2015, 9: 28-31.

[21] Nowozin S, Lampert C H. Structured learning and prediction in computer vision [J]. Foundations and Trends in Computer Graphics and Vision, 2011, 6 (3/4): 185-365.

[22] Krizhevsky A, Sutskever I, Hinton G E. Imagenet classification with deep convolutional neural networks [J]. Advances in Neural Information Processing Systems, 2012, 25: 1097-1105.

[23] Simonyan K, Zisserman A. Very deep convolutional networks for large-scale image recognition [J]. arXiv, 2014: 1409. 1556.

[24] Szegedy C, Liu W, Jia Y, et al. Going deeper with convolutions [C]. Proceedings of the IEEE Conference on Computer Vision and Pattern Recognition, 2015: 1-9.

[25] Long J, Shelhamer E, Darrell T. Fully convolutional networks for semantic segmentation [C]. Proceedings of the IEEE Conference on Computer Vision and Pattern Recognition, 2015: 3431-3440.

[26] 魏云超, 赵耀. 基于 DCNN 的图像语义分割综述 [J]. 北京交通大学学报, 2016, 40 (4): 82-91.

[27] Noh H, Hong S, Han B. Learning deconvolution network for semantic segmentation [C]. Proceedings of the IEEE International Conference on Computer Visionx, 2015: 1520-1528.

[28] Badrinarayanan V, Kendall A, Cipolla R. Segnet: A deep convolutional encoder-decoder architecture for image segmentation [J]. IEEE Transactions on Pattern Analysis and Machine Intelligence, 2017, 39 (12): 2481-2495.

[29] Ronneberger O, Fischer P, Brox T. U-net: Convolutional networks for biomedical image segmentation [C]. International Conference on Medical Image Computing and Computer-assisted Intervention. Springer, Cham, 2015: 234-241.

[30] Chen L C, Papandreou G, Kokkinos I, et al. Semantic image segmentation with deep convolutional nets and fully connected crfs [J]. arXiv, 2014: 1412. 7062.

[31] Chen L C, Papandreou G, Kokkinos I, et al. Deeplab: Semantic image segmentation with deep convolutional nets, atrous convolution, and fully connected crfs [J]. IEEE Transactions on Pattern Analysis and Machine Intelligence, 2017, 40 (4): 834-848.

[32] Chen L C, Papandreou G, Schroff F, et al. Rethinking atrous convolution for semantic image segmentation [J]. arXiv, 2017: 1706. 05587.

[33] Chen L C, Zhu Y, Papandreou G, et al. Encoder-decoder with atrous separable convolution for semantic image segmentation [C]. Proceedings of the European Conference on Computer Vision (ECCV), 2018: 801-818.

[34] Liu W, Rabinovich A, Berg A C. Parsenet: Looking wider to see better [J]. arXiv, 2015: 1506. 04579.

［35］ Zhao H, Shi J, Qi X, et al. Pyramid scene parsing network ［C］. Proceedings of the IEEE Conference on Computer Vision and Pattern Recognition, 2017: 2881-2890.

［36］ Li H, Xiong P, An J, et al. Pyramid attention network for semantic segmentation ［J］. arXiv, 2018: 1805. 10180.

［37］ Peng C, Zhang X, Yu G, et al. Large kernel matters——improve semantic segmentation by global convolutional network ［C］. Proceedings of the IEEE Conference on Computer Vision and Pattern Recognition, 2017: 4353-4361.

［38］ Bahdanau D, Cho K, Bengio Y. Neural machine translation by jointly learning to align and translate ［J］. arXiv , 2014: 1409. 0473.

［39］ Paszke A, Chaurasia A, Kim S, et al. Enet: A deep neural network architecture for real-time semantic segmentation ［J］. arXiv, 2016: 1606. 02147.

［40］ He K, Zhang X, Ren S, et al. Deep residual learning for image recognition ［C］. Proceedings of the IEEE Conference on Computer Vision and Pattern Recognitionx, 2016: 770-778.

［41］ Treml M, Arjona-Medina J, Unterthiner T, et al. Speeding up semantic segmentation for autonomous driving ［C］. NIPS 2016 Workshop-MLITS, 2016.

［42］ Iandola F N, Han S, Moskewicz M W, et al. SqueezeNet: AlexNet-level accuracy with 50× fewer parameters and <0. 5 MB model size ［J］. arXiv, 2016: 1602. 07360.

［43］ Mehta S, Rastegari M, Caspi A, et al. Espnet: Efficient spatial pyramid of dilated convolutions for semantic segmentation ［C］. Proceedings of the European Conference on Computer Vision (ECCV), 2018: 552-568.

［44］ Zhao H, Qi X, Shen X, et al. Icnet for real-time semantic segmentation on high-resolution images ［C］. Proceedings of the European Conference on Computer Vision (ECCV), 2018: 405-420.

［45］ Yu C, Wang J, Peng C, et al. Bisenet: Bilateral segmentation network for real-time semantic segmentation ［C］. Proceedings of the European Conference on Computer Vision (ECCV), 2018: 325-341.

［46］ 张军良. 基于深度卷积网络的道路交通场景感知 ［D］. 成都: 电子科技大学, 2019.

［47］ 张学涛. 基于深度学习的道路图像语义分割算法研究 ［D］. 济南: 山东大学, 2019.

［48］ LeCun Y, Bottou L, Bengio Y, et al. Gradient-based learning applied to document recognition ［J］. Proceedings of the IEEE, 1998, 86 (11): 2278-2324.

［49］ Howard A G, Zhu M, Chen B, et al. Mobilenets: Efficient convolutional neural networks for mobile vision applications ［J］. arXiv, 2017: 1704. 04861.

［50］ Zhang X, Zhou X, Lin M, et al. Shufflenet: An extremely efficient convolutional neural network for mobile devices ［C］. Proceedings of the IEEE Conference on Computer Vision and Pattern Recognition, 2018: 6848-6856.

［51］ Cordts M, Omran M, Ramos S, et al. The cityscapes dataset for semantic urban scene understanding ［C］. Proceedings of the IEEE Conference on Computer Vision and Pattern Recognition, 2016: 3213-3223.

[52] Brostow G J, Fauqueur J, Cipolla R. Semantic object classes in video: A high-definition ground truth database [J]. Pattern Recognition Letters, 2009, 30 (2): 88-97.

[53] 纪荣嵘, 林绍辉, 晁飞, 等. 深度神经网络压缩与加速综述 [J]. 计算机研究与发展, 2018, 55 (9): 1871-1888.

[54] 陈一鸣. 基于 GPU 的深度神经网络优化方法研究 [D]. 武汉: 华中科技大学, 2015.

[55] Chollet F. Xception: Deep learning with depthwise separable convolutions [C]. Proceedings of the IEEE Conference on Computer Vision and Pattern Recognition. 2017: 1251-1258.

[56] Sandler M, Howard A, Zhu M, et al. Mobilenetv2: Inverted residuals and linear bottlenecks [C]. Proceedings of the IEEE Conference on Computer Vision and Pattern Recognition, 2018: 4510-4520.

[57] Xie S, Girshick R, Dollár P, et al. Aggregated residual transformations for deep neural networks [C]. Proceedings of the IEEE Conference on Computer Vision and Pattern Recognition, 2017: 1492-1500.

[58] Tan M, Le Q. Efficientnet: Rethinking model scaling for convolutional neural networks [C]. International Conference on Machine Learning. PMLR, 2019: 6105-6114.

[59] Hou Q, Zhou D, Feng J. Coordinate attention for efficient mobile network design [C]. Proceedings of the IEEE/CVF Conference on Computer Vision and Pattern Recognition, 2021: 13713-13722.

[60] Yu C, Gao C, Wang J, et al. Bisenet v2: Bilateral network with guided aggregation for real-time semantic segmentation [J]. International Journal of Computer Vision, 2021: 1-18.

[61] Ma N, Zhang X, Zheng H T, et al. Shufflenet v2: Practical guidelines for efficient cnn architecture design [C]. Proceedings of the European Conference on Computer Vision (ECCV), 2018: 116-131.

[62] Paszke A, Gross S, Massa F, et al. Pytorch: An imperative style, high-performance deep learning library [J]. Advances in neural information processing systems, 2019, 32: 8026-8037.

[63] 晋雅茹. 基于 GPU 的深度学习算法并行化研究 [D]. 南京: 东南大学, 2017.

[64] Zheng S, Jayasumana S, Romera-Paredes B, et al. Conditional random fields as recurrent neural networks [C]. Proceedings of the IEEE International Conference on Computer Vision, 2015: 1529-1537.

[65] Yu F, Koltun V. Multi-scale context aggregation by dilated convolutions [J]. arXiv, 2015: 1511.07122.

[66] Pohlen T, Hermans A, Mathias M, et al. Full-resolution residual networks for semantic segmentation in street scenes [C]. Proceedings of the IEEE Conference on Computer Vision and Pattern Recognition, 2017: 4151-4160.

[67] Li G, Yun I, Kim J, et al. Dabnet: Depth-wise asymmetric bottleneck for real-time semantic segmentation [J]. arXiv, 2019: 1907.11357.

[68] Li H, Xiong P, Fan H, et al. Dfanet: Deep feature aggregation for real-time semantic

segmentation ［C］. Proceedings of the IEEE/CVF Conference on Computer Vision and Pattern Recognition, 2019: 9522-9531.

［69］ Romera E, Alvarez J M, Bergasa L M, et al. Erfnet: Efficient residual factorized convnet for real-time semantic segmentation ［J］. IEEE Transactions on Intelligent Transportation Systems, 2017, 19 （1）: 263-272.

［70］ Mazzini D. Guidedupsampling network for real-time semantic segmentation ［J］. arXiv, 2018: 1807. 07466.

［71］ Orsic M, Kreso I, Bevandic P, et al. In defense of pre-trained imagenet architectures for real-time semantic segmentation of road-driving images ［C］. Proceedings of the IEEE/CVF Conference on Computer Vision and Pattern Recognition, 2019: 12607-12616.

［72］ Poudel R P K, Bonde U, Liwicki S, et al. Contextnet: Exploring context and detail for semantic segmentation in real-time ［J］. arXiv, 2018: 1805. 04554.

［73］ Wang Y, Zhou Q, Liu J, et al. Lednet: A lightweight encoder-decoder network for real-time semantic segmentation ［C］. 2019 IEEE International Conference on Image Processing （ICIP）. IEEE, 2019: 1860-1864.

［74］ Wu T, Tang S, Zhang R, et al. Cgnet: A light-weight context guided network for semantic segmentation ［J］. IEEE Transactions on Image Processing, 2020, 30: 1169-1179.

［75］ Chaurasia A, Culurciello E. Linknet: Exploiting encoder representations for efficient semantic segmentation ［C］. 2017 IEEE Visual Communications and Image Processing （VCIP）. IEEE, 2017: 1-4.

2 分心驾驶行为识别

2.1 分心驾驶行为识别研究背景及现状

2.1.1 研究背景

人工智能（Artificial Intelligence）是指人类制造出来的机器能够表现出一定的智慧。最早，"人工智能"概念是由美国斯坦福大学教授 John McCarthy 提出的，因此他获得了 1971 年的图灵奖。随着 21 世纪信息技术的迅猛发展，随即也迎来了人工智能发展的黄金期。作为驱动第四次工业革命的重要引擎，人工智能已经慢慢融入人类的社会生活。为满足人类生活中的不同需求，人工智能又衍生出计算机视觉、智能机器人、自然语言处理、推荐引擎、数据挖掘和语音识别等技术领域。

计算机视觉（Computer Vision）是指利用计算机代替人眼对目标进行识别、跟踪和定位等视觉的能力。小到超市付款的人脸识别，大到航空航天的机器故障诊断，都体现了它对人类发展的重要意义。计算机视觉中包括图像分类、目标检测、语义分割、人体姿态估计、目标跟踪等技术。

科学技术发展的同时，我国的经济生活水平也在蒸蒸日上。据公安部统计，截至 2022 年 3 月底，全国机动车保有量达 4.02 亿辆，汽车保有量达 3.07 亿辆。汽车保有量的增加，暴露出了很多社会问题。世界卫生组织发布的数据表明，交通事故每年平均造成 135 万人死亡，已经成为人类第八大死亡原因，因此驾驶安全问题是社会备受关注的问题之一。从制造出人类第一辆三轮汽车，到现在很多智能汽车的普及，人们在驾驶过程中越来越依赖辅助驾驶的帮助。据新闻报道，某智能品牌汽车车主，在上班早高峰时，开启汽车自动驾驶模式后，在主驾驶位置将座椅放倒睡觉。无论国内国外，类似的新闻报道屡见不鲜。一旦出现意外，受到伤害的不光是自己，还会连累道路中行驶的其他车辆。驾驶机动车时，双手离开方向盘足以影响安全驾驶，再伴随着驾驶员注意力不集中、分心驾驶等行为，更增加了危险发生的可能性。

分心驾驶是指在当前驾驶状态下（无酒精或药物作用、无疲劳驾驶行为），自愿或非自愿地将注意力从驾驶主任务转移，导致车辆处于半操控或无操控的状态。根据分心的方式，可分为听觉分心、视觉分心、认知分心和操作分心。听觉分心是由于听觉次任务引起的，如收听车载广播等占用听觉资源，使驾驶员对预警信号不能做出及时的处理；视觉分心是由视觉次任务引起的，如查看导航设备等占用了视觉资源，使驾驶员的视线离开前方路面，不能对路上的危险信号做出及时预判；认知分心是由认知次任务引起的，如与其他人交谈等；操作分心是由驾驶员操作其他设备引起的，在驾驶机动车注意力不集中的情况下，会造成对车辆的控制能力下降。根据分心源，可分为车外分心源和车内分心源。车外分心源主要包括驾驶过程中欣赏路边风景、观看周围建筑、眼睛直视太阳等。车内分心源包括接打电话、抽烟、交谈、喝水等。

本章旨在研究一种针对驾驶机动车接打电话和吸烟两种分心驾驶行为的高效识别方法。《中华人民共和国道路交通安全法实施条例》第六十二条明确规定，驾驶机动车不得有拨打接听手持电话、观看电视等妨碍安全驾驶的行为。正常驾驶情况下，人遇到紧急情况的应激反应时间是 0.57s，而驾驶员接打电话情况下，遇到紧急情况的应激反应时间是 2.12s，比正常情况下高出近 4 倍。《中华人民共和国道路交通管理条例》第二十六条规定，机动车驾驶员不准在驾驶车辆时吸烟、饮食、闲谈或有其他妨碍安全行车的行为。针对吸烟行为，掏出香烟、点火、把烟灰弹到烟灰缸内、掐灭烟头等一系列与吸烟有关的动作，都会导致驾驶员注意力分散。

综上所述，本节对于驾驶机动车吸烟和接打电话行为造成的分心驾驶识别研究，主要的监管对象针对营运车辆。对于私家车而言，即使安装了同样的监管设备，但是缺少对其进行监管的部门，只能做到自纠自查。而驾驶危险品运输车、物流快递运输车、网约车、校车、景区摆渡车等车辆是不允许在驾驶过程中出现吸烟和接打电话的行为的，一旦这些类型的车辆发生交通事故，会造成不可挽回的严重后果，因此对于营运车辆的监管就很有必要。中华人民共和国交通运输部发布的《道路运输车辆卫星定位系统车载终端技术要求》（JT/T 794—2011）规定，道路运输车辆要求安装卫星定位系统车载终端，其功能在于自检、定位、通信、信息采集、行驶记录、通话、休眠和警示等功能。为确保车载终端能够正常工作，最后连接全国营运车辆联网联控系统进行监控管理。

自 20 世纪 90 年代以来，国内外有众多学者对分心驾驶问题做了大量的研究，包括使用基于生理特征的方法、基于行为特征的方法和基于手工特征的方法等，虽取得了不错的进展，但在实际使用的情况下仍存在着诸多问题。近年来，在数据、算力、算法并行驱动下，基于计算机视觉的人工智能方法越来越多地被应用在提高汽车驾驶安全性方面。此外，生产力的发展，使得摄像头相对于其他传感器价格更加低廉，易于普及应用。广证恒生的《新三板高端装备准提报告》指出，自 2010 年起车载摄像头价格持续走低。图 2-1 展示了车载摄像头价格趋势折线图，从图中很明显可以观察出，2010 年单个车载摄像头的价格在 320 元左右，到 2020 年单个车载摄像头价格已降低至 145 元左右。而随着硬件成本的逐渐走低，利用摄像头去处理分心驾驶将能够更好地在中低端车型市场得到推广，尤其在后装市场会有更多的车主愿意加装视觉系统。

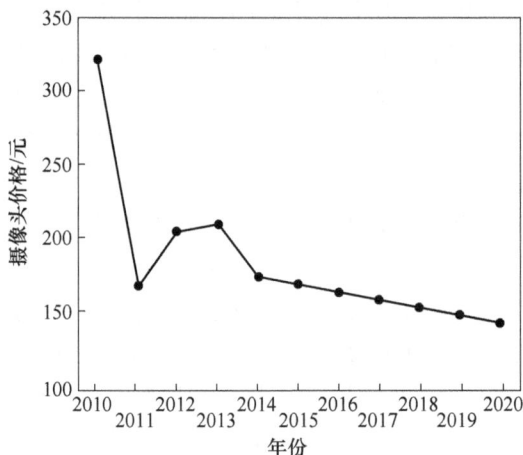

图 2-1　车载摄像头价格趋势

道路安全与司机的驾驶行为有着密不可分的联系，司机的驾驶行为直接影响着道路安全以及道路交通的秩序。为了避免分心带来的严重后果，利用计算机视觉相关技术提高汽车驾驶时的安全性，更有效地提醒司机集中注意力，对预防交通事故的发生有着重要意义。因此，本课题在理论和实际应用方面都有较好的研究前景。

2.1.2　国内外研究现状

2.1.2.1　国内研究现状

分心驾驶行为识别主要是围绕驾驶员外在的生理表现和车辆行驶轨迹的变化来进行检测，检测技术可细分为间接检测和直接检测。

间接检测是指利用多种传感器来监测汽车行驶过程中的状态特征，并不直接对驾驶员进行监测。间接检测有诸多方法，例如监测车辆行驶时轨迹变化、速度变化、加速度变化以及驾驶员在对方向盘的抓握力度等。李鹏辉等人为了探究车辆行驶过程中分心驾驶与驾驶安全之间的关系，设计出三种不同等级的分心驾驶情况，并对车辆行驶过程中的方向盘转角、油门开度、制动踏板力、车辆位置、速度、加速度等参数进行标准差的计算。实验结果表明，分心状态下驾驶员会更频繁地转动方向盘，以补偿分心时横向操控行为的损失。另外，分心驾驶时对油门和制动踏板的操作也会增加，利用这种方式使纵向安全性达到正常的水平。除了传统计算方法，唐智慧等人结合深度学习，利用支持向量机（SVM，Support

Vector Machine）分类算法构建了分心驾驶检测模型。文中将驾驶状态分为正常驾驶、认知分心驾驶和视觉分心驾驶三类，并在数据库中随机选取训练集样本对模型进行训练，以正确率和误判率作为验证模型效度的指标。最终实验结果显示，该模型对视觉分心驾驶的检测率最高，对认知分心驾驶的检测能力最弱，检测的平均正确率为86.67%。间接检测可以在不影响驾驶员的情况下，对分心驾驶行为进行识别检测，并且检测所用的传感器也较为常见，价格也相对较低。但是这种检测方法也存在着不足，检测结果主要受到车辆状况和驾驶习惯的影响，例如不同车辆油门灵活度和刹车松紧度造成的急加速急减速、不同驾驶员驾驶习惯造成的急加速急减速，这些差异都给分心驾驶的准确判断带来了挑战。

直接检测与间接检测的方式完全相反，它直接对驾驶员本人的状态特征进行监测。目前，常见的方法有基于驾驶员生理特征的检测技术、基于驾驶员视觉特征的检测技术和基于机器视觉特征的检测技术三种。

基于驾驶员生理特征的方法主要是通过监测驾驶员的生理指标数据，判断其注意力集中情况以及当前的驾驶状态。常见的生理指标包括心率、血压、肌信号、心电信号、脑电信号等。早在1998年，深圳市天童实业有限公司的周鹏为消除疲劳驾驶隐患，成功研制出佩戴于驾驶员小腿部和手腕部的驾驶员疲劳事故预防器。文献中指出，眼睛受到外界的刺激后会产生一种生物电脉冲信号并传递给大脑的神经中枢，通过神经中枢的处理后会向手脚发出指令，最后手脚根据指令做出相应的动作。作者根据上述生命科学的理论方法，制造了一套"佩戴式疲劳事故预防器"设备。设备内输出仿生电场的反射波，它能够定期向感知神经输送一组清醒的信号，使感知神经一直处于一种工作状态，而不趋向于零。如图2-2所示，图左侧将设备佩戴至小腿部位置，反射波的产生有助于静脉与淋巴液的回流，为驾驶员疲劳防止器；图右侧将设备佩戴至手腕部位置，反射波的产生促进人体上肢及头部的血液循环，提高大脑供氧量，为驾驶员清醒器。1995年，该产品在深圳市公共汽车总公司（深圳公汽集团公司）实际应用。后续收集的24份正确使用报告表明：效果显著的14份，占58%；有效的10份，占42%。

陈朝阳等人在2016年利用驾驶模拟平台研究疲劳驾驶时的脑电图（EEG）参数的变化，通过提取驾驶员δ波功率以及90%边缘频谱值，分析和记录不同部位的信号差异。最终得出δ波功率的增加可以作为区分清醒驾驶或疲劳驾驶的指标，90%边缘频谱值的减少可以作为判断疲劳驾驶的另一个指标。基于生理特征的检测方法拥有准确率高、设备反应速度快等优点。但这些生理指标往往需要专门的设备进行监测，这些设备不仅硬件成本偏高，穿戴后还会给驾驶员造成干扰引起不适。

基于驾驶员视觉特征的方法属于非接触式检测，视线轨迹可以反映其视觉注意力集中的状态，在视觉分散的状态下，其注意力也会分散。驾驶员获取道路信

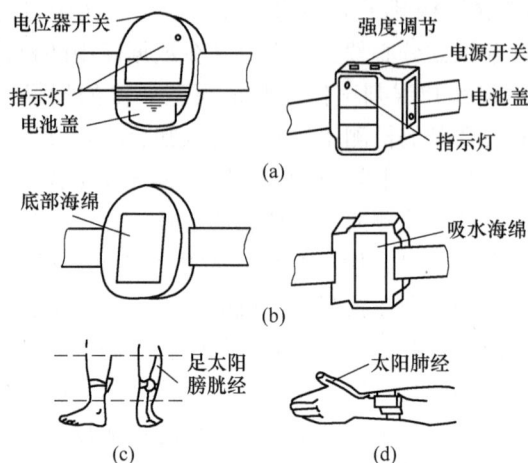

图 2-2 佩戴式疲劳事故预防器
(a) 正面;(b) 反面;(c) 小腿部佩戴位置;(d) 手腕佩戴位置

息和车况信息的重要途径之一就是通过眼睛,可以说眼睛提供的视觉信息获取的信息量占驾驶员获得所有信息量的 80%~90%,因此也引来诸多学者利用眼动信息去解决驾驶安全的问题。有学者利用眼动仪提取眼球注视点、眨眼次数、瞳孔大小等多种特征,得出老年机动车驾驶人获取信息的速度降低,在驾驶机动车时可获得的有效信息变少。利用眼动仪对分心驾驶的判别率较高,但依然存在着很多不足。例如,眼动仪设备价格昂贵,用途单一,并不能广泛推广应用。而且基于视觉特征的方式鲁棒性不高,要求驾驶员在驾驶机动车时眼部周围不能有任何遮挡,也就是说,在戴墨镜的情况下无法监测到眼部特征数据。

基于机器视觉特征的方法主要使用摄像头和机器学习相结合的方式对分心驾驶进行判断。使用这种方式不会给驾驶员带来任何干扰,并且随着机器学习领域中卷积神经网络算法的精准度和鲁棒性不断地提高,也为基于机器视觉特征的分心驾驶检测带来了新方向,因此目前较为流行。东南大学的赵敏慧提出了一种基于局部可变形部件模型融合特征的驾驶姿态识别方法,该方法包括驾驶姿态核心区域定义、驾驶姿态核心区域检测、DPM(Deformable Parts Model)得分模型构建和局部 DPM 融合特征提取,最后采用支持向量机对驾驶姿态进行分类,最终识别的精确度为 94.38%。夏瀚笙等人提出了一种基于人体骨骼关键点的判别方法,并结合车载设备共同使用。主要使用 AlphaPose 网络对驾驶员上身骨骼关键点的位置进行提取,利用热力图判断每个关键点之间的位置响应关系,从而判断驾驶员是否有分心驾驶的行为,最终在 State Farm 数据集上达到了 94.934% 的准确率。他们提出的方法一定程度上减少了外部因素的干扰,并且在处理速度方面也有所提升。

基于驾驶员生理特征和视觉特征的检测方法虽然准确率很高，但是容易严重影响驾驶员的正常驾驶，且设备价格和维护成本偏高。基于机器视觉特征的分心驾驶检测方法在我国起步较晚，但随着检测理论的不断完善以及我国人工智能领域的发展，对驾驶员吸烟和接打电话两种分心驾驶行为拥有更多的研究价值和更大的发展空间。

2.1.2.2 国外研究现状

国外早在20世纪80年代就已经开展了分心驾驶方面的研究，Weickens C D 在研究中将分心驾驶定义为驾驶员在驾驶过程中同时需要分配一部分注意力资源用于处理驾驶次任务，而造成驾驶员无法专注驾驶。由此，学术界对分心驾驶有了统一的定义。

2001年，Ishida T等人在研究中发现，驾驶时使用手机会延迟驾驶员的视觉信息处理从而诱发交通事故的发生。他们对50名驾驶员在正常驾驶、收听汽车广播驾驶、手机免提驾驶和频繁使用手机驾驶的四种情况进行实验。实验结果表明，在汽车制动反应延迟时间方面，收听汽车广播驾驶的反应延迟时间多于正常驾驶，手机免提驾驶的反应延迟时间多于收听汽车广播驾驶，频繁使用手机驾驶的反应延迟时间多于手机免提驾驶；在使用手机时，车速最慢，并且跟车距离最长；使用手机时除正面的视线持续时间最短，注意力分散严重，眼球运动的情况较少；使用手机的情况下，稳定驾驶变得更加困难，方向盘会有很大的偏转。

Young K L 等人利用faceLAB眼动追踪设备来考察使用便携式音乐播放器执行音乐搜索任务对驾驶行为的影响。结果显示，驾驶时执行音乐搜索任务会增加驾驶员眼睛离开道路的时间，并降低他们保持恒定车道位置和与领先车辆的时间间隔的能力。驾驶员试图在分心时通过降低车速和向设备短暂瞥一眼来调节自己的行为。无独有偶，Mizoguchi F 等人除了利用眼动仪来追踪眼部运动数据外，还使用支持向量机作为新的学习工具，用来生成驾驶员分心驾驶的认知心理负载定性模型。该模型可以检测到视觉上的分散，并验证驾驶过程中每单位时间的扫视频率是否降低，任何与模型不一致的眼动和驾驶数据都是驾驶员处于分心状态的判断条件。

随着国外工业的进步和计算机领域的发展，利用计算机视觉去解决分心驾驶越来越符合实际应用的条件。研究者们在连续视频帧、深度图像和RGB图像中能够提取到更多的图像特征，从而更好地对分心驾驶进行识别判断。

视频由一张张连贯的照片组合而成，长短期记忆网络（LSTM）常用于对输出的离散视频帧中的特征按照时间序列重新排列，使得视频序列能够实现完整预测。来自美国北卡罗来纳州的一位学者提出利用LSTM模型在车辆远程信息处理数据中学习个人独特驾驶习惯，从而预测驾驶员的身份。他在3个自然驾驶数据集上评估了该方法的性能，还研究了该模型对通常由传感器缺陷或环境因素引起的噪声和异常数据的鲁棒性。结果表明，即使在噪声和异常值增加的情况下，所提出的方法仍保持 88%的预测精度，优于其他方法。

深度图像（Depth Images）又被称为距离影像（Range Images），是指将图像采集器采集到的场景中各点的距离（深度）值作为像素值的图像，它直接反映了景物可见表面的几何形状。2013 年，Gallahan S L 等人为了检测和警告驾驶员分心，在弗吉尼亚驾驶安全实验室（VDSL）的驾驶模拟器中开发了一套系统，该系统由 Microsoft Kinect 深度摄像头跟踪驾驶员头部、骨骼运动轨迹和用于识别四种分心并输出音频警报的自定义软件应用程序组成。系统对于驾驶员触及移动物体的分心驾驶正确识别率为 100%；对于驾驶员对手机讲话的分心驾驶正确识别率为 33%；对于驾驶员整理个人卫生的分心驾驶正确识别率为 50%；对于驾驶员注视外部物体的分心驾驶正确识别率为 66%。使用深度图像的方法识别驾驶员分心的行为是可行的，但是对于一些复杂的分心行为，还需要改进运动捕捉算法并配合眼球追踪的技术共同使用。

RGB 图像是日常生活中常见的一种图像的表达形式，它分别由红色（Red）、绿色（Green）和蓝色（Blue）三种颜色混合构成。通常使用手机、照相机、摄像头捕捉到的图片，都是 RGB 彩色图像。2015 年，Seshadri K 等人利用基于监督下降法（SDM）的面部跟踪算法来提取感兴趣区域的特征，并结合分类器进行分类，以确定驾驶员是否持有手机。Wu P 等人提出一种基于颜色的比率直方图分析的方式，以从点燃的香烟与驾驶员之间的外观交互中提取视觉线索，并利用颜色再投影和高斯混合模型（GMMs）技术对背景像素上的香烟进行分割。该方法适用于检测不同尺寸、颜色和形状的不确定行为的吸烟事件。2019 年，Eraqi H M 等人利用多种深度卷积神经网络训练了驾驶人原始图像、皮肤分割图像、面部图像、手部图像和手脸组合图像，然后采用遗传算法评估所有网络输出的加权和，实现分心驾驶的检测。

在本节对研究的背景及意义进行阐述，介绍了人工智能和机器视觉的定义，通过对国内外汽车保有量和汽车引发的交通事故的分析，提出分心驾驶行为的危害，并将机器视觉应用到分心驾驶行为检测领域。另外，还对主要研究工作和创新点等内容进行了介绍。

2.2 相关理论概述

2.2.1 神经网络基础

2.2.1.1 卷积神经网络的概念

卷积神经网络（CNN，Convolutional Neural Network）是一种前馈神经网络，它由若干卷积层和池化层组成具有深度结构的网络，现如今在图像处理等领域应用广泛。1962 年，由 Hubel 和 Wiesel 通过对猫的脑视觉皮层的研究中首次提出神经网络笼统的概念，对后来人工智能的发展有重要的启示作用。1980 年，由日本的 Fukushima 基于生物神经学的感受野理论提出了神经认知机和权重共享的卷积神经层，这被视为卷积神经网络的雏形。1998 年，LeCun 提出了用于对手写字母进行识别的 LeNet-5 卷积神经网络模型，该模型将感受野理论应用于网络模型当中。在 2012 年由 Alex Krizhevsky 提出的 AlexNet 网络，真正意义上把卷积神经网络应用到深度学习当中，并且提高了图片分类的成功率。

深度学习的研究成果，离不开对大脑视觉神经认知原理的研究。图 2-3 是展示人类视觉进行人脸识别的一个示例。之所以能够看到外界的物体，是因为它们反射的光经过瞳孔摄入原始信号聚焦到视网膜神经，大脑皮层中的细胞做出发现边缘和方向的初步处理，然后对眼前的物体进行抽象判定，最后大脑经过进一步判断得出最终的结果。

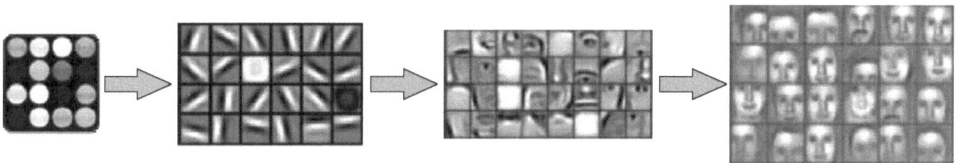

图 2-3　人类视觉进行人脸识别示例

对于不同的物体人类视觉也是通过逐层分级来认知的，如图 2-4 所示。在最底层的特征只能检测到一些边缘信息，越往上越能提取到此类物体的其他特征，如轮子、眼睛、躯干等。到达最上层，不同的高级特征组合成相对应的图像，让人类能够准确区分不同物体。

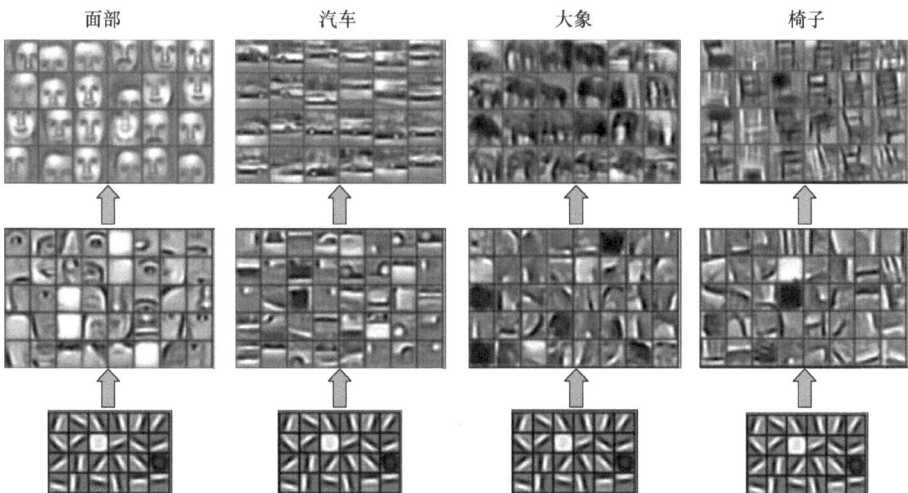

图 2-4　人类视觉对不同物体识别示例

受此启发，研究人员模仿人类大脑的特点，构造多层的神经网络，较低层地识别浅显的边缘特征，若干底层特征组成更上层特征，最终在顶层进行特征分类，就形成了卷积神经网络的基本结构，如图2-5所示。它由卷积层、池化层和全连接层三个主要部分组成。卷积层负责提取图像中的局部特征；池化层用来大幅降低参数数量级；全连接层用来做出最后的判断并且输出想要的结果。在接下来的章节中，会对其重要的组成部分做详细的叙述。

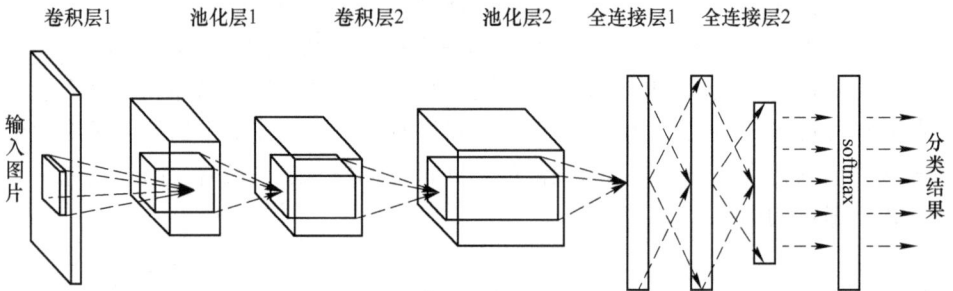

图2-5 卷积神经网络基本结构

2.2.1.2 卷积层

卷积层（Convolutional Layer）是卷积神经网络中最重要的部分，图2-6展示了卷积层的工作流程，卷积层1中的每个神经元与输入层矩形区域内的像素相连接，卷积层2中的每个神经元与卷积层1中的矩形区域内的神经元相连接。利用这种方式模仿人类视觉皮层的处理方式，使得前一个卷积层专注于相对低级的特征，后一个卷积层整合前一个卷积层的特征，形成最终的特征结果。

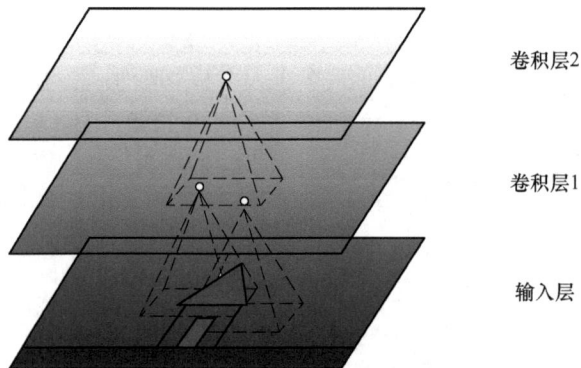

图2-6 卷积层工作流程示例图

在卷积层中，包含多个可学习的卷积核，图2-7展示了一个二维卷积操作示例图。通常把中间的卷积核看作一个滑动窗口，这个滑动窗口可以按照指定的步长在上层输出特征图上滑动并将每个矩形区域做点积运算，将点积运算的结果利用激活函数映射到输出端，从而形成新的特征图，由此反复进行特征提取。

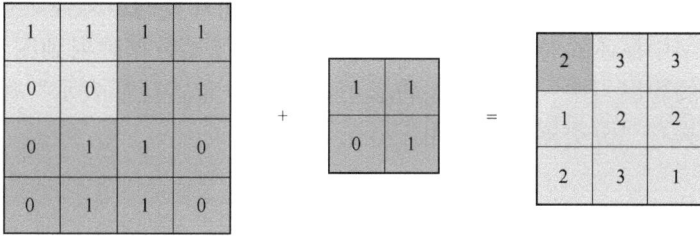

图 2-7 二维卷积操作示例图

2.2.1.3 池化层

池化层（Pooling Layer）一般出现在卷积层之后，它将输入矩阵某一位置相邻区域的总体统计特征作为该位置的输出。神经网络通过加深网络深度，堆叠卷积层来提取更抽象的特征，但是由于计算机计算资源有限，一味地使用这种做法会遇到瓶颈限制。所以在卷积层之后引入池化层，降低数据维度，减少运算量，有效避免过拟合的发生。目前常见的池化方法有最大池化（Max Pooling）、平均池化（Average Pooling）和随机池化（Random Pooling）等。

以图 2-8 为例，最大池化方法是在图中框出的 2×2 矩形区域内取最大值作为该区域池化后的值，以步长为 2 依次进行"扫描"；平均池化方法是在图 2-8 中框出的 2×2 矩形区域内做均值运算，将均值运算后的结果作为该区域池化后的值，以步长为 2 依次进行"扫描"；随机池化介于最大池化和平均池化之间，首先通过对像素点按数值大小赋予概率，然后再用 2×2 的过滤器对特征区域元素按照其概率值的大小随机选择，元素值大的被选中的概率也大。

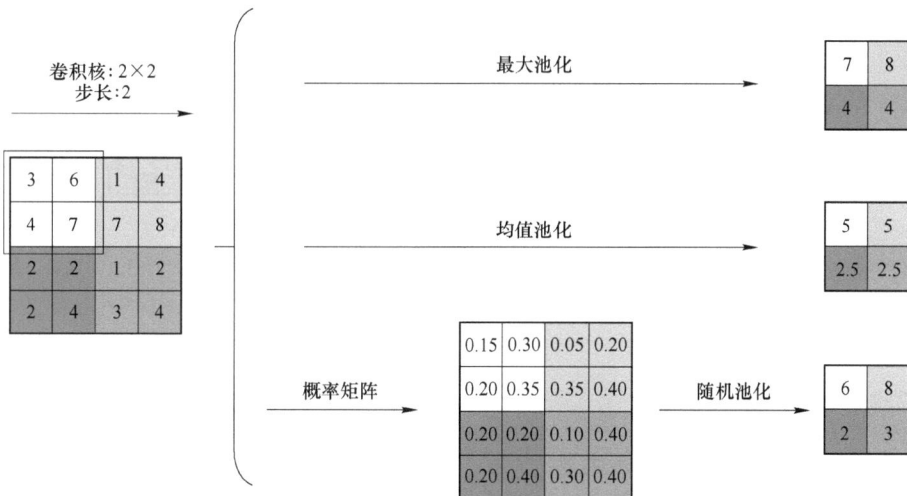

图 2-8 池化层工作流程示例图

2.2.1.4 全连接层

全连接层（Fully Connected Layers）在整个卷积神经网络末尾处使用。本节前面几个小结中描述的卷积层和池化层等操作是将原始数据映射到图2-9所示的三层感知机的隐层当中，全连接层将学习到的"分布式特征表示"映射到样本标记空间，具有"分类器"的作用。

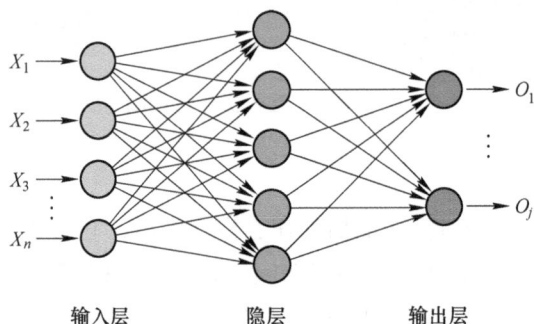

图 2-9   三层感知机示例图

全连接层中的每一层都是由许多神经元组成的平铺结构。如图 2-10 所示，可以观察到，大多数的全连接层由两层或两层以上构成。当用多项式函数去拟合光滑函数且函数满足一定条件时，根据泰勒公式，可根据函数在某一点的各阶导数值做系数构建一个多项式来近似地表达这个函数。其中全连接层中的每一个神经元代表着一个多项式，当只有一层全连接层时没有办法解决非线性问题，所以使用两层或两层以上的全连接层可以更好地实现分类效果。

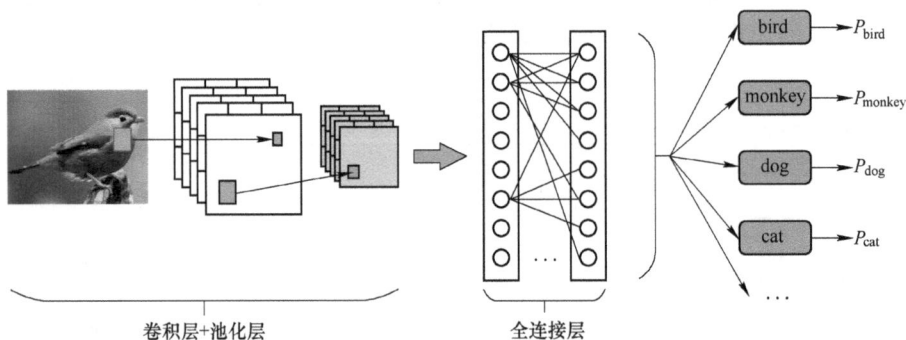

图 2-10   全连接层示例图

2.2.2 激活函数

2.2.2.1 Softmax 激活函数

Softmax 激活函数可以将一个数值向量归一化为概率分布向量，对于长度为 k

的任意实向量，Softmax 激活函数将其压缩在（0，1）范围内，且向量中元素总和为 1 的实向量。所以它常被用于多分类问题，并且它可以很自然地表示具有 k 个可能性的离散型随机变量的概率分布。Softmax 激活函数数学公式如下：

$$\text{Softmax}(z_i) = \frac{e^{z_i}}{\sum\limits_{j=1}^{N} e^{z_i}} \tag{2-1}$$

Softmax 激活函数使用了指数，对于每个输入 z_i，需要计算 z_i 的指数。在深度学习进行反向传播时，经常需要求导，对于指数的求导非常方便。Softmax 激活函数的分母结合了原始输出值的所有因子，这意味着它获得的各种概率彼此相关。Softmax 激活函数也存在一些缺点，例如它在 0 点是不可微的，并且当它的负输入为 0 时，在反向传播的过程中，权重不会继续更新，导致神经元不能激活，影响模型收敛速度。

2.2.2.2　Leaky ReLU 激活函数

Leaky ReLU 激活函数主要解决了 ReLU 激活函数输入数据小于 0 时，输出值始终都是 0 的问题。Leaky ReLU 激活函数数学公式如下：

$$\text{Leaky ReLU}(x) = \begin{cases} x, & x > 0 \\ \alpha x, & x < 0 \end{cases} \tag{2-2}$$

式中　α——超参数，通常取值为 0.01。

2.2.2.3　Swish 激活函数

Swish 激活函数是介于线性函数和 ReLU 函数之间的函数，它的每一点更加平滑，会使得信息能够更好地深入神经网络。Swish 激活函数数学公式如下：

$$\text{Swish}(x) = x \cdot \text{Sigmoid}(\beta x) \tag{2-3}$$

Swish 函数都是平滑且单调的，受到 LSTM 和 Sigmoid 的启发，它的函数中包含着 Sigmoid 函数，且最终结果受 β 影响。它属性上的差异，令 Swish 激活函数适用于各种具有挑战性的领域。

2.2.3　目标检测理论基础

2.2.3.1　基于传统方法的目标检测

目标检测属于数字图像处理的一个分支，主要应用在改善图示信息以便人们理解，对图像进行存储、传输和表示以便机器自动理解等领域。传统的目标检测包括边缘检测、关键点检测及物体检测等。

边缘计算的目的是识别数字图像中亮度变化明显的点，在很多场景下也可以看作是图像分割任务。边缘一般分为两种：一种是阶跃状边缘，边缘两边像素的灰度值明显不同；另一种是屋顶状边缘处于灰度值由小到大再到小的变化转折点处。边缘检测算法主要是基于图像增强的一阶和二阶导数，但导数的计算对噪声很敏感，因此还需要使用空间滤波器来改善与噪声有关的边缘检测器的性能。图2-11展示了对边缘微分可视化的图像，图2-11（a）中两条虚线的地方代表着图像的边缘，除虚线外其余的地方很平缓，代表着原图。图2-11（b）是对原图一阶微分后可视化的图像，从图中可以观察到，原图平缓的区域在微分后几乎是0，原图中代表边缘的地方微分后绝对值很大，由此区分出图像的边缘区域。

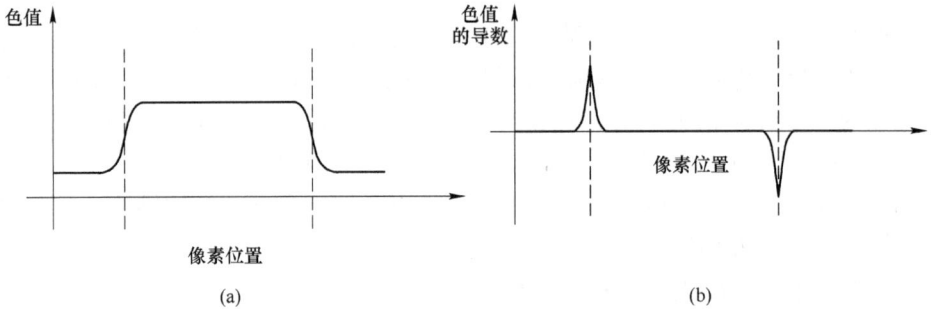

图 2-11 边缘微分可视化图像
（a）原图；（b）一阶微分后的图像

关键点检测又可以称为感兴趣点检测，主要方法包括 Harris 角点检测法、SIFT 特征点检测法、基于模型的 ASM 法等。Harris 角点检测法是设计角点检测算子，对图像每个像素都计算响应值，然后确定一个合适的阈值来检测角点。SIFT 特征点检测法通过构建线性关系金字塔模型，利用一阶高斯差分在连续的高斯核尺度上查找图像的感兴趣区域。基于模型的 ASM 法先对标记点所在的物体形状进行匹配对齐，然后通过构建局部特征，在其内部进行搜索和匹配。

如图 2-12 展示了传统物体检测流程，物体检测算法主要由 3 个部分共同构成，即确定目标物体位置、提取目标物体特征、对目标物体进行分类。对于输入的图像，首先要检测目标物体在图像上的位置，通常采用滑动窗口的方法来确定感兴趣区域（ROI，Region of interest）。接下来要对感兴趣区域进行特征提取，常使用 HOG、Haar 等特征提取器根据目标的颜色、纹理、体积等特征来设计特征提取算法。最后，通过前两步得到的结果利用分类器进行分类，即可判断当前候选框是某个物体的可能性大小。常用的分类器主要有 AdaBoost、SVM、DPM 等。

图 2-12 传统物体检测流程

2.2.3.2 基于深度学习的目标检测

基于深度学习的目标检测方法：首先在 Backbone 中对输入图像进行特征提

取；然后 Neck 增强来自 Backbone 的多尺度特征；最后预测头使用位置信息和分类信息预测对象边界框。根据检测方法的差异，基于深度学习的目标检测分为两种类型：一种是 One-Stage 目标检测算法；另一种是 Two-Stage 目标检测算法。

One-Stage 目标检测算法只需要将图片送入网络一次就可以预测出所有的边界框，拥有较高的推理速度。它可以直接回归物体的类别概率和位置坐标值，使得它大大降低了误检率，有效降低背景对整体判断的影响，能够更好学习到物体的泛化特征。One-Stage 目标检测算法虽然推理速度快结构简单，但也带来了准确率较低的缺点。具有代表性的算法有 Yolo 系列算法、SSD 以及 RetinaNet 等。

Two-Stage 目标检测算法整体结构较 One-Stage 算法更复杂，这也是导致它的推理速度低于 One-Stage 算法的原因。与传统的检测流程类似，它需要先生成候选框，选择出可能包含物体的区域，然后再对每个候选框进行分类和回归。它第一阶段的 Anchor 机制，使得 Two-Stage 算法在检测结果的准确率上优于 One-Stage 算法。具有代表性的算法有 Fast R-CNN、Faster R-CNN 以及 Mask R-CNN 等。

2.2.4 人体姿态估计理论基础

2.2.4.1 基于传统方法的人体姿态估计

姿态估计是计算机视觉的重要任务之一，也是计算机理解人体的动作、行为不可或缺的一部分。姿态估计的主要流程是，输入图像或视频后，计算机能够定位到某个人身体上出现的某个部位，重建人体各个部位，并且估计到人体关节点的位置坐标。

传统算法是在几何先验的基础上对模板匹配来进行的，算法核心在于如何使用模版表示整个人体结构，包括关键点的表示，肢体结构的表示以及不同肢体结构之间关系的表示。一个好的模板匹配思路，可以扩大模拟姿态的范围，能够更好地匹配并检测出对应的人体姿态。

在 2005 年由 Pedro F. Felzenszwalb 等人提出了 Pictorial Structure 算法思路。它主要由两个部分组成，一个是单元模板，另一个是模板关系。在此算法中提出了弹簧形变模型，它对模型的部件和整体的相对位置空间关系进行建模，利用物体的空间先验知识，既合理约束整体模型和部件模型的空间相对位置，又保持了灵活性。为了匹配更大的姿态范围，Yi Yang 等人提出将每个肢体结构切分成更小的模块，从而提高模板匹配的效果。

2.2.4.2 基于深度学习的人体姿态估计

随着深度学习的发展，将深度学习中的许多理论加入人体姿态估计后取得了很大的进展，从二维到三维，从图像到视频，从复杂网络到轻量网络。姿态估计也陆续出现了许多方法，利用深度卷积神经网络来增强人体估计系统的性能。在网络架构方面，基于深度学习的姿态估计分为单级网络和多级网络，单级网络通常的难点在于后面的特征融合工作，多级网络一般就是重复叠加某个细小的网络结构。

基于深度学习的方法通常有两种解决方案：第一种是 Top-Down 自上而下的方法，即使用目标检测网络来检测图像中的人物区域，再应用姿态估计算法，具有代表性的算法有 DeepPose、CPN 和 HRNet 等；第二种是 Down-Top 自下而上的方法，首先检测图像中所有人物的骨骼关键点，然后根据含有人的数量对这些关键点进行分组，具有代表性的算法有 DeeperCut、PifPaf 和 HigherHRNet 等。

2.2.5　评价指标

2.2.5.1　目标检测评价指标

在目标检测的问题中，交并比（IoU）、精确度（Precision）、召回率（Recall）、平均准确率（AP）和平均精度均值（mAP）是该问题领域经常用的性能评价指标。

对预测值为正例记为 P，预测值为反例记为 N，预测值与真实值相同记为 T，预测值与真实值相反记为 F。根据此标准会出现四种组合，分别是 TP、TN、FP 和 FN。TP（True Positive）代表预测值和真实值一样，预测值为正样本的个数；TN（True Negative）代表预测值和真实值一样，预测值为负样本的个数；FP（False Positive）代表预测值和真实值不一样，预测值为正样本的个数；FN（False Negative）代表预测值和真实值不一样，预测值为负样本的个数。

精确度是从预测结果角度出发，用来表示预测出来的正例结果中有多少是真实正例。计算原理见式（2-4）。

$$Precision = \frac{TP}{TP + FP} \tag{2-4}$$

召回率是从真实结果角度出发，用来表示真实的正例有多少被分类器召回。计算原理见式（2-5）。

$$Recall = \frac{TP}{TP + FN} \tag{2-5}$$

以召回率为横坐标、精确度为纵坐标绘制出来的曲线称为 *P-R* 曲线，它主要反映了分类器对正例的识别准确程度和对正例的覆盖范围能力之间的权衡。由 *P-R* 曲线围成的面积代表平均准确率 AP，由此可见 *P-R* 曲线下的面积越大代表着 AP 的值越高，模型的性能越好。

一个模型通常会检测很多种物体，每一类物体都会计算出一个 AP 值。对所得出的所有 AP 做均值计算，得到平均精度均值 mAP。

2.2.5.2　人体姿态估计评价指标

OKS（Object Keypoint Similarity）是人体姿态估计算法的常用评价指标之一，

受到目标检测中 IoU 指标的启发，用该指标来计算预测出人体骨骼关键点与样本标注人体骨骼关键点的相似度。通过计算两点之间的相似度来评判模型训练的好坏，计算见式（2-6）。

$$\mathrm{OKS}_p = \frac{\sum\limits_i \exp\left(-\dfrac{d_{p^i}^2}{2S_p^2\sigma_i^2}\right)\delta(v_{p^i} > 0)}{\sum\limits_i \delta(v_{p^i} > 0)} \tag{2-6}$$

式中　p——正确打标签的训练数据集中的某个人；

　　　p^i——这个人的某一个骨骼关键点；

　　　v_{p^i}——该关键点的可见性，当值为 1 时代表该关键点无遮挡且已标注，当值为 2 时代表该关键点有遮挡但已标注；

　　　S_p——这个人的尺度因子，其值为检测框面积的平方根；

　　　σ_i——关键点的归一化因子，σ_i 计算方式为预测结果与标注结果的标准差，σ_i 值越大表示此类型的关键点越难标注；

　　　d_{p^i}——这个人预测出人体骨骼关键点的位置与样本标注出人体骨骼关键点的位置之间的欧氏距离。d_{p_i} 计算见式（2-7）。

$$d_{p^i} = \sqrt{(x_i' - x_{p^i})(y_i' - y_{p^i})} \tag{2-7}$$

式中　x_i'，y_i'——预测出人体骨骼关键点的位置坐标；

　　　x_{p^i}，y_{p^i}——样本标注出人体骨骼关键点的位置坐标。

在人体姿态估计中，平均准确率（AP）也是一个很重要的评价指标之一。但与目标检测的计算方式不同，姿态估计中的需要先计算出关键点相似度 OKS 的值，然后人为地给定一个阈值 T，最后通过所有图片的 OKS 计算 AP 结果。对于单人姿态估计具体计算见式（2-8）。

$$\mathrm{AP} = \frac{\sum\limits_p \delta(\mathrm{OKS}_p > T)}{\sum\limits_p 1} \tag{2-8}$$

对于使用 COCO 数据集时，通常定义 AP^{50}、AP^{75}、AP^{M}、AP^{L} 等指标。在人体姿态估计任务中，通过对 OKS 设定阈值进行过滤。当 AP 分别对阈值 T，取值为 50% 和 75% 时，可表示为 AP^{50} 和 AP^{75}；AP^{M} 是小人体的评价指标，指的是图像中人体的面积在 32×32 到 96×96 之间；AP^{L} 是大人体的评价指标，指的是图像中人体的面积大于 96×96；AP^{M} 和 AP^{L} 均在 OKS 取值为 0.50、0.55、…、0.90、0.95 计算得出所有的 AP 结果后进行平均得到的。

本节介绍了相关的理论技术基础。首先介绍神经网络的由来和现代卷积神经网络的概念，将卷积神经网络内部主要结构拆分成卷积层、池化层和全连接层 3 个部分详细描述。接下来介绍激活函数，对公式进行了详细介绍，分别从传统方法和深度学习方法介绍目标检测和姿态估计相关的方法理论。最后介绍了目标检测和姿态估计评价指标。对于目标检测任务和人体姿态估计，都需要有客观性的、综合性的、可度量性的评价指标来衡量模型的性能。

2.3　基于 YoloV5 改进的目标检测算法

2.3.1　基于 YoloV5 的目标检测算法

2.3.1.1　YoloV5 网络结构

YoloV5 框架是在 YoloV4 框架的基础上进行改进的 One-Stage 算法，在灵活性与速度方面远远强于 YoloV4 框架，并在模型的部署上也具有较强的优势。它给出了目标检测的四种预训练模型，分别是 YoloV5s、YoloV5m、YoloV5l 和 YoloV5x。不同预训练模型的区别是网络的深度和宽度依次不断地加深和加宽。

图 2-13 展示了 YoloV5 网络的整体结构，对比 YoloV4，YoloV5 依然是保留了 Backbone、Neck 和 Prediction 三大主体结构，并在之上进行了进一步的创新。在输入端的位置使用了 Mosaic 数据增强、自适应锚点框、自适应图片缩放等方法；在 Backbone 中加入 Focus 结构以及 CSP 结构来加强卷积神经网络的学习能力；在网络主干和输出层之间使用 FPN 和 PAN 相结合的方式充当 Neck 部分；在预测头的位置上更换了更有效的损失函数。

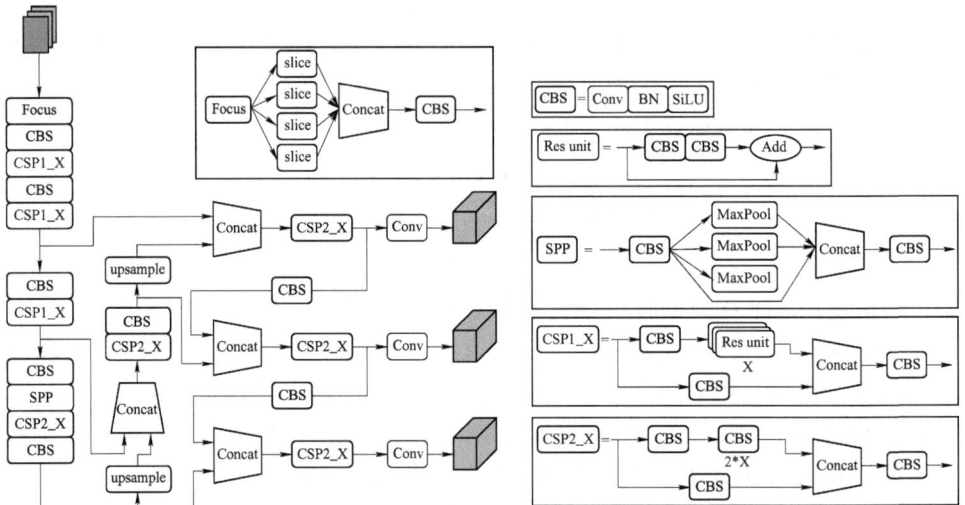

图 2-13　YoloV5 网络结构

输入层输入图片进入网络，首先会通过一个 Focus 模块。它采用切片操作把高分辨率的特征图切分成多个低分辨率的特征图，如图 2-14 所示。受到 YoloV2

中的 PassThrough 层的启发，它将平面上相邻的特征堆积到通道空间当中，将输入通道扩充 4 倍，拼接起来的特征图相当于把之前的 RGB 3 通道变成了 12 通道。使用 Focus 模块来代替原始 YoloV3 网络前 3 层，减少网络层数后，降低计算复杂度，提高了向前和向后的推理速度，同时还保证对 mAP 影响是最小的。

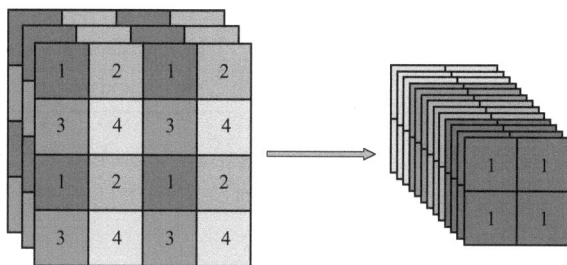

图 2-14　Focus 操作示意图

图 2-15 展示了 CSP 结构示意图，它将原始数据分割成两个部分：一部分进行卷积操作；另一部分直接通过一个 shortcut 与第一部分的输出做 concate（连接）操作，使输入和输出保持相同的大小。第一部分利用通道数减半的方式提高模型计算效率，第二部分参考残差神经网络的方式让模型学习到更多的特征。

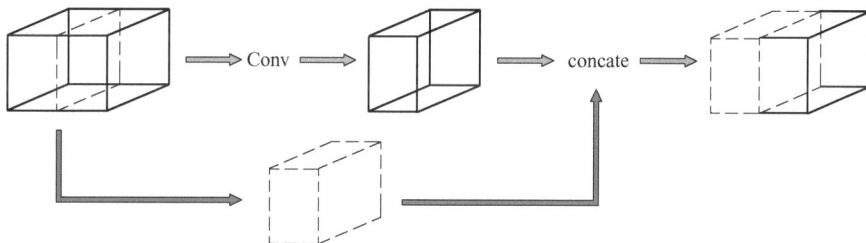

图 2-15　CSP 结构示意图

YoloV4 和 YoloV5 中都使用 CSPDarknet 作为 Backbone，而不同点在于 YoloV5 设计了两种 CSP 结构。从图 2-13 中可以观察到，在 Backbone 中有 3 个位置使用到了 CSP1_X 结构，在 Neck 中有 5 个位置使用到了 CSP2_X 结构，将 YoloV5 不同模型所使用的 CSP 结构深度关系列于表 2-1 中。

表 2-1　YoloV5 不同模型所使用的 CSP 结构深度关系

CSP 结构	YoloV5s	YoloV5m	YoloV5l	YoloV5x
第一个 CSP1	CSP1_1	CSP1_2	CSP1_3	CSP1_4
第二个 CSP1	CSP1_3	CSP1_6	CSP1_9	CSP1_12
第三个 CSP1	CSP1_3	CSP1_6	CSP1_9	CSP1_12

CSP 结构	YoloV5s	YoloV5m	YoloV5l	YoloV5x
第一个 CSP2	CSP2_1	CSP2_2	CSP2_3	CSP2_4
第二个 CSP2	CSP2_1	CSP2_2	CSP2_3	CSP2_4
第三个 CSP2	CSP2_1	CSP2_2	CSP2_3	CSP2_4
第四个 CSP2	CSP2_1	CSP2_2	CSP2_3	CSP2_4
第五个 CSP2	CSP2_1	CSP2_2	CSP2_3	CSP2_4

全连接层需要固定图像输入的尺寸，这给模型训练带来了很多的不便。因此，YoloV5 使用 SPP 空间金字塔池化结构将输入网络的任意图像大小转换成固定大小的特征向量，SPP 结构如图 2-16 所示。

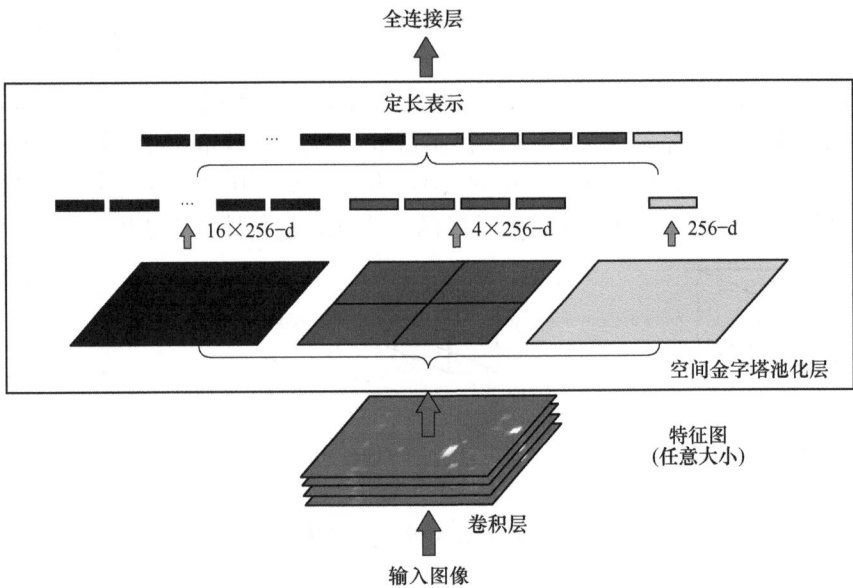

图 2-16　SPP 结构示意图

SPP 结构将输入特征分别划分成 1×1、2×2 和 4×4 的网格，然后对划分出的每个特征区域做 MaxPool 最大池化操作，得出的结果再按通道做 Concate（连接）操作将所有特征组合起来，实现特征融合。

2.3.1.2　YoloV5 检测原理

YoloV5 属于一种监督学习模型，给定它一部分已知的问题和答案进行模拟训练，模型会根据训练的内容自行总结规律，形成自己的一套检测方法论。形成自己的理论后，再把待解决的问题交给模型，由此来解决回归和分类的问题。

图片通过输入层进入 YoloV5 网络，在 Focus 模块将原始的 640×640×3 切片，变成 320×320×12 的特征图，拼接后经过 CBS 卷积操作输出 320×320×64 的特征图。通过一系列 CSP 结构的卷积操作进行特征提取，在每次卷积操作之后都使用 SiLU 激活函数进行非线性编码。特征向量在进入池化层之前先通过一个标准卷积模块将输入通道减半，然后利用空间金字塔池化（SPP）模块分别做 Kernel-size 为 5、9、13 的 MaxPooling 操作。在 Neck 部分，模型利用多尺度特征融合的手段增强检测效果，将融合后的结果在最后的头部进行分类和定位，输出最终的结果。

模型训练期间，为增强模型鲁棒性，防止过拟合发生，会对数据集进行数据增强操作，其中 YoloV5 网络使用 Mosaic 和 Mixup 两种数据增强方式。

Mosaic 数据增强参考了 2019 年提出的 CutMix 数据增强方式，主要思想是将 4 张图片进行随机的剪切和拼接。每次从数据集中随机选取 4 张带标注的图片，分别对 4 张图片进行随机的旋转、裁剪、平移等操作，如图 2-17 所示。

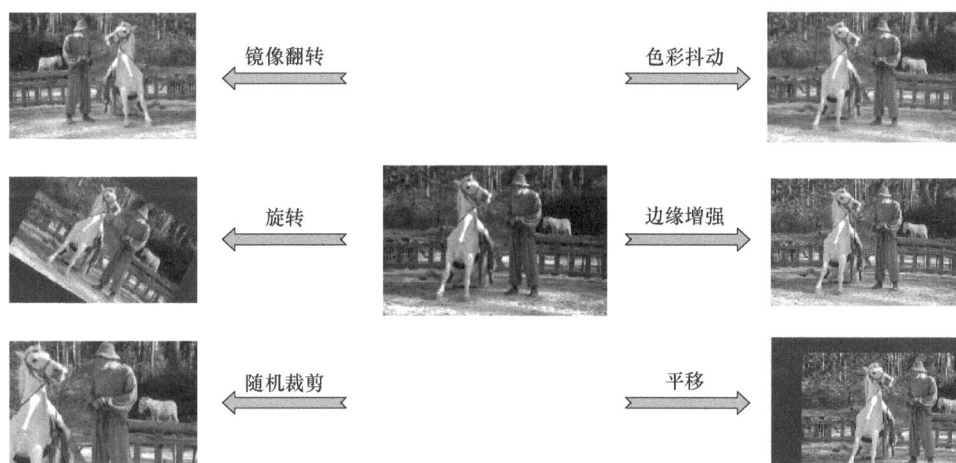

图 2-17　数据增强方法

操作完成后分别将 4 张图片放置在画布的左上角、右上角、左下角和右下角。接下来需要对这 4 张图片进行拼接组合，利用矩阵的方式将 4 张图片的固定区域截取后拼接成 1 张新的图片，如图 2-18 所示。

Mixup 数据增强在 2018 年被提出，它将输入一个 batch 中的图像与其他随机抽取出来的图像进行融合，融合比例为 λ，即范围在 [0，1] 之间的随机实数且符合 beta 概率分布。利用线性插值重新对样本 X 和标签 Y 进行像素相加，如图 2-19 所示，两张图片的 Mixup 结果随着 λ 值的变化而逐渐改变。

图 2-18 Mosaic 数据增强方法

彩图

图 2-19 Mixup 数据增强方法

彩图

2.3.2 改进的 YoloV5 目标检测算法

2.3.2.1 预测头的改进

在 FPN 结构被提出之后，模型可以更充分地利用 Backbone 在不同尺度上提取到的特征信息，从而让网络能够更好地检测到不同尺度大小的目标。如图 2-20 所示，对于浅层网络，可以很明显地看到人物的形状，对于一些细节特征仍然能够清晰地观察到，有利于检测小目标物体。随着网络深度的加深，一些表层信息慢慢淡化，网络带来的特征更抽象化，表达的语义信息越丰富，已经不能单纯地从输出的特征图中判断出原始图像的样子，不过可以从特征图的颜色来判断模型在此阶段更关注的区域。随着网络深度的增加，分辨率越来越低，提取到的特征更具有代表性。

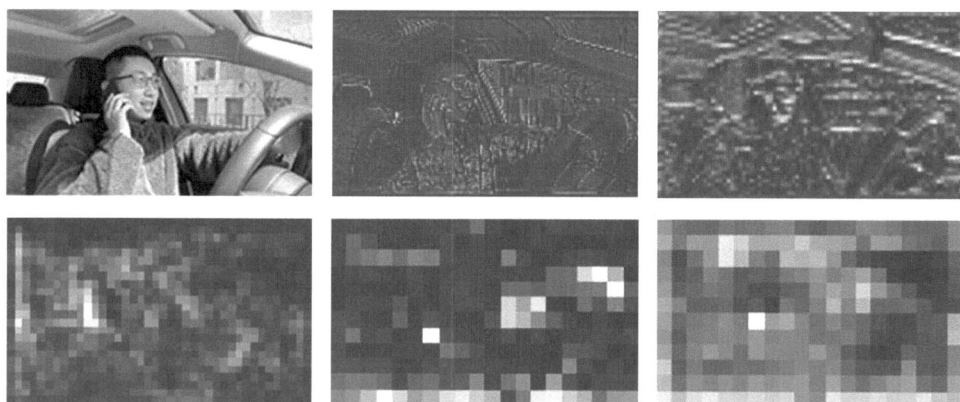

图 2-20　各层特征可视化结果

在目标检测的问题中，小目标的定义有两种。第一种是在256×256 像素的图像中目标面积小于其 0.12%，即定义为相对尺寸小目标。第二种是在 Mate Kisantal 等人的论文中定义，见表2-2，COCO 数据集下，当最大目标框的长宽小于 32×32 像素，即定义为绝对尺寸小目标。通过对这两种定义方式的借鉴和比较，结合对数据集的整体判断，香烟和手机在实际情况下容易被手部遮挡，多数情况并不能完整的露出。因此，对香烟和手机的检测完全符合相对尺寸小目标的定义。

表 2-2　COCO 数据集下对小、中、大目标的定义

目　标	最小目标框	最大目标框
小目标	0×0	32×32
中目标	32×32	96×96
大目标	96×96	$\infty \times \infty$

如图 2-21 所示，P3 预测头对应的检测层大小为 80×80，可用来检测大小在 8×8 以上的目标；P4 预测头对应的检测层大小为 40×40，可用来检测大小在 16×16 以上的目标；P5 预测头对应的检测层大小为 20×20，可用来检测大小在 32×32 以上的目标。在浅层神经网络上，神经元的感受野更小，能够利用细粒度特征信息提取到更多的基础特征，由此可以检测到图像中更小的目标物体。相反，随着卷积次数的增加，感受野逐渐增大，图像整体轮廓更加清晰，但图像中细节信息更加模糊。为了更精准地检测小目标物体，对预测头做了改进，在浅层网络上添加一个 P2 预测头，在特征图每个像素点对应的感受野重叠区域较小时保证网络能够捕获到更多的细节信息，使网络能更准确地检测到小尺寸目标，以缓解目标尺寸剧烈变化带来的负面影响。

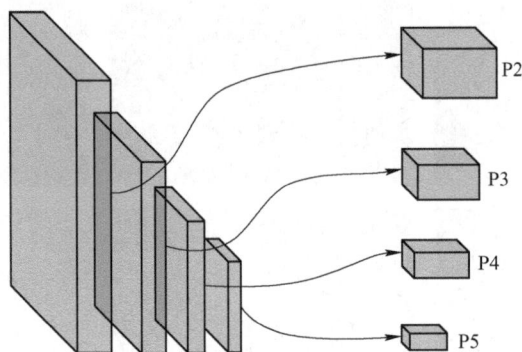

图 2-21　改进后的预测头

2.3.2.2　损失函数的改进

函数是设置变量之间对应关系的一种表达方式。而损失函数通常在统计学领域被使用，属于后验概率的一种表达方式。在神经网络的学习中，模型通过不断地反向传播更新权重和偏重的值，不断比较、调整模型的参数，这时就需要用到损失函数进行计算，比较差值对参数贡献的大小，重新调整参数的分配。直到差距趋于稳定不再改变，可以由此判断，模型训练收敛完成。

在 YoloV5 目标检测任务中，YoloV5 的损失函数通常由边界框回归损失、分类损失和置信度损失三部分共同组成。图 2-22 展示了边界框回归可视化结果，外层框表示标注的正确边界框，内层框表示通过卷积神经网络提取到特征后，模型判断的边界框结果。从图 2-22 中可以观察到，内层框并没有很好地框选出有汽车存在的区域，定位并不准确。这时就需要使用边界框回归损失函数对这个窗口进行微调，使它能够很好地把存在目标的区域包裹。

图 2-22　边界框回归可视化结果

对于分类损失和置信度损失，YoloV5 中使用二元交叉熵损失函数计算分类和置信度的损失得分，在实际应用中使用 BCEWithLogitsLoss 函数进行计算。BCEWithLogitsLoss 函数用于包含关系类别，一个目标可以属于一个或几个类别，即目标可能是猫，也可能是英国短毛猫，还可能是加菲猫等，具有包含关系。

BCEWithLogitsLoss 函数是在 BCELoss 函数中加入 Sigmoid 函数组成，见式 (2-9) 和式 (2-10)。

$$l(x, y) = L = \frac{1}{N} \sum_{n=1}^{N} l_n \tag{2-9}$$

$$l_n = - w_n \{ y_n \cdot \lg \sigma(x_n) + (1 - y_n) \cdot \lg [1 - \sigma(x_n)] \} \tag{2-10}$$

式中，$\sigma(x_n)$ 代表加入的 Sigmoid 函数，Sigmoid 函数计算见式 (2-11)。

$$\sigma(x_n) = \text{Sigmoid}(x) = \frac{1}{1 + e^{-x_n}} \tag{2-11}$$

对于 Sigmoid 函数只能将一个标量转换到 [0, 1] 之间。例如，输出的结果为 [0.6200, 0.7824, 0.4014]，将每个元素相加概率和不为 1。如果取概率阈值大于 0.5，那么这个目标同时属于了两个类别，但是结果只能有一个，最终它会选取值概率值最大的作为某个类别，适用于包含关系的二分类问题。因此，使用概率和输出为 1 的 Softmax 函数对其进行优化，它可以将所有标量转换成概率分布问题，而不是单纯地判断谁大谁小，使其更针对于类别互斥数据集场景。Softmax 函数形式见式 (2-12)，对于任意实数矢量长度为 T，Softmax 可以把它压缩在长度为 T、取值在 (0, 1) 区间的实数矢量，且矢量中各个元素之和为 1。

$$\text{Softmax}(z_i) = \frac{e^{z_i}}{\sum_{t=1}^{T} e^{z_t}} \quad (i = 1, 2, \cdots, T) \tag{2-12}$$

对于式 (2-11) 中出现的 e^x，如图 2-23 中所画出的 e^x 函数图像。当 x 较大时，在代码实现的过程中会出现 NaN 内存溢出的情况；当 x 较小时，会出现 "invalid value encountered in true_divide" 的情况。

为了使 Softmax 在数值上更稳定，将各项指标的数值都处理在同一个数量级别上，首先将 Softmax 函数分子和分母同时乘以一个常数 W，再使用 lg 函数进行标准化，见式 (2-13)。

$$\text{Softmax}(z_i) = \frac{e^{z_i}}{\sum_{t=1}^{T} e^{z_t}} = \frac{We^{z_i}}{W \sum_{t=1}^{T} e^{z_t}} = \frac{e^{z_i + \lg W}}{\sum_{t=1}^{T} e^{z_t + \lg W}} \tag{2-13}$$

最后将 Softmax 函数输出的向量与目标标签向量做乘积运算得到最终的结果。

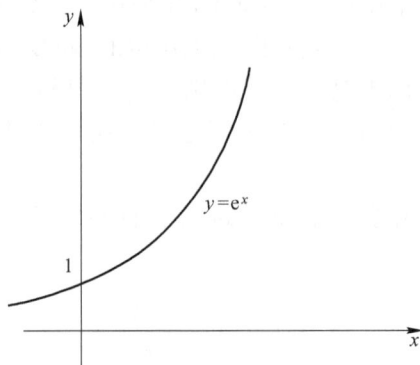

图 2-23 e^x函数图像

以这种方式对损失函数进行优化可以更好地适用在场景上，有效地提高整体模型的收敛效果。

2.3.3 实验结果与分析

2.3.3.1 数据集的构建

由于目前没有吸烟和接打电话的公共数据集，所以采用自己构建的数据集。数据集的完整构建流程如图 2-24 所示。首先需要获取数据，接下来对数据进行预处理，将处理好的数据进行标注，然后将标注的 XML 文件格式转换成 VOC 数据格式，划分训练集和验证集，最终完成数据集的构建。

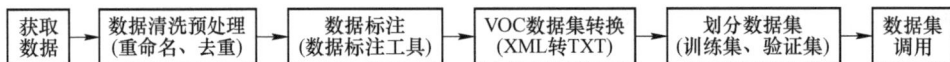

图 2-24 数据集构建流程

通过两种形式构建数据集：第一种形式构建的数据集作为测试集使用，数据主要来源于真实场景下的自行拍摄；第二种形式构建的数据集作为网络模型的训练集和验证集，数据主要来源于网络。

第一种形式以符合商业运营标准的小型轿车作为基准车型，通过放置在车内后视镜下和驾驶员方向盘上的摄像头进行拍摄，分别从不同的角度、不同的光照和复杂背景等条件下进行的数据收集，使用 1280×720 像素分辨率并带有红外线夜视功能的摄像头，以 30FPS 的速度对吸烟分心驾驶行为和接打电话分心驾驶行为进行拍摄并生成视频，拍摄均在安全封闭场所内进行。图 2-25 所示为本节拍摄的样本数据的示例图。

001.mp4　002.mp4　003.mp4　004.mp4　005.mp4　006.mp4　007.mp4　008.mp4

009.mp4　010.mp4　011.mp4　012.mp4　013.mp4　014.mp4

图 2-25　拍摄样本数据

获取到视频后，利用 Python 中的 OpenCV 库将视频每 1 帧画面抽取出单幅画面保存成 JPG 格式。将抽取出的单幅画面分为有效画面和无效画面，当图像中出现手机和香烟视为有效画面，进行保留；当图像中未出现手机和香烟视为无效画面，需要删除。第一种形式构建的数据集共计 1313 张数据图片，图 2-26 展示了 OpenCV 抽帧后的效果示例图。

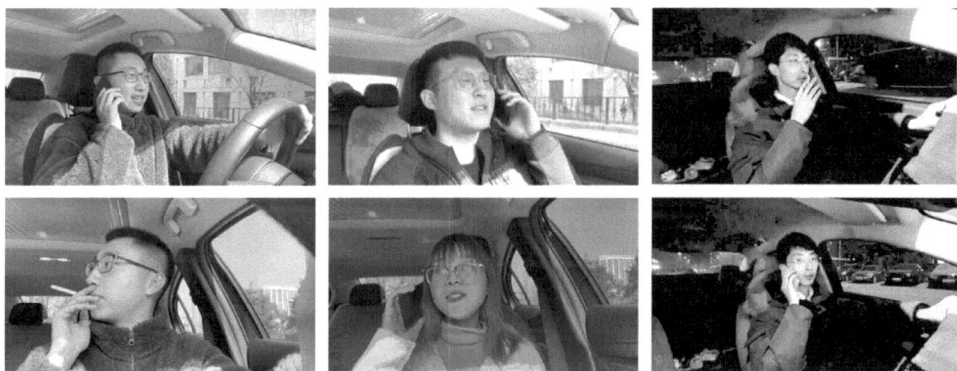

图 2-26　OpenCV 抽帧后效果示例图

为增加数据集的多样性和模型训练结果的可靠性，收集了很多来源于互联网的吸烟和接打电话的图片。在数据背景环境更复杂，图片中人物清晰度有限，而且人物的像素大小不一的条件下训练模型，这些条件使得模型在学习和训练的过程中更具挑战性。

在互联网上搜集的数据存在着格式上的差异，诸如有些图片后缀为 PNG、JPEG、WEBP 等，将所有数据利用 Python 代码进行遍历，将所有数据的数据格式清洗为 JPG 格式，并且按照阿拉伯数字重命名，使数据集更规范化。经过一系列的数据采集和数据预处理操作后，第二种形式构建的数据集共计 7522 张数据图片。

YoloV5 采用的是有监督学习，为了模型能够更好地学习，需要对图像中的目标区域进行手工标记。LabelImg 是一种较流行的图形图像标注工具，它使用

Python 编写，用 Qt 作为可视化界面的支持。利用矩形框将候选烟支区域进行标注，然后将标注的地方写上 smoke 标签。

将标注完成的图片生成 XML 格式文件保存到 Annotations 文件夹中，如图 2-27 所示。XML 文件中包含了对应标注完成图像的所有信息，例如标注框的位置坐标、标签名称、图像的宽高等。

```
<annotation>
        <folder>smoke0</folder>
        <filename>000004.jpg</filename>
        <path>F:\Datasource\MYDATA\Annotations\000004.jpg</path>
        <source>
                <database>Unknown</database>
        </source>
        <size>
                <width>1280</width>
                <height>720</height>
                <depth>3</depth>
        </size>
        <segmented>0</segmented>
        <object>
                <name>smoke</name>
                <pose>Unspecified</pose>
                <truncated>0</truncated>
                <difficult>0</difficult>
                <bndbox>
                        <xmin>613</xmin>
                        <ymin>349</ymin>
                        <xmax>651</xmax>
                        <ymax>467</ymax>
                </bndbox>
        </object>
</annotation>
```

图 2-27 标注后生成的 XML 文件示例图

VOC 数据格式在目标检测领域被广泛使用，它对数据进行统一的处理，划分出 JPEGImages、Annotations 和 ImageSets 三个目录文件。JPEGImages 目录文件中存放收集的数据集源图片；Annotations 目录文件中存放与源图片相互对应的 XML 文件；ImageSets 目录文件中存放的是将数据集划分成训练集和验证集的文件列表。将所有数据集转换成 VOC 数据格式，将第二种形式构建的数据集分别按照 9∶1 的比例划分成训练集和验证集，最终完成数据集的构建。

2.3.3.2 实验环境配置

由于本节的目标检测部分和人体姿态估计部分需要在不同实验环境下进行，所以主要描述目标检测实验环境。

本节的硬件环境见表 2-3。实验是在安装有 Ubuntu21.10 操作系统的戴尔 T9720 图像服务器上完成的。处理器（CPU）为 Intel Xeon（R）Bronze3104；运行内存为 128GB，规格为 DDR4 的 ECC2400；服务器内安装一块 512GB 固态硬盘，并且拼接了两块用来存储数据的 4TB 机械硬盘。

表 2-3　目标检测实验的主要硬件配置

配 置 名 称	详　情
操作系统	Ubuntu21.10
处理器（CPU）	Intel Xeon（R）Bronze3104
显卡（GPU）	NVIDIA GTX TITAN Xp× 2
内存	128GB DDR4
硬盘	512GB SSD+ 4TB×2
基础语言	Python 3.8
深度学习框架	PyTorch 1.11

本节的软件环境见表 2-4。使用 Anaconda 作为环境管理器，使用 pip 作为包管理器工具。在目标检测虚拟实验环境中安装了基于 CUDA11.4 的 cuDNN 深度学习 GPU 加速库。

表 2-4　目标检测实验的主要软件配置

包 名 称	版 本 号
Python	3.8.0
PyTorch	1.11.0+cu113
TorchVision	0.12.0+cu113
TorchAudio	0.11.0+cu113
CUDA	11.4
cuDNN	8.2.4
Numpy	1.22.3
Pandas	1.4.1
OpenCV	4.5.5.64

2.3.3.3　实验设计及结果展示

2.2.5 节已经详细介绍了目标检测常用评价指标的理论基础，在本节会对改进后的目标检测网络实验设计和实验结果进行详细的分析。

在目标检测的虚拟环境下，使用自己构建的数据集进行训练，按照 9∶1 的比例划分训练集和验证集，将网络初始参数设置列于表 2-5。

表 2-5 目标检测网络初始参数设置

预训练模型	参 数 值	描 述
weights	YoloV5m	预训练模型
lr0	0.01	学习率
weight_decay	0.0005	衰减率
batchsize	24	批大小
workers	8	数据加载器数量
epoch	100	总训练轮次
mosaic	1.0	进行 mosaic 数据增强的概率
mixup	0.2	进行 mixup 数据增强的概率

训练总耗时大约 6.5h，训练结束后，将训练结果输出至 runs/train 文件夹下。

模型会在 weights 文件夹下保存两个权重文件，分别是 last.pt 和 best.pt。last.pt 是模型训练到最后一轮保存下来的权重文件，当训练意外中断时，可从 last.pt 权重继续训练模型。best.pt 是总训练轮次中，效果最好的权重。

精确度和召回率是两个相互影响的因素，精确度追求找得更对，召回率追求找得更全。理想的状态下希望两个值都高，但实际情况它们会相互制约。如图 2-28 所示，对改进后模型的精确度和召回率进行可视化输出。通过对比分析，无论哪个种类，精确度都要比召回率高出近 10%，说明有些标注的目标未能正确地检测到，但是检测到的目标检测的准确率是较高的。

根据不同分类的精确度和回归率绘制出 P-R 曲线如图 2-29 所示。P-R 曲线绘制出的面积，代表平均精度（AP）。图 2-29（a）代表类别为 phone 的 P-R 曲线，它的检测平均精度值为 81.34%；图 2-29（b）代表类别为 smoke 的 P-R 曲线，它的检测平均精度值为 73.10%。

以数据的形式对改进前后的模型进行比较，见表 2-6。改进前后的 YoloV5m 的层数从 391 层增加到 467 层，在增加计算量的同时，对 mAP 也有很大程度上的提升。使模型在复杂小目标环境、图片清晰度有限、像素大小不一的情况下，依然拥有良好的表现。

如图 2-30 所示，以可视化的形式对改进前后的检测结果进行了比较。改进后，经过对模型预测头的改进，模型可以成功检测到小目标的存在。图 2-30（a）代表改进前对图像 1 的检测结果，漏检错检的情况较为突出。模型错误地将手中拿着的水杯检测成了电话，将图像最左侧的两部电话检测成了一部电话，还漏检了图像中最右侧的电话；图 2-30（b）代表改进后对图像 1 的检测结果，模型改进后可以很明显地降低漏检和错检概率的发生，而且对准确率也有所提升。

类别：86.77%=手机精确度
阈值=0.5

类别：78.24%=香烟精确度
阈值=0.5

类别：73.11%=手机召回率
阈值=0.5

类别：67.65%=香烟召回率
阈值=0.5

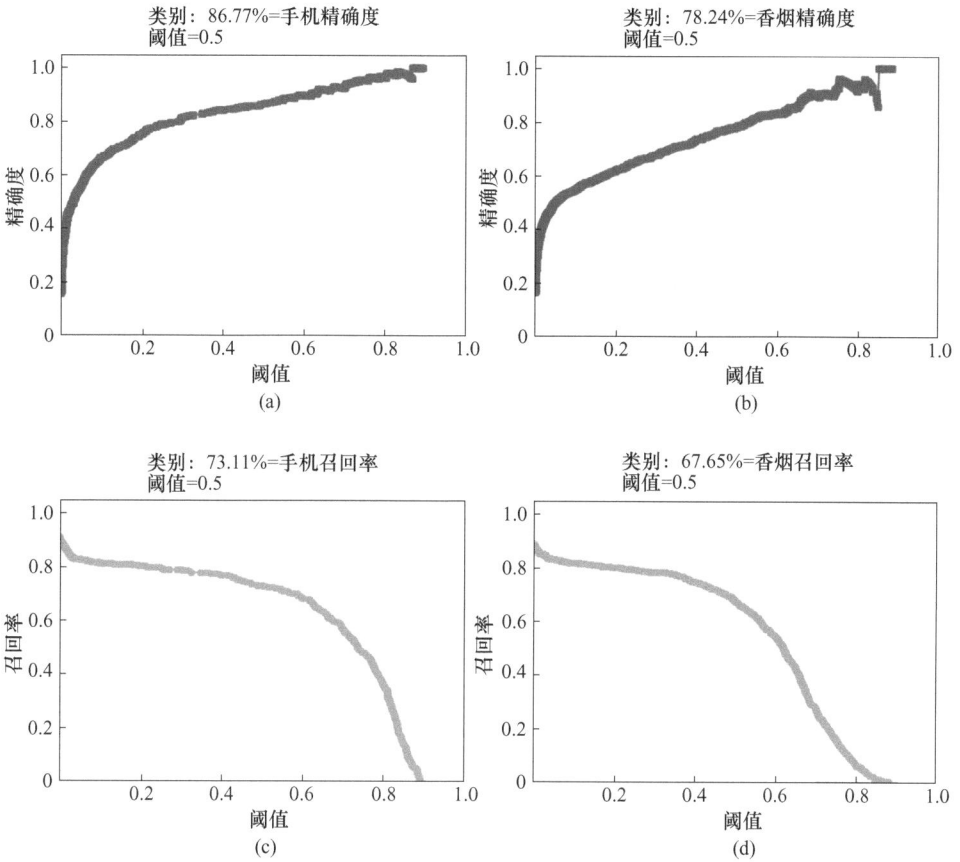

图 2-28　改进后模型输出可视化结果

（a）类别 phone 的精确度；（b）类别 smoke 的精确度；（c）类别 phone 的召回率；（d）类别 smoke 的召回率

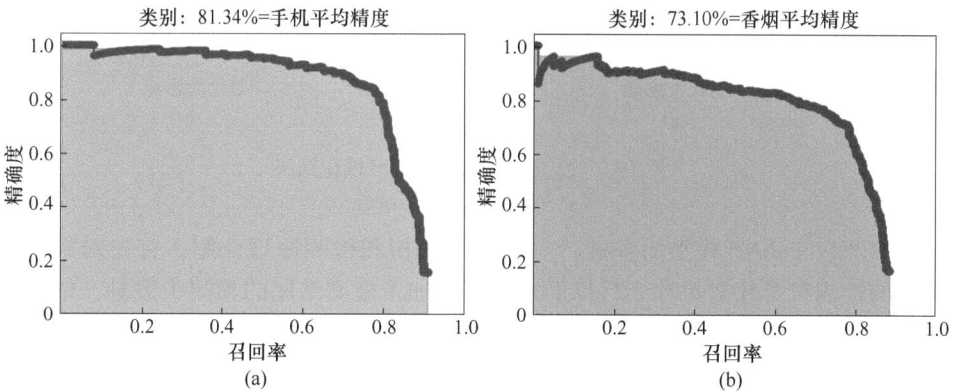

类别：81.34%=手机平均精度

类别：73.10%=香烟平均精度

图 2-29　P-R 曲线

（a）类别为 phone 的 P-R 曲线；（b）类别为 smoke 的 P-R 曲线

表 2-6　目标检测网络初始参数设

方法	Precision/%	Recall/%	mAP/%	Parameters	FLOPs	FPS
改进前	88.83	29.17	68.20	20.85M	49.20G	27
改进后	82.51	70.38	77.22	22.98M	84.60G	25

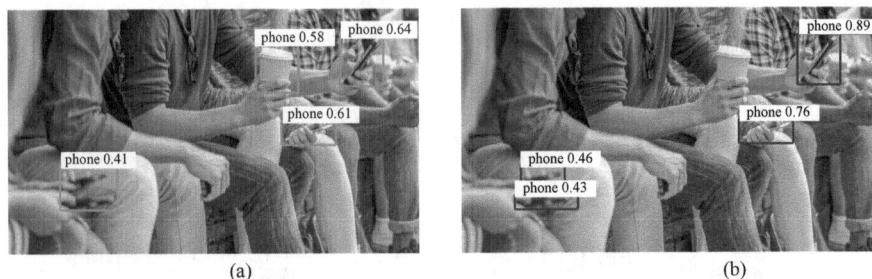

图 2-30　改进前后检测结果比较
（a）改进前图像 1 检测结果；（b）改进后图像 1 检测结果

图 2-31 展示了改进前后损失函数可视化的结果。从图 2-31（a）中可以观察到，模型的损失值到达 0.008 停止。在优化目标检测损失函数后，如图 2-31（b）所示，模型在训练过程中能够更好地收敛。

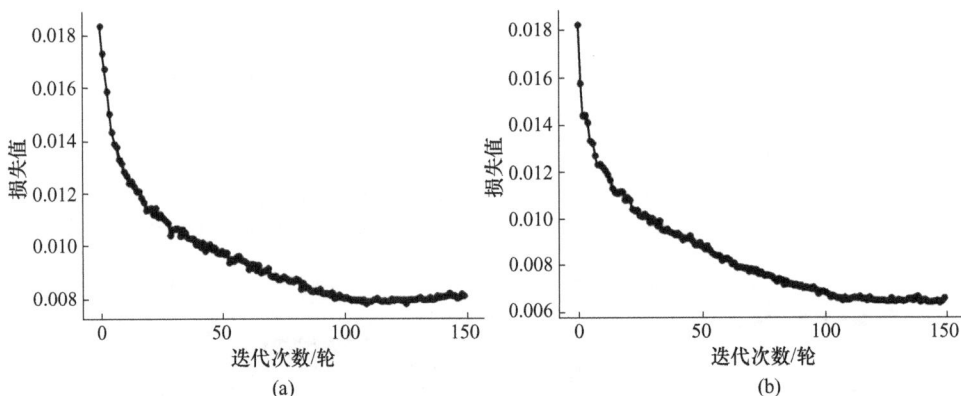

图 2-31　改进前后损失函数可视化结果
（a）改进前；（b）改进后

本节以 YoloV5 模型为基础，对其网络结构和检测原理介绍，首先对香烟和手机的检测符合相对尺寸小目标的定义，增加了模型结尾的预测头数量，使模型在浅层网络上能获取更多细节信息；其次对 Sigmoid 函数概率和不为 1 的问题优化，使其对损失的收敛结果更满足互斥类别数据集要求。目前没有开源的吸烟和接打电话数据集，自己构建数据集，通过互联网搜集和实景录制，标注了 8835 张图片。模型精度均值达到 77.22%，高出约 9 个百分点，且检测速度相差无几。

2.4 基于轻量级 Openpose 改进的人体姿态估计算法

2.4.1 基于 Openpose 的人体姿态估计算法

2.4.1.1 Openpose 算法原理

Openpose 姿态估计算法是在 2017 年由 Zhe Cao 等人提出的，它采用 bottom-up 的方法对人脸关键点进行定位，还可以对人手的骨骼关键点以及人体的骨骼关键点进行定位。在 Openpose 出现之前，多人 2D 姿态估计一直是人体姿态估计领域研究的重点。在多人 2D 姿态估计中存在以下难点：2D 图像中人的规模和数量无法确定，导致位置信息无法正确表示；人与人之间存在着很多不确定的干扰因素，例如关节前后位置的遮挡，关节位置信息不全等；2D 图像中人的数量的多少直接关乎计算的复杂度和检测的实时性。

Openpose 的出现使得网络模型在解决多人 2D 姿态的问题上具有了很大的突破，通过借鉴单人姿态估计网络 CPM 的思想，使用较大的卷积核来增加感受野，从而更好地解决关节被遮挡的问题。对于 Openpose 网络结构如图 2-32 所示。它由两个部分组成：第一部分是 VGG19 主干网络；第二部分是带有分支结构的 5 个细化阶段。

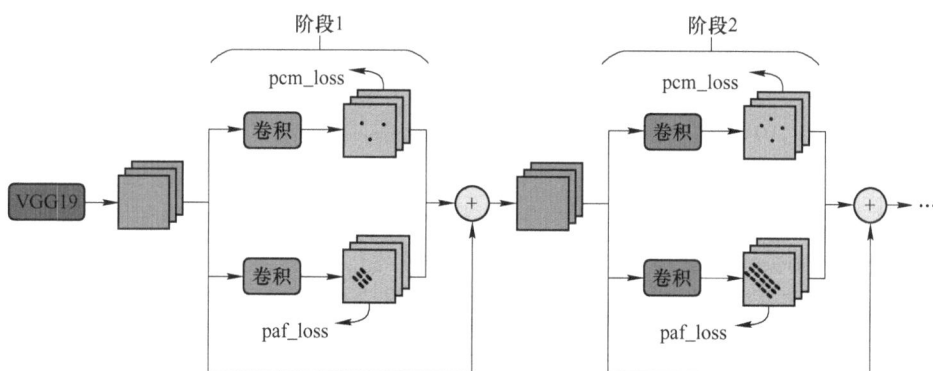

图 2-32 Openpose 网络结构

单张图片进入 Openpose 网络，首先会经过 VGG19 主干提取图片中的特征，从而形成特征图。图 2-33 展示了 VGG19 网络结构，它是由 19 层堆叠卷积块组成的隐藏层，结构简单。整个网络都使用同样大小的 3×3 卷积核和 2×2 最大池化的滤波器。工作流程为：输入 224×224×3 图片第一次经过 64 个 3×3 卷积核进行两次卷积操作，得到特征图大小为 224×224×64；使用 2×2 最大池化的滤波器对特征图进行池化操作，第二次经过 128 个 3×3 卷积核进行两次卷积操作，得到特征图大小为 112×112×128；再使用最大池化的方式对特征图进行操作后，第三次经过 256 个 3×3 卷积核进行四次卷积操作，得到特征图大小为 56×56×512；重复两次 512 个 3×3 卷积操作后，最后得到的 7×7×512 特征图送入拥有分类功能的全连接层进行特征的分类。其中，FC-4096 和 FC-1000 分别表示全连接层中拥有 4096 个节点和 1000 个节点，经过 ReLU 激活后，最后通过 Softmax 函数输出 1000 个预测结果。在 Opnepose 的主干网络中，使用到了 VGG19 网络的前 10 层进行特征提取。

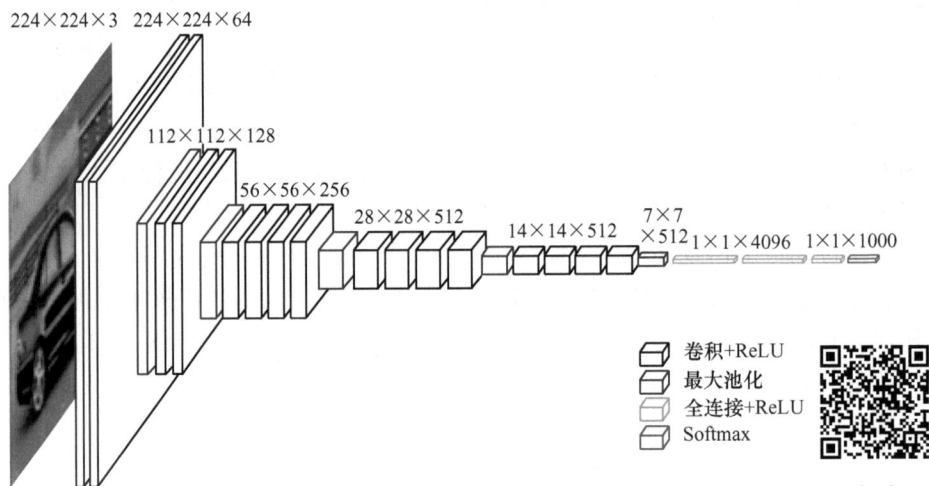

图 2-33　VGG19 网络结构

　　经过 VGG19 网络输出的特征图会进入 Openpose 网络的细化阶段部分。每个细化阶段由两个分支结构组成，其作用各不相同。为更好地理解利用 Openpose 用于实现多人 2D 姿态估计的算法流程，图 2-34 展示了其可视化流程图。上半部分分支是使用关键点的热力图 PCM 对人体的骨骼关键点进行提取；下半部分分支是使用部分亲和力向量场 PAF 对骨骼关键点之间的对应关系进行推理运算。经过多个细化阶段的推理后，对每个关键点和每个关键点之间的方向向量进行分组，整合姿态，最终输出检测结果。

2.4.1.2　轻量级 Openpose 算法原理

　　在 2018 年由 Daniil Osokin 对原始的 Openpose 网络进行了优化并提出了新的网络 Lightweight Openpose，又称轻量级 Openpose。与设置两个细化阶段的 Openpose 相比，其参数量只有 15%，性能相差不多，并且在 CPU 上可以达到 26FPS。

　　在主干网络部分，轻量级 Openpose 放弃了原始 VGG19 的 backbone，选择使用参数量更少计算量更低的 MobileNetV1 作为新的 backbone，由此来提升模型运算的速度。表 2-7 展示了轻量级 Openpose 的特征提取网络结构。表中 Conv dw 是

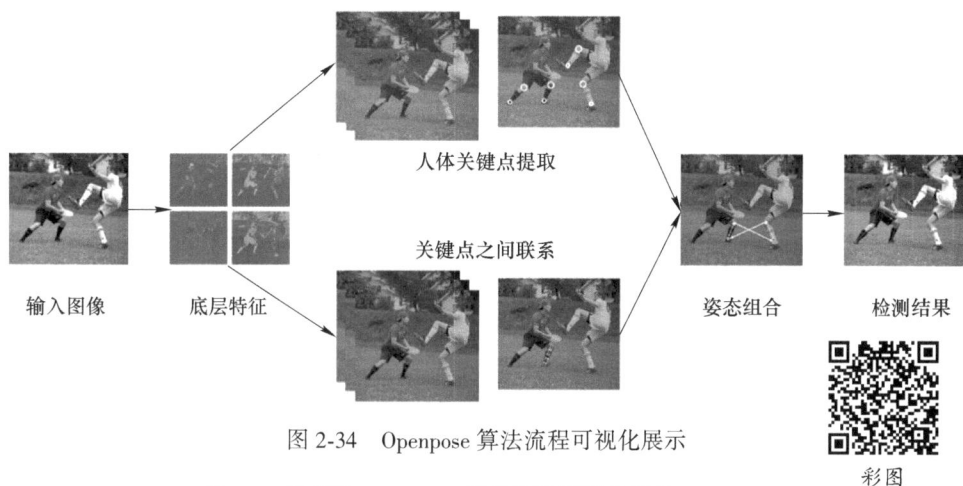

图 2-34 Openpose 算法流程可视化展示

彩图

表 2-7 轻量级 Openpose 的特征提取网络结构

网络	输入	输入通道	输入通道	步长
Conv	512×512	3	32	2
Conv dw	256×256	32	64	1
Conv dw	256×256	64	128	2
Conv dw	128×128	128	128	1
Conv dw	128×128	128	256	2
Conv dw	64×64	256	256	1
Conv dw	64×64	256	512	2
Conv dw	32×32	512	512	1
Conv dw	32×32	512	512	1
Conv dw	32×32	512	512	1
Conv dw	32×32	512	512	1
Conv dw	32×32	512	512	1

由深度可分离卷积组成, 内部由 3×3 深度卷积 (depthwise convolution) 和 1×1 逐点卷积 (pointwise convolution), 并配合 BN 和 ReLU 函数共同构成, 其可视化结构如图 2-35 所示。轻量级 Openpose 的主干网络将标准卷积分解成深度卷积和逐点卷积, 并且使用空洞卷积来提升感受野, 由此来减少参数量降低计算复杂度。

在细化阶段部分, 原始的 Openpose 构建了两个分支, 如图 2-36 所示。轻量级 Openpose 的作者对原始细化阶段提出了质疑。首先, 在各个阶段中, 每个分支都

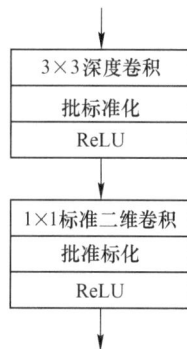

图 2-35 深度可分离
卷积结构示意图

由同样尺寸和同样个数的卷积构成，这些重复的操作给整个网络带来了冗余。其次，除第一细化阶段外，其余的细化阶段中，使用的都是 7×7 卷积核进行特征提取。较多地使用大卷积核，这增加了网络运算的复杂度。

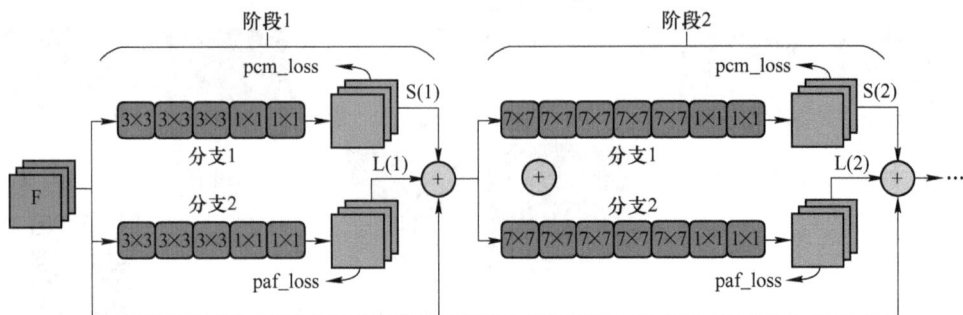

图 2-36 Openpose 细化阶段网络结构

针对上述提出的两个质疑，轻量级 Openpose 作者对原始 Openpose 进行了如下改进，图 2-37 展示了轻量级 Openpose 细化阶段的网络结构。通过比较细化阶段的两个分支可以发现，除了输出阶段有所不同，其余别的阶段结构相同。因此，轻量级 Openpose 采用了合并分支的方式，减少模型在训练阶段的冗余计算。

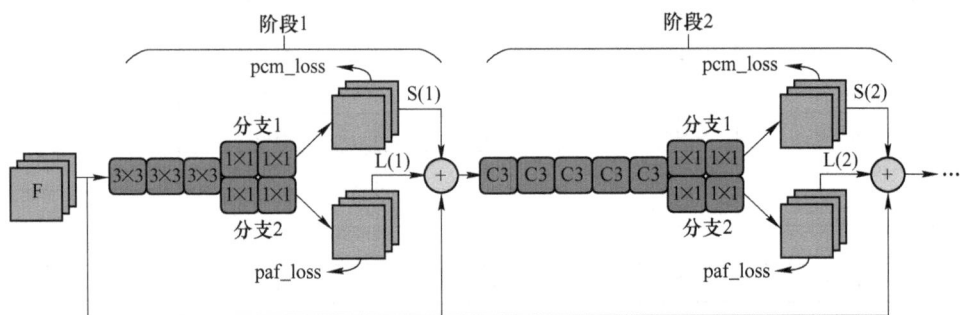

图 2-37 轻量级 Openpose 细化阶段网络结构

对于原始 Openpose 中的 7×7 卷积核，在轻量级 Openpose 中全部由图 2-38 中的 3 个连续卷积替换，对应图 2-37 中的 C3 结构块。通过多层叠加小卷积核可以取得与大卷积核同等规模的感受野。此外，小卷积核不断地叠加，加深了网络，进而增强了网络容量。替换后计算复杂度要比 7×7 卷积核低约 2.5 倍。

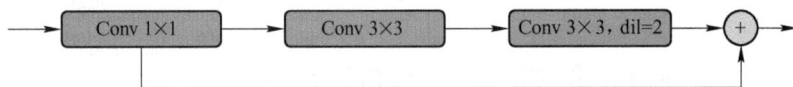

图 2-38 轻量级 Openpose 中多层叠加卷积

2.4.2　改进的轻量级 Openpose 人体姿态估计算法

2.4.2.1　网络结构改进方法

在神经视觉领域，Backbone 负责对图像源上的信息进行特征提取，这直接影响着一个模型的好坏。提取到更多的信息，才能供后面网络更好地使用。轻量级 Openpose 虽然运算速度很快，但是精准度较低。这是由于主干网络在处理低维数据时，ReLU 函数造成一定程度上的信息丢失引起的。

Backbone 网络层中的激活特征受到兴趣流形的影响，兴趣流形（Mainfold of Interest）由一连串卷积层和激活函数层组成。图 2-39 展示了嵌入在高维空间中的低维流形的 ReLU 变换示例，Input 代表输入的 1 个二维数据，其中螺旋线表示兴趣流形。使用随机矩阵 T 和 ReLU 将初始化螺旋数据嵌入 n 维空间中，再使用 T^{-1} 投影到 2D 空间中。从图 2-39 中可以很容易地观察到，当 Output/dim = 2 和 Output/dim = 3 时，中心点有明显的塌陷，这表明在低维空间中，信息丢失严重；当 Output/dim = 15 和 Output/dim = 30 时，螺旋线恢复较为完整，这表明在高维空间中，较多的信息被保留下来。

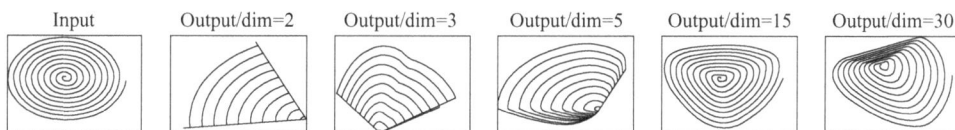

图 2-39　嵌入在高维空间中的低维流形的 ReLU 变换示例

在 2.4.1.2 节中介绍过，深度可分离卷积是由深度卷积和逐点卷积共同构成的。图 2-40 展示了深度卷积工作流程。与传统卷积操作不同，深度卷积并非使用 3×3×3 的单个卷积核，而是分成 3 个单独的 3×3×1 卷积核，对输入特征图 7×7×3 的每个通道逐一进行卷积操作，最终得到一个的 5×5×3 映射图像。由此可见，深度卷积由于本身的计算特性决定它自己没有改变通道数的能力，上一层给它多少通道，它就只能输出多少通道。所以如果上一层给的通道数本身很少，深度卷积也只能在低维空间提取特征，因此效果不够好，需对此进行改进。

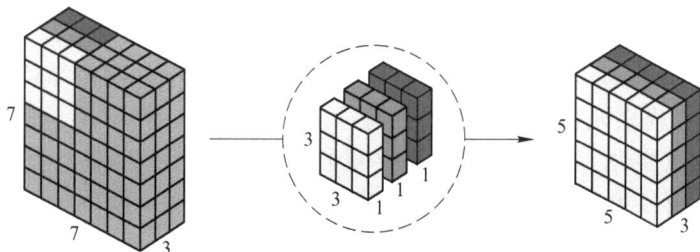

图 2-40　深度卷积工作流程示意图

为解决轻量级 Openpose 主干网络上的这一问题，在深度可分离卷积上进行了改进。为使深度卷积能够在更高维度上提取到兴趣流形，在深度卷积之前使用一个逐点卷积进行升维操作。图 2-41 展示了逐点卷积工作流程。对于一个输入特征图 5×5×3，利用 128 个 1×1×3 卷积核可将输入特征图的深度扩展至 128，得到 5×5×128 的映射图像。因此，可以利用逐点卷积这一特性，将通道数扩展到任意数量，这样深度卷积有更多的机会获取有效信息。

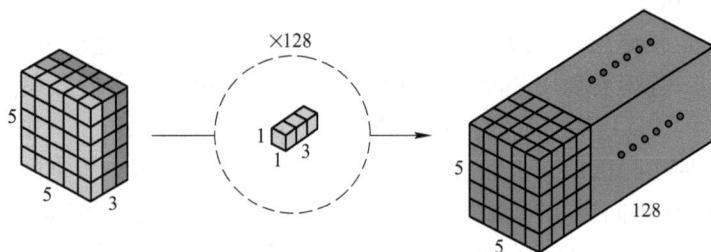

图 2-41　逐点卷积工作流程示意图

图 2-42 展示了改进后结构块的示意图。其中，1×1 逐点卷积，用来增加输入特征图的通道数，起到升维的作用；3×3 深度卷积，用来特征提取；1×1 逐点卷积，降维恢复通道数，以达到减少计算量的目的。在使用 1×1 逐点卷积恢复通道数时，对信息进行了一定程度上的压缩，这与 ReLU 激活函数小于 0 的部分的功能相同；与此同时，1×1 逐点卷积也做了线性映射，这与 ReLU 激活函数大于 0 的部分的功能相同。因此，在恢复通道数后不再使用 ReLU 激活函数。另外，借鉴残差网络中 ShortCut 的结构，将输入特征与输出特征进行单位加操作，这样既能提高网络的传播能力，又能更有效地训练网络。

2.4.2.2　引入注意力机制

姿态估计网络往往伴随着高昂的计算成本，这些计算成本会使得计算资源匮乏。在计算资源有限的情况下，注意力机制能更有效地聚焦于局部信息，给重要任务提供一种更合理的资源分配方案，由此来提高信息处理的效率和准确性。

为了有效排除无关信息的干扰，使网络合理化分配权重，提出采用 CA（Coordinate Attention）结构的空间注意力机制与 Openpose 网络结构相结合的方式。每个 CA 模块充当一个用来增强特征表示能力的计算单元，既考虑了建模通道关系的重要性，又考虑到特征空间的位置信息对于生成空间选择的重要性，因此它可以更好地给下游任务带来最大的收益。CA 模块结构图如图 2-43 所示。

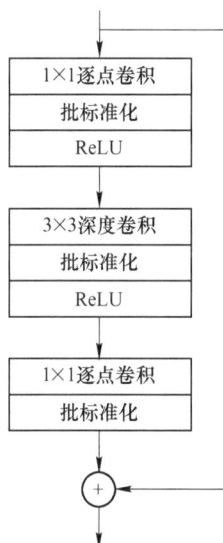

图 2-42　深度可分离卷积
改进后的结构示意图

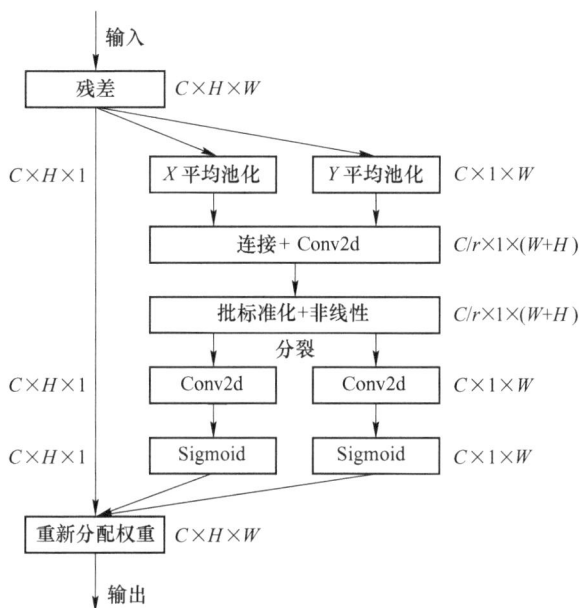

图 2-43　CA 模块结构图

图 2-43 中，CA 模块首先分别对水平方向位置信息和垂直方向位置信息进行平均池化，得到两个方向感知注意力图。在空间维度上利用 Concat 和 1×1 卷积来压缩通道，再利用 BN 和 Non-linear 来编码垂直方向和水平方向的空间信息，拆分后，各自通过 1×1 卷积恢复到和输入特征图一样的通道数最终归一化加权。具体 CA 模块共有两个核心操作，即坐标信息嵌入操作和坐标注意力生成操作。

首先，在坐标信息嵌入操作，将全局池化分解成一维特征编码操作，对于输入特征 $C×H×W$，先使用尺寸 $(H, 1)$ 和 $(1, W)$ 的池化卷积沿水平坐标方向和竖直坐标方向对每个通道进行编码，对 X 平均池化和 Y 平均池化的输出表示见式（2-14）和式（2-15）。

$$z_c^h(h) = \frac{1}{W} \sum_{0 \leqslant i \leqslant W} x_c(h, i) \tag{2-14}$$

$$z_c^w(w) = \frac{1}{H} \sum_{0 \leqslant j \leqslant H} x_c(j, w) \tag{2-15}$$

在坐标注意力生成操作中，为了更好地利用坐标信息嵌入操作产生的具有精确位置信息的特征图，使用一个共享 1×1 卷积进行变换 F_1，见式（2-16），生成 $f \in R^{C/r(H+W)}$。

$$f = \delta\left[F_1\left(\left[z^h,\ z^w\right]\right)\right] \tag{2-16}$$

接下来沿空间维度将 f 切分成两个独立张量 $f^h \in R^{C/rH}$ 和 $f^w \in R^{C/rW}$。分别将 f^h 和 f^w 利用 1×1 卷积恢复到和输入特征图一样的通道数,见式(2-17)和式(2-18)。

$$g^h = \sigma\left[F_h(f^h)\right] \tag{2-17}$$

$$g^w = \sigma\left[F_w(f^w)\right] \tag{2-18}$$

归一化加权公式(2-19)如下:

$$y_c(i,\ j) = x_c(i,\ j) \times g_c^h(i) \times g_c^w(j) \tag{2-19}$$

嵌入 CA 模块后,Openpose 特征提取部分网络结构见表 2-8。

表 2-8　引入 CA 注意力机制后的特征提取网络结构

网络	输入	输入通道	输入通道	步长	CA
Conv	512×512	3	32	2	×
Block1	256×256	32	64	1	×
Block2	256×256	64	128	2	×
Block3	128×128	128	128	1	×
Block4	128×128	128	256	2	√
Block5	64×64	256	256	1	√
Block6	64×64	256	512	2	√
Block7	32×32	512	512	1	×
Block8	32×32	512	512	1	×
Block9	32×32	512	512	1	×
Block10	32×32	512	512	1	×
Block11	32×32	512	512	1	×

其中,Block 模块的结构可视化示意图如图 2-44 所示。原网络中特征提取部分只使用 3×3 深度卷积,由于深度卷积没有改变通道的能力,促使它只能在较低的维度上工作。因此,在每个 3×3 深度卷积之前利用 1×1 逐点卷积进行升维操作,令 3×3 深度卷积在更高维的空间中对特征进行提取,随后再使用 1×1 逐点卷积进行降维,使其恢复到原来的通道数。最后,通过 ShortCut 结构将前后输入输出相连接,防止网络深度的增加带来的网络退化问题。

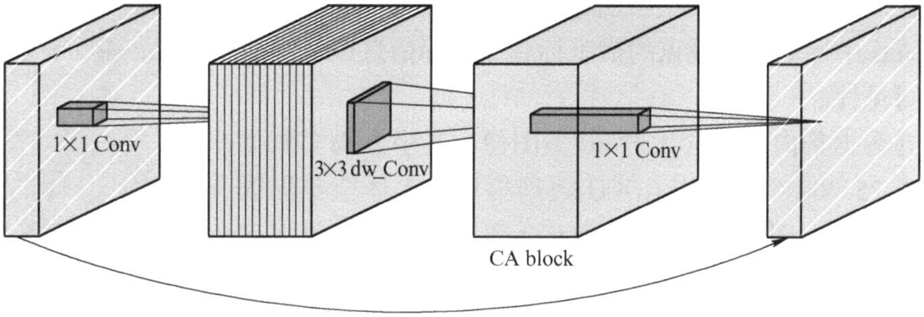

图 2-44　Block 模块结构可视化

2.4.3　实验结果与分析

2.4.3.1　实验通用数据集

COCO 数据集是人体姿态估计领域较为通用的数据集之一，全称为 Common Objects in Context，于 2014 年由微软团队出资标注并为全球开发人员和研究人员免费使用。COCO 数据集多用于目标检测、实例分割、人体姿态估计和材料识别等领域的综合性能质量验证。

如图 2-45 所示，本书使用是 COCO 2017 版本数据集，它是由 18GB 训练集和 1GB 验证集组成，并包含带有标注信息的 person_keypoints_train2017. json 文件和 person_keypoints_val2017. json 文件。图 2-46 展示了 JSON 文件内的标注情况，其中较关键的字段：num_keypoints 字段表示被标注关键的数目；字段 area 说明了

```
ericer@ericer:~/dataset/COCO$ ls -l
总用量 4252
drwxrwxr-x 2 ericer ericer    4096 5月  13 09:31 annotations
drwxrwxr-x 2 ericer ericer 4173824 8月  31  2017 train2017
drwxrwxr-x 2 ericer ericer  167936 8月  31  2017 val2017
```

图 2-45　COCO 数据集

"num_keypoints": 15,"area": 31911.13845,"iscrowd": 0,"keypoints":
[289,185,2,297,179,2,280,178,2,308,182,2,270,180,1,343,231,2,240,226,2,347,295,2,225,286,2,339,329,2,236,319,2,309,329,2,258,329,2,304,426,1
,245,432,2,0,0,0,0,0,0],"image_id": 186218,"bbox": [203.37,150.56,158.43,342.7],"category_id": 1,"id": 1736378},{"segmentation":
[[616.88,259.15,612.31,256.99,608.94,258.91,610.62,261.08,613.75,263.25,616.88,265.9,619.05,267.58,620.01,263.49],
[620.74,276.73,614.96,280.59,613.51,283.48,612.79,286.85,611.59,298.89,609.18,306.35,607.49,308.76,607.49,315.74,606.77,318.87,603.64,322.4
9,606.29,326.58,616.4,324.17,619.53,320.8,620.74,312.85,620.74,302.98]],
"num_keypoints": 0,"area": 537.281,"iscrowd": 0,"keypoints":
[0,0,0,0,0,0,0,0,0,0,0,0,0,0,0,0,0,0,0,0,0,0,0,0,0,0,0,0,0,0,0,0,0,0,0,0,0,0,0,0,0,0,0,0,0,0,0,0,0,0,0],"image_id": 28540,"bbox":
[603.64,256.99,17.1,69.59],"category_id": 1,"id": 1736489},{"segmentation":
[[248.84,365.39,248.5,363.66,248.25,361.93,249.35,360.24,251.29,361.5,252.1,363.45,252.81,365.56,252.77,366.2,248.63,366.24]],"num_keypoint
s": 0,"area": 18.9175,"iscrowd": 0,"keypoints":

图 2-46　COCO 数据集标注

标注区域面积；iscrowd 表示图像中包含了单人或多人；keypoints 中标记了关键点的横坐标和纵坐标信息以及关节点的可见性。

在数据集内部包含大约 80 类图像，其中人物实例类别具有 250000 个。利用 COCO 数据集可在人体全身提取 18 个关键点，图 2-47 展示了 COCO 数据集的人体关键点标注位置，其对应的信息见表 2-9。

2.4.3.2 实验环境配置

姿态估计实验环境搭建于 Ubuntu21.10 操作系统，使用 Anaconda 作为环境管理器，使用 pip 作为包管理器工具，不同于 2.3.3.2 节中介绍的，本节的模型只需要使用 CUDA 的动态链接库支持程序的运行，所以采用在 Anaconda 中安装 cudatoolkit 工具包的方式来支持程序的运行。

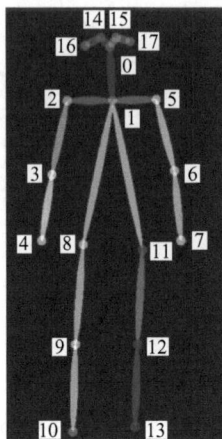

图 2-47　COCO 数据集的人体关键点标注

表 2-9　COCO 数据集的人体关键点对应身体部位

数据标注顺序	身体部位	身体部位名称
0	nose	鼻子
1	neck	脖子
2	r-shoulder	右肩膀
3	r-elbow	右手肘
4	r-wrist	右手腕
5	l-shoulder	左肩膀
6	l-elbow	左手肘
7	l-wrist	左手腕
8	r-hip	右髋关节
9	r-knee	右膝盖
10	r-ankle	右脚踝
11	l-hip	左髋关节
12	l-knee	左膝盖
13	l-ankle	左脚踝
14	r-eye	右眼睛
15	l-eye	左眼睛
16	r-ear	右耳朵
17	l-ear	左耳朵

本节的软件环境：Python 和 PyTorch 分别使用 3.6 版本和 1.0.1 版本；其他主要的开源机器学习库使用了 Pandas、Numpy、cudatoolkit 等。姿态估计实验主要的软件配置见表 2-10。

表 2-10 姿态估计实验的主要软件配置

包 名 称	版 本 号
Python	3.6.2
PyTorch	1.0.1
TorchVision	0.2.2
Numpy	1.19.5
Pandas	1.1.5
cudatoolkit	9.0

本节的硬件环境：实验是在戴尔 T9720 图像服务器上完成的。处理器（CPU）为 Intel Xeon（R）Bronze3104；运行内存为 128GB，规格为 DDR4 的 ECC2400；服务器内安装一块 512GB 固态硬盘，并且拼接了两块用来存储数据的 4TB 机械硬盘。目标检测实验主要的硬件配置见表 2-11。

表 2-11 姿态估计实验的主要硬件配置

配 置 名 称	详 情
操作系统	Ubuntu21.10
处理器（CPU）	Intel Xeon（R）Bronze3104
显卡（GPU）	NVIDIA GTX TITAN Xp× 2
内存	128GB DDR4
硬盘	512GB SSD +4TB× 2
基础语言	Python 3.6.2
深度学习框架	PyTorch 1.0.1

2.4.3.3 实验设计及结果展示

在 2.2.5 节已经详细介绍了人体姿态估计常用评价指标的理论基础，在本节会对改进后的人体姿态估计网络实验设计和实验结果进行详细的分析。

在人体姿态估计的虚拟环境下，使用 COCO 数据集进行训练，按照 8∶2 的比例划分训练集和验证集。

将初始化学习率设置为 0.00004，batch-size 设置为 80，stride 设置为 16。使用 Adam 优化器来最小化整个 batch 的总训练损失并反向传播以更新模型参数。

模型训练总共分为 3 个细化阶段，将 3 个细化阶段输出的损失值和精度均值做了可视化。对于损失值，如图 2-48（a）所示，每间隔 1 epoch 对损失值进行一次输出记录，将原始模型的损失值与改进过后的损失值进行了比较。从图 2-48 中可以看出，改进后模型的收敛速度高于原始模型；对于模型改进后的评价指标，如图 2-48（b）所示，每间隔 15 epoch 对验证集进行一次验证，通过验证会输出平均精确度结果。

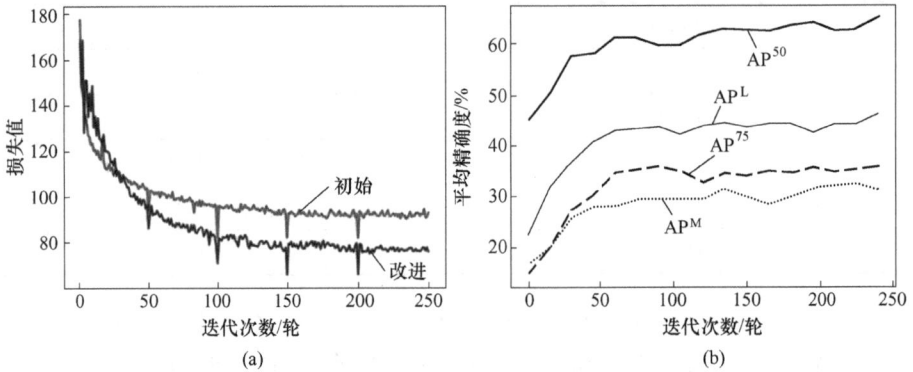

图 2-48　评价指标

(a) 模型改进前后损失值对比图像；(b) 模型改进后精度结果图像

对验证结果最好的一轮的权重进行保存，命名为"best_checkpoint_iter. pth"，并将实验输出结果在控制台打印展示，如图 2-49 所示。

```
Running test for keypoints results.
loading annotations into memory...
Done (t=0.45s)
creating index...
index created!
Loading and preparing results...
DONE (t=0.96s)
creating index...
index created!
Running per image evaluation...
Evaluate annotation type *keypoints*
DONE (t=10.26s).
Accumulating evaluation results...
DONE (t=0.19s).
 Average Precision  (AP) @[ IoU=0.50:0.95 | area=   all | maxDets= 20 ] = 0.363
 Average Precision  (AP) @[ IoU=0.50      | area=   all | maxDets= 20 ] = 0.648
 Average Precision  (AP) @[ IoU=0.75      | area=   all | maxDets= 20 ] = 0.357
 Average Precision  (AP) @[ IoU=0.50:0.95 | area=medium | maxDets= 20 ] = 0.314
 Average Precision  (AP) @[ IoU=0.50:0.95 | area= large | maxDets= 20 ] = 0.461
 Average Recall     (AR) @[ IoU=0.50:0.95 | area=   all | maxDets= 20 ] = 0.462
 Average Recall     (AR) @[ IoU=0.50      | area=   all | maxDets= 20 ] = 0.698
 Average Recall     (AR) @[ IoU=0.75      | area=   all | maxDets= 20 ] = 0.476
 Average Recall     (AR) @[ IoU=0.50:0.95 | area=medium | maxDets= 20 ] = 0.359
 Average Recall     (AR) @[ IoU=0.50:0.95 | area= large | maxDets= 20 ] = 0.605
```

图 2-49　控制台输出的验证集结果

接下来还对模型改进前后速度进行比较。图 2-50（a）为模型改进前，对5000 张验证集进行验证，共计用时 46.98s；图 2-50（b）为模型改进后，对 5000 张验证集进行验证，共计用时 51.208s。虽然改进后模型的用时较多，但以牺牲少部分速度的方式，大幅提升了检测精度。

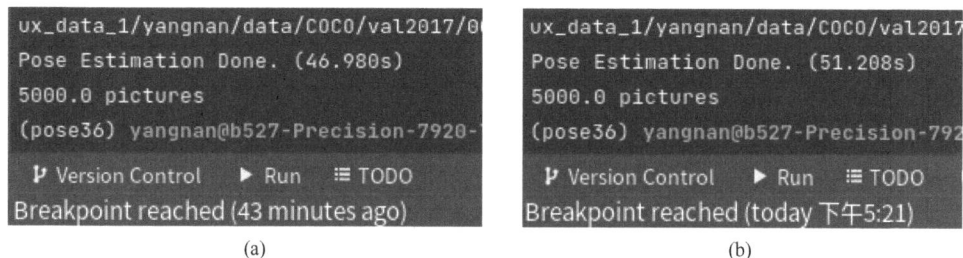

(a)　　　　　　　　　　　　　(b)

图 2-50　评价指标

（a）模型改进前对验证集验证速度；（b）模型改进后对验证集验证速度

对原始模型的性能和改进后模型的性能进行了对比，见表 2-12。改进后的 Openpose 平均精度提高了 6.1 个百分点，在 IoU 取值为 50% ~ 95%等情况，均优于原始模型。

表 2-12　改进前后姿态估计模型性能上的比较

方法	AP	AP^{50}	AP^{75}	AP^M	AP^L	FPS
改进前	31.1	58.7	28.5	25.1	40.1	106
改进后	36.3	64.8	35.7	31.4	46.1	97

本节中对二阶段行为识别中的人体姿态估计阶段进行了改进说明。人体姿态估计阶段以轻量级 Openpose 模型为基础。先介绍传统的 Openpose 主干网络和模型结构，解释轻量级 Openpose 的算法原理。在轻量级 Openpose 的基础上，提出两点改进——网络结构改进和引入注意力机制。提高网络的传播能力，更有效地训练网络，引入注意力机制提高信息处理效率和准确性。最后介绍实验结果，在 COCO 数据集，优化后的网络平均精度达到了 64.8%，模型有更低的计算复杂度。

2.5　二阶段行为识别的方法实现

2.5.1　实验总体流程

首先，对输入图像利用高斯滤波和直方图均衡化等进行预处理操作，抑制图像中的噪声，改善图像清晰度，处理图像缺陷；其次，使用改进后的 YoloV5 模型对图像进行检测，寻找出图像中存在的香烟和手机，并且获取其位置信息；再次，使用改进后的 Openpose 模型对图像中人体的姿态进行估计，获取人体鼻子和双耳的位置信息；最后，使用欧几里得距离作为主要判断条件，使用手肘角度信息作为辅助判断条件，进行最终的识别结果的判断和匹配。

2.5.2 实验方法

当图像输入后，首先会对它进行预处理操作。所看见的图像通过各种成像设备捕捉，这期间可能受到传感器材料、当时空气环境或电路结构等影响，会产生不可控的噪声信号。这些噪声信号往往与要研究的对象不相关，属于一种无用的信息，理想状态下希望把它去掉，使图像更平滑。

使用高斯核与图像进行卷积求解的方式来抑制噪声信号。二维高斯分布见式（2-20）。

$$G(x, y) = \frac{1}{2\pi\sigma^2} e^{-\frac{(x-ux)^2+(y-uy)^2}{2\sigma^2}} \tag{2-20}$$

式中 x, y——高斯滤波器内任意一点的二维坐标；

ux, uy——高斯滤波器内中心点的坐标；

σ——每一个方向的标准差。

在抑制噪声前，需要确定高斯核的权重，如图 2-51 所示。首先创建一个 3×3 的高斯滤波器模板，以模板中心位置为坐标原点进行取样。设定 σ 值为 1.5 时，利用式（2-20）计算出每个位置的权重值。为了让权重值之和等于 1，分别对这 9 个数与这 9 个数加权平均值相除。重新分配后得到新的权重矩阵，即为高斯核。

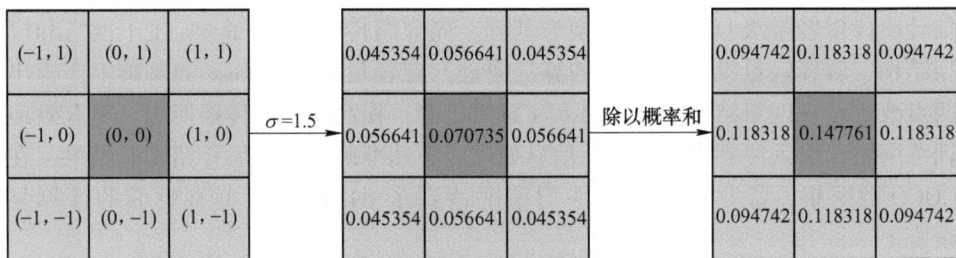

图 2-51   高斯滤波器权重分配过程

接下来利用高斯核对图像整体进行高斯平滑操作，如图 2-52 所示。卷积左侧代表图像上随机的 3×3 像素，卷积右侧代表 3×3 的高斯核。将 3×3 像素与高斯核做卷积运算，得到的结果就是新 3×3 像素的值。再将高斯核在 RGB 图像的 3 个通道上横向滑动，重复卷积运算过程，就能得到高斯平滑后的新图像。

14	15	16
24	25	26
34	35	36

$\otimes$

0.094742	0.118318	0.094742
0.118318	0.147761	0.118318
0.094742	0.118318	0.094742

=

1.32638	1.77477	1.51587
2.83963	3.69403	3.07627
3.22121	4.14113	3.4107

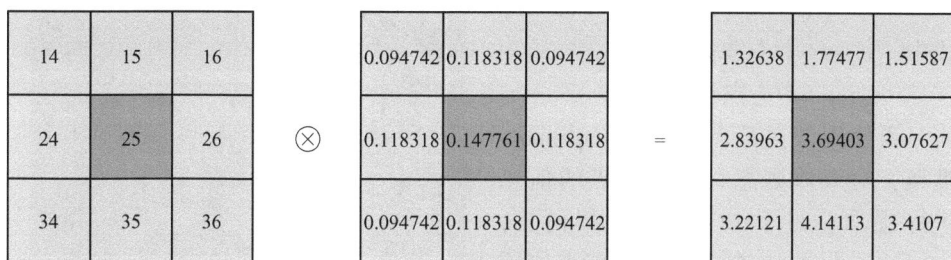

图 2-52 高斯滤波示意图

在真实场景下，难免会遇到采集图像过暗或过亮的情况，如果待检测目标出现在这些区域，这使得模型对结果的推断会受到很大的影响。图像过暗或过亮是由于灰度级过度堆积于较小区域或较大区域所导致的。希望图像具有较高的对比度，利用直方图均衡化将灰度级均匀分布。如图 2-53 所示，图 2-53（a）代表原图像的直方图，从图中可以观察到大部分像素堆积在 0～100 的亮度分布区间；图 2-53（b）代表均衡化后的直方图，通过处理后，使图像亮度分布更均匀；在未进行均衡化时，原图像场景过暗，视觉效果较差；均衡化后的图像，照比原图像更加清晰，细节信息更丰富。

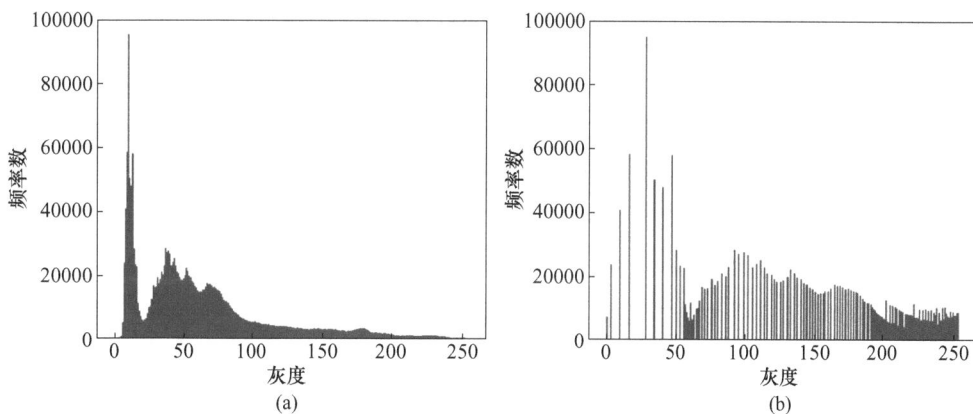

图 2-53 直方图均衡化前后对比示意图
（a）原图像直方图；（b）均衡化后直方图

输入图像预处理后，模型会先使用改进后的 YoloV5 目标检测框架对图像进行特征提取，在经过模型的计算之后检测出目标物体，如香烟、电话等可能在特定情况下造成异常发生的目标。通过 YoloV5 框架得到该目标物体在图像上的位置，如图 2-54 所示。

通过计算检测框左上角和右下角，确定目标物体中心点的位置坐标，见式（2-21）。

$$A = (x_i, y_i) \qquad (2\text{-}21)$$

式中 x_i——中心点横坐标；

　　　y_i——中心点纵坐标。

再使用改进后的轻量级 Openpose 框架，对人体姿态骨骼关键点的信息进行提取。对于 COCO 数据集而言，它标注了人体 18 个关键的骨骼点位置信息，通过骨骼关键点的热力图和点与点之间的对应关系来组成人体骨架。

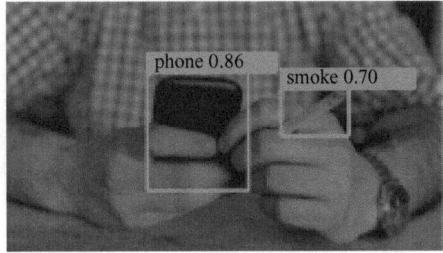

图 2-54　目标检测结果示意图

针对吸烟和接打电话的行为，通过分析这两种行为动作的一致性，设计出一套组合方法。在吸烟和接打电话的过程中，首先，目标物体与鼻子和耳朵之间的距离是最近的；其次，手肘都会形成一定的角度特征，并且这个角度一定小于90°。由此，通过计算它们的距离特征和角度特征来判断这个人表现出了哪些行为。首先需要记录关键点 0（鼻子）、关键点 16（右耳）和关键点 17（左耳）的位置信息，见式（2-22）。

$$B = (x_j, y_j) \qquad (2\text{-}22)$$

式中 x_j——关键点横坐标；

　　　y_j——关键点纵坐标。

通过电话与左耳或右耳的欧几里得距离来判断图像中的人是否有接打电话的行为，同样通过香烟与鼻子的欧几里得距离来判断图像中的人是否有吸烟的行为。通过式（2-21）和式（2-22）可以得到物品与骨骼关键点在图像上的二维坐标，欧几里得距离计算见式（2-23）。

$$d = \sqrt{(x_i - x_j)^2 + (y_i - y_j)^2} \qquad (2\text{-}23)$$

通过对欧几里得距离的计算，当得到的结果超过一定阈值时，即可判断这个人是否有吸烟或者接打电话的行为。完成距离特征的判断，此外还需要判断角度特征，当人发生吸烟或接打电话的行为时，手肘是成一定角度进行弯曲，通过计算手腕、手肘和肩膀之间的角度大小 θ 进行判断，如图 2-55 所示。

以人体的右半侧为例，通过姿态估计框架可获得关键点 4（右手腕）、关键点 3（右手肘）和关键点 2（右肩膀）的位置坐标，分别见式（2-24）~式（2-26）。

$$A = (x_4, y_4) \qquad (2\text{-}24)$$

$$B = (x_3, y_3) \qquad (2\text{-}25)$$

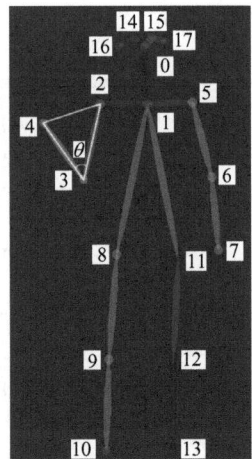

图 2-55　角度判断示意图

$$C = (x_2, y_2) \tag{2-26}$$

先根据 3 个点的坐标信息计算各个边的边长，分别为：

$$c = |AB| \tag{2-27}$$

$$a = |BC| \tag{2-28}$$

$$b = |AC| \tag{2-29}$$

再通过余弦定理计算弧度值：

$$\cos\theta = \frac{c^2 + a^2 - b^2}{2ac} \tag{2-30}$$

使用角度特征作为辅助判断的因素是因为当人离摄像头更远一些时，人会缩小，那么两个关键点之间的距离就会缩小；同理，人离摄像头更近一些时，人会放大，那么两个关键点之间的距离就会被放大。因此，只依靠距离特征来进行判断是远远不够的，需要引入角度特征作为距离特征的约束。

2.5.3 实验结果分析

最终的实验测试在自行拍摄的数据集上进行。图 2-56 展示了测试集中每个类别的对象数量，其中，吸烟类别有 676 张数据图片，手机类别有 537 张数据图片，正常类别有 100 张数据图片。

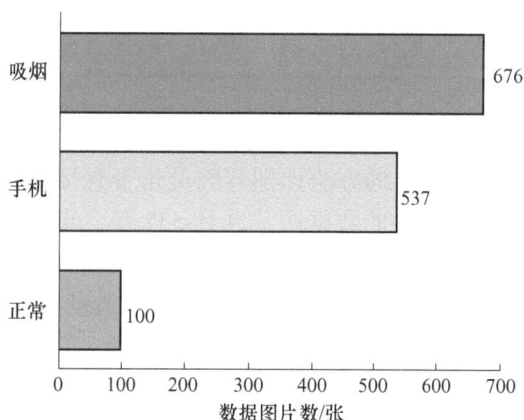

图 2-56 测试集中每个类别的对象数量

经过测试集上反复实验，设定目标物体和人体骨骼关键点距离特征阈值为 8 时最为合适。当欧几里得距离小于等于 8 时，模型判断驾驶员有吸烟或接打电话的分心驾驶行为；当欧几里得距离大于 8 时，模型判断驾驶员没有吸烟或接打电话的分心驾驶行为。当结合对网络的改进以及方法的实现，最终提出的二阶段分心驾驶行为识别方法在测试集的正确率见表 2-13。

表 2-13 二阶段分心驾驶行为识别方法在测试集上的正确率

属性号	属性	数据量/张	正确识别量/张	正确率/%
0	吸烟	676	623	92.16
1	接打电话	537	508	94.60
2	正常驾驶	100	100	100.00
平均正确率	—	1313	1231	93.76

属性 0 代表使用本节提出的方法识别驾驶员是否有吸烟分心驾驶行为,测试集中符合属性 0 实验条件的数据图片共计 676 张,正确识别数量为 623 张,识别正确率为 92.16%。实验结果如图 2-57 所示,在白天场景和黑夜场景下,都能进行正确的识别行为。

图 2-57 吸烟分心驾驶行为实验结果

属性 1 代表使用本节提出的方法识别驾驶员是否有接打电话分心驾驶行为,测试集中符合属性 1 实验条件的数据图片共计 537 张,正确识别数量为 508 张,识别正确率为 94.60%。实验结果如图 2-58 所示,在接打电话的过程中,手或脸会遮挡住手机的一部分,这给传统识别算法带来了很大的挑战。通过第一阶段对手机目标的定位,可以很好地解决这个问题。

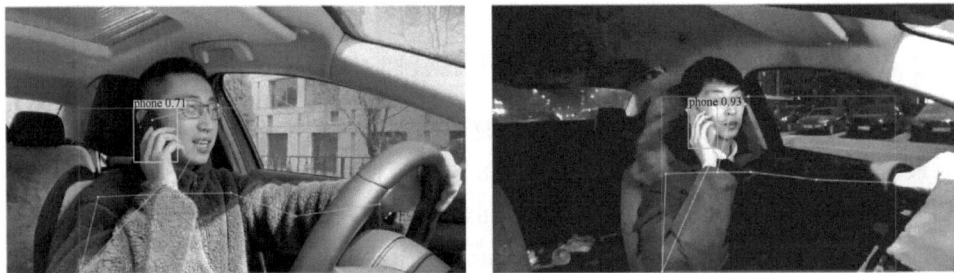

图 2-58 接打电话分心驾驶行为实验结果

　　属性 2 代表使用本节提出的方法识别出驾驶员正常驾驶行为，测试集中符合属性 2 实验条件的数据图片共计 100 张，正确识别数量为 100 张，识别正确率为 100%。实验结果如图 2-59 所示，分阶段的识别检测方法节约了很多时间成本，当网络模型的第一阶段没有检测到目标时，就可以判断驾驶员没有进行分心驾驶的行为。

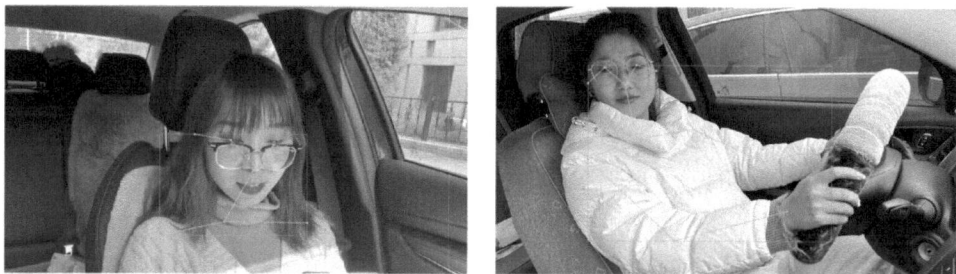

图 2-59　正常驾驶行为实验结果

　　根据属性 0、1、2 的平均正确率为 93.76% 可见，提出的方法具备一定的识别检测能力。

2.5.4　实验对比分析

　　为验证本节提出的二阶段分心驾驶行为识别模型的识别效果和识别速度，本节将该二阶段行为识别模型与其他文献中提出的行为识别模型进行实验比较，分别从准确度和推理速度两方面进行对比分析。为保证对比实验的统一性，所有实验均在 Intel Xeon（R）Bronze3104 CPU 和 2 块 NVIDIA GTX TITAN XP GPU 下进行。本节需要识别出三种驾驶行为——吸烟驾驶、接打电话驾驶和正常驾驶，除实验环境统一外，还对实验的训练集、验证集和测试集进行统一。训练集和验证集使用 2.3.3.1 节中介绍的自制数据集；测试集使用 2.5.2 节中自行拍摄的数据集。

　　表 2-14 显示了不同种类的神经网络算法对分心驾驶行为识别结果的对比，分别采用卷积神经网络、循环神经网络和二阶段网络相结合的神经网络算法进行对比分析。

表 2-14　分心驾驶行为识别实验对比

参考文献	算法	正确率/%	FPS
文献［68］	VGG-19	87.13	55
文献［69］	LSTM	88.58	22
文献［70］	Simple Baseline +ResNet	90.25	42
本章	YoloV5 + Openpose	93.76	61

文献［68］将驾驶员分心驾驶问题看作一个多分类问题，使用 VGG-19 卷积神经网络来进行特征提取，随后使用最大池化减少特征维度，最后使用 6 个全连接层和 1 个 Softmax 层对识别结果进行判断输出。简单有效的网络结构使得模型识别效率更高，但测试集中存在着很多真实场景下会出现的复杂因素。在这类复杂因素的影响下，只使用文献［68］提出的方法进行识别有些力不从心。表 2-15 展示了误判识别数据之间的相互对比，从表中可以观察到，文献提出的方法识别正常驾驶的误判率最高，其主要原因是目标遮挡和复杂动作导致模型的误判，另外多变的外部环境也是影响正确率的次要因素。

除使用卷积神经网络外，文献［69］还使用循环神经网络进行分心驾驶行为的识别判断。利用长短期记忆递归神经网络 LSTM 作为分心驾驶识别的主要算法之一，对于它每一时刻的输入结合当前网络的状态对应一个输出，能够利用历史信息来挖掘有用信息并传递下去。文献［69］中使用三层 LSTM 结构，在每层使用 Dropout 避免过拟合的发生，最后经过一个 Softmax 层输出类别概率。观察表 2-14 和表 2-15，使用循环神经网络的准确率要比卷积神经网络的高，但同样出现了将正常驾驶误判的情况。由此可见，单纯地将分心驾驶行为识别问题当作分类问题来看，错误率较高。

表 2-15　误判识别数据对比　　　　　　　　　　　　　　　　（张）

参考文献	吸烟驾驶	接打电话	正常驾驶
文献［68］	64	72	33
文献［69］	69	60	21
文献［70］	63	57	8
本章	53	29	0

文献［70］中提出的方法和本章提出的方法类似，都是使用两个阶段的模型来完成一个完整的识别过程。文献［70］使用 Simple Baseline 先对人体姿态进行估计，再使用 ResNet 网络进行分类，二阶段网络的融合使用极大程度上减少了误判的发生，并且正确率也达到了较高的水平。而且 Simple Baseline 网络结构较为简洁，它由几个 ResNet 网络和反卷积直接生成热力图，无论识别效果还是识别速度都较前者都有很大的提升。

参照表 2-14 和表 2-15，本章提出的方法在识别效果和识别速度的对比实验中均得分最高，这归功于改进后的 YoloV5 和 Openpose 拥有较好的实时性和较高的准确性，通过二者融合后的识别算法仍能达到最优效果。

本节对网络模型进行融合，提出一种新的二阶段分心驾驶行为识别算法。首先介绍实验总体流程，再是实验的细节方法，使用距离特征和角度特征对最终识别结果进行判断。在测试数据集下，吸烟和接打电话分心驾驶行为的正确率分别达到了 92.16% 和 94.60%，对正常驾驶识别的正确率达到 100%，模型的平均正确率达到了 93.76%。将提出的识别模型与其他提出的行为识别模型进行实验比较，均能达到最优效果。

参 考 文 献

[1] 腾讯研究院，中国信息通信研究院互联网法律研究中心，腾讯 AI Lab. 人工智能 [M]. 北京：中国人民大学出版社，2017.

[2] 韩雨，韩丛英. 2021 年人工智能领域科技发展综述 [J]. 战术导弹技术，2022 (2)：42-51.

[3] 李章维，胡安顺，王晓飞. 基于视觉的目标检测方法综述 [J]. 计算机工程与应用，2020，56 (8)：1-9.

[4] 季长清，高志勇，秦静，等. 基于卷积神经网络的图像分类算法综述 [J]. 计算机应用，2022，42 (4)：1044-1049.

[5] 罗会兰，陈鸿坤. 基于深度学习的目标检测研究综述 [J]. 电子学报，2020，48 (6)：1230-1239.

[6] 卢旭，刘钊. 基于深度学习的图像语义分割技术综述 [J]. 软件导刊，2021，20 (1)：242-244.

[7] 冯晓月，宋杰. 二维人体姿态估计研究进展 [J]. 计算机科学，2020，47 (11)：128-136.

[8] 中华人民共和国中央人民政府. 全国机动车保有量突破 4 亿辆 [EB/OL]. 2022-04-07.

[9] 庞再统. 基于深度学习的分心驾驶行为识别研究 [D]. 成都：西南交通大学，2021.

[10] Dingus T A, Klauer S G, Neale V L, et al. The 100-car naturalistic driving study: Phase Ⅱ - results of the 100-car field experiment [R]. Behavior, 2006.

[11] 李铭. 对交警查处"驾驶时拨打接听手持电话"行为的若干思考 [J]. 湖北警官学院学报，2009，22 (6)：85-90.

[12] 司伟. 计算机视觉技术：机器之眼服务智能生活 [EB/OL]. 2018-09-27.

[13] 李鹏辉，廖呈玮，郑志晓，等. 认知分心对车辆跟驰过程操控安全性的影响 [J]. 中国公路学报，2018，31 (5)：167-173.

[14] Spyridakos, Panagiotis, Merat, et al. Identifying cognitive distraction using steering wheel reversal rates [J]. Accident Analysis and Prevention, 2016, 96：39-45.

[15] 唐智慧，王志鹏，党珊，等. 手机打车软件操作驾驶分心检测模型研究 [J]. 交通运输工程与信息学报，2018，16 (1)：9-14，31.

[16] Joachims T. Making large-scale SVM learning practical [R]. Technical report, 1998.

[17] 周鹏. 驾驶员疲劳事故隐患消除技术与方法 [J]. 汽车电器，1998 (4)：16-17.

[18] 陈朝阳，王文军，张超飞，等. 监测疲劳驾驶时定量脑电图特征量化指标分析 [J]. 汽车安全与节能学报，2016，7 (2)：160-166.

[19] Angell L S, Auflick J, Austria P A, et al. Driver workload metrics task 2 final report [R].

Anta, 2006.

[20] 郭凤香. 基于风险感知的老年驾驶人行为特性研究 [D]. 昆明：昆明理工大学, 2019.

[21] 张盛. 复杂交通信息情境下老年驾驶人视觉特性研究 [D]. 昆明：昆明理工大学, 2017.

[22] 郭凤香, 石晨光, 李明远, 等. 老年驾驶人在交叉口的视觉特性 [J]. 中国公路学报, 2018, 31 (9)：150-158, 219.

[23] 赵敏慧. 基于图像的驾驶员姿态识别方法研究 [D]. 南京：东南大学, 2018.

[24] Pedro F. Felzenszwalb, Ross B. Girshick, David A. McAllester, el al. Object detection with discriminatively trained part-based models [J]. IEEE Transactions on Pattern Analysis & Machine Intelligence, 2010, 32 (9)：1627-1645.

[25] 夏瀚笙, 沈峘, 胡委. 基于人体关键点的分心驾驶行为识别 [J]. 计算机技术与发展, 2019, 29 (7)：1-5.

[26] Haoshu Fang, Shuqin Xie, Yu-Wing Tai, et al. RMPE：Regional multi-person pose estimation [C]. ICCV, 2017：2353-2362.

[27] Weickens C D. The structure of attentional resourse [J]. Attention and Performance Ⅷ, 1980, 8 (4)：33-36.

[28] Ishida T, Matsuura T. The effect of cellular phone use on driving performance [J]. IATSS Research, 2001, 25 (2)：6-14.

[29] Young K L, Mitsopoulos-Rubens E, Rudin-Brown C M, et al. The effects of using a portable music player on simulated driving performance and task-sharing strategies [J]. Applied Ergonomics, 2012, 43 (4)：738-746.

[30] Mizoguchi F, Nishiyama H, Iwasaki H. A new approach to detecting distracted car drivers using eye-movement data [C]. 2014 IEEE 13th International Conference on Cognitive Informatics and Cognitive Computing, IEEE, 2014：266-272.

[31] Donahue J, Anne Hendricks L, Guadarrama S, et al. Long-term recurrent convolutional networks for visual recognition and description [C]. Proceedings of the IEEE Conference on Computer Vision and Pattern Recognition, 2015：2625-2634.

[32] A. Girma, X. Yan, A. Homaifar. Driver identification based on vehicle telematics data using LSTM-recurrent neural network [C]. 2019 IEEE 31st International Conference on Tools with Artificial Intelligence (ICTAI), 2019：894-902.

[33] Gallahan S L, Golzar G F, Jain A P, et al. Detecting and mitigating driver distraction with motion capture technology：Distracted driving warning system [C]. 2013 IEEE Systems and Information Engineering Design Symposium, IEEE, 2013：76-81.

[34] Seshadri K, Juefei-Xu F, Pal D K, et al. Driver cell phone usage detection on strategic highway research program (shrp2) face view videos [C]. Proceedings of the IEEE Conference on Computer Vision and Pattern Recognition Workshops, 2015：35-43.

[35] Wu P, Hsieh J W, Cheng J C, et al. Human smoking event detection using visual interaction clues [C]. International Conference on Pattern Recognition, IEEE, 2010, 657：30.

［36］Eraqi H M, Abouelnaga Y, Saad M H, et al. Driver distraction identification with an ensemble of convolutional neural networks ［J］. Journal of Advanced Transportation, 2019: 1-12.

［37］Hubel D H, Wiesel T N. Receptive fields, binocular interaction and functional architecture in the cat's visual cortex ［J］. The Journal of Physiology, 1962, 160 (1): 106-154.

［38］Fukushima K. Neocognitron: A self-organizing neural network model for a mechanism of pattern recognition unaffected by shift in position ［J］. Biological Cybernetics, 1980, 36 (4): 193-202.

［39］LeCun Y, Bottou L, Bengio Y, et al. Gradient-based learning applied to document recognition ［J］. Proceedings of the IEEE, 1998, 86 (11): 2278-2324.

［40］Krizhevsky A, Sutskever I, Hinton G E. Imagenet classification with deep convolutional neural networks ［J］. Advances in Neural Information Processing Systems, 2012, 25: 1097-1105.

［41］MD Zeiler, Fergus R. Stochastic pooling for regularization of deep convolutional neural networks ［J］. Arxiv, 2013: 1301. 3557.

［42］Prajit Ramachandran, Barret Zoph, Quoc V. Le. Searching for Activation Functions ［J］. arXiv, 2017: 1710. 05941.

［43］杨述斌. 数学形态学在图像处理中的应用研究 ［D］. 武汉: 华中科技大学, 2002.

［44］Chia W C, Ang L M, Seng K P. Image compression using stitching with harris corner detector and SPIHT coding ［C］. Bridging Research and Practice, First International Visual Informatics Conference, 2009: 653-663.

［45］Cosmin Ancuti, Philippe Bekaert. More effective image matching with scale invariant feature transform ［C］. SCCG, 2007: 71-78.

［46］Hill A, Cootes T F, Taylor C J. Active shape models and the shape approximation problem ［J］. Image & Vision Computing, 1995, 14 (8): 601-607.

［47］Navneet Dalal, Bill Triggs. Histograms of oriented gradients for human detection ［C］. CVPR, 2005: 886-893.

［48］Paul A. Viola, Michael J. Jones. Rapid object detection using a boosted cascade of simple features ［C］. CVPR, 2001: 511-518.

［49］Freund Y, Schapire R E. A decision-theoretic generalization of on-line learning and an application to boosting ［C］. Conference on Learning Theory, Academic Press, Inc. , 1997, 55 (1): 119-139.

［50］Felzenszwalb, Pedro, F, et al. Object detection with discriminatively trained part-bsed models ［J］. IEEE Transactions on Pattern Analysis & Machine Intelligence, 2010, 32 (9): 1627-1645.

［51］Joseph Redmon, Santosh Kumar Divvala, Ross B. Girshick, et al. You only look once: Unified, real-time object detection ［C］. CVPR, 2016: 779-788.

［52］Joseph Redmon, Ali Farhadi. YOLO9000: Better, faster, stronger ［C］. CVPR, 2017: 6517-6525.

［53］Joseph Redmon, Ali Farhadi. YOLOv3: An incremental improvement ［J］. arXiv, 2018:

1804. 02767.

[54] Ross B. Girshick. Fast R-CNN [C]. ICCV, 2015: 1440-1448.

[55] Shaoqing Ren, Kaiming He, Ross B. Girshick, et al. Faster R-CNN: Towards real-time object detection with region proposal networks [C]. NIPS, 2015: 91-99.

[56] Kaiming He, Georgia Gkioxari, Piotr Dollár, et al. Mask R-CNN [C]. ICCV, 2017: 2980-2988.

[57] Felzenszwalb P F, Huttenlocher D P. Pictorial structures for object recognition [J]. International Journal of Computer Vision, 2005, 61 (1): 55-79.

[58] Yi Yang, Deva Ramanan. Articulated pose estimation with flexible mixtures-of-parts [C]. CVPR, 2011: 1385-1392.

[59] Alexander Toshev, Christian Szegedy. DeepPose: Human pose estimation via deep neural networks [C]. CVPR, 2014: 1653-1660.

[60] Yilun Chen, Zhicheng Wang, Yuxiang Peng, et al. Cascaded pyramid network for multi-person pose estimation [C]. CVPR, 2018: 7103-7112.

[61] Ke Sun, Bin Xiao, Dong Liu, et al. Deep high-resolution representation learning for human pose estimation [C]. CVPR, 2019: 5693-5703.

[62] Eldar Insafutdinov, Leonid Pishchulin, Bjoern Andres, et al. DeeperCut: A deeper, stronger, and faster multi-person pose estimation model [C]. ECCV (6), 2016: 34-50.

[63] Sven Kreiss, Lorenzo Bertoni, Alexandre Alahi. PifPaf: Composite fields for human pose estimation [C]. CVPR, 2019: 11977-11986.

[64] Bowen Cheng, Bin Xiao, Jingdong Wang, et al. HigherHRNet: Scale-aware representation learning for bottom-up human pose estimation [C]. CVPR, 2020: 5385-5394.

[65] Alexey Bochkovskiy, Chien-Yao Wang, Hong-Yuan Mark Liao. YOLOv4: Optimal speed and accuracy of object detection [J]. arXiv, 2020: 2004. 10934.

[66] Mate Kisantal, Zbigniew Wojna, Jakub Murawski, et al. Augmentation for small object detection [J]. arXiv, 2019: 1902. 07296.

[67] Hongyi Zhang, Moustapha Cissé, Yann N. Dauphin, et al. Mixup: Beyond empirical risk minimization [J]. arXiv, 2017: 1710. 09412.

[68] Arief Koesdwiady, Safaa M. Bedawi, Chaojie Ou, et al. End-to-end deep learning for driver distraction recognition [J]. ICIAR, 2017: 11-18.

[69] 李力. 基于 CNNs 和 LSTM 的驾驶员疲劳和分心状态识别研究 [D]. 长沙: 湖南大学, 2018.

[70] 尹智帅, 钟恕, 聂琳真, 等. 基于人体姿态估计的分心驾驶行为检测 [J]. 中国公路学报, 2022, 35 (6): 312-323.

3　交通道路障碍检测

3.1　交通道路障碍检测研究背景及现状

3.1.1　检测背景

随着我国公路的不断扩展以及车辆拥有人数的不断提升，人民的生活变得十分便利，驱车出行已经成为当代人民生活中必不可少的一部分，汽车成为当今社会最受欢迎的交通工具之一，但一系列的交通问题也随之而来。频发的交通事故和道路维修问题给社会的正常运转和相关管理部门带来了巨大的挑战。根据有关部门调查，截至 2023 年 6 月底，全国的机动车保有量已达 4.26 亿辆，机动车驾驶人数达到 5.13 亿人，其中汽车驾驶人数达 4.75 亿人。至 2020 年底，全国公路总里程达 519.8 万公里。2021 年，全国共发生道路交通事故 244937 起，造成 63194 人死亡、258532 人受伤，直接财产损失达 13.8 亿元。如果车辆在行驶中可以及时检测到危险的存在将会为人民的生命财产安全带来极大的保障。为了减轻交通问题给城市交通带来的巨大压力，减少交通事故的发生，智能的驾驶方式成为近年来国内外研究的热点方向。而在智能驾驶中，辅助驾驶方面的研究备受关注，它能够安全、有效地检测行驶过程中路面上的障碍物，减少道路障碍给驾驶人员带来的安全隐患。

近年来随着科学技术的发展，深度学习技术在社会中被广泛应用。20 世纪 80 年代，深度学习一词就已被提出，它是机器学习中一个非常重要的分支。早期的深度学习技术由于无法对非线性问题进行分类而没有被广泛使用。后来，反向传播算法的出现使神经网络有了非线性学习的能力，但随着网络层数的增多又带来了一系列的问题，导致网络整体的学习能力并没有得到提升，使神经网络的发展再次受到阻碍。直到 2006 年深度信念网络的提出，神经网络在技术上的问题才得以解决，这不仅大大提高了神经网络的训练速度，而且有效地解决了梯度消失问题。随着深度学习进入一个飞速发展的阶段，各种各样的网络框架被提出，卷积神经网络成为其中较为突出的模型。

随着计算机硬件性能的快速提升及云计算、分布式计算系统的发展为深度学习提供了足够的运算能力。将深度学习应用到计算机视觉领域已经是当今技术发展的必然趋势。在目标检测方面，传统算法只能去检测具有明显特征并且背景简单的图像，对于复杂的情况难以检测，对一些具有抽象特征的物体检测效果不佳。并且其时间复杂度过高，使用的滑动窗口冗余，需要人工设计特征。相对于传统方法，深度学习可以在同一个目标上提取到丰富的特征与信息，利用大量的数据训练模型，从而使模型变得更加完美。深度学习不仅性能稳定鲁棒性强，而且在很多领域都能够被应用，在数据中各个样本相互独立、方便扩展。深度学习的应用对目标检测来说也是一个巨大的进步。在汽车高速行驶的情况下，使用传统方法对路面情况及时做出检测不能达到一个良好的效果。但深度学习可以完美地解决汽车在高速行驶状态下实时检测的问题，可以通过搭建好的网络模型对所识别的图像进行特征提取，从而达到想要实现的效果。

目标检测在计算机视觉中是一个非常重要的分支，也是一项非常重要的基础任务。当目标检测时，目标的数量、大小以及形态互不相同，各种突发的实际状况也使目标检测的研究变得极具挑战性，但是毫不影响它的热门程度。随着目标检测技术的成熟发展，已经在生活中被广泛应用，如人脸识别、智慧交通和工业检测等。

3.1.1.1 人脸识别

人脸识别是一种基于人物面部特征进行身份验证的生物识别技术。该技术是在图像或视频中，对人脸进行跟踪与检测，最终对跟踪到的人脸做进一步的身份识别。在整个识别的过程中，系统包括目标检测、预处理、特征提取和身份识别。其中目标检测是这个过程的基础，当检测框检测到人的面部后，整个识别系统才会在检测到的范围中进行人物身份识别。目标检测的使用缩小了识别范围，并且加快了识别速度。

3.1.1.2 智慧交通

智慧交通是目标检测任务在现实中应用的一个重要领域。其可以被应用于交通流量与交通指示灯间在时间上的控制、非常规事件的检测、交通违法事件的检测与调查、机动车的自动驾驶等场景中。

在公路中目标检测技术通过对道路卡口的相机和电子警察相机中采集到的图像进行分析，并且实时根据当前路段的车流量对交通指示灯进行策略性调整，以此提升道路的流畅性，防止交通堵塞。

当交通中出现各种异常事件时可以及时检测。如错误使用机动车或非机动车道、错误停车、特殊车辆的驾驶员的异常驾驶行为、道路交通事故等，通过检测可以及时将异常事件上传，并快速解决。

通过检测算法可以及时发现违章违法车辆、跟踪肇事车辆，当锁定可疑车辆时可以全程系统检测跟踪，大大提升公安系统与交管部门对违法犯罪事件的监控能力。

在自动驾驶上，视觉技术常被应用于对车辆、障碍、行人的检测，以及交通指示牌和显著的交通标志物的识别。当前大量公司使用视觉技术研究自动驾驶，但由于天气、路况等因素的影响，该技术尚不成熟。

3.1.1.3　工业检测

工业检测是计算机视觉技术在实际应用中的一个热门方向，已经在很多行业被使用，在各种工业生产中，当产品具有瑕疵、机器构件出现故障时，可以通过图像检测对产品质量进行把控，并且快速找出故障原因。视觉技术的应用不仅节省了大量人工成本，也保证了生产的质量和数量，加快工厂生产。

3.1.2　当前研究现状

目前，对道路障碍物检测的研究中，通常会使用诸如毫米波雷达、激光测距仪、计算机视觉等技术手段来感知周围的环境。将障碍检测应用于辅助驾驶当中，可以有效地保障驾驶员的行车安全。相对于西方发达国家，我国在这个方面的发展相对较晚，但近年来国内的高校与企业在该方面的研究已经取得很大的进步。

Wang 等人提出了一种分步执行的方法，先拟合轨道线并找到危险区域，设计三种尺度检测的结构提高小目标检测率，改进了注意力机制，将权重重新分配重构特征，融合提取到的特征。该方法有效解决了障碍物误报、效率低以及部署困难的问题。Liu 等人基于 ICNet 架构设计出多分支和联级融合的空间信息网络，并在外部加入损失函数，确保模型准确性与可行性。Wang 等人使用机器人导航的环境特征，提出一种对平均位移算法进行优化和更新的运动目标检测算法，并构建一种面向特征的混合算法运动捕获模型。Sun 等人提出一个实时融合语义分割的网络，有效地利用互补的跨模态信息，相比现有大多数的 RGB-D 网络，其效果更佳。2020 年，Liu 等提出了一种改进的轻量级实时语义分割网络，该网络基于一种高效的图像级联网络结构，利用多尺度分支和级联特征融合单元提取丰富的多层次特征，提高了道路障碍物检测的准确性。Cong 等人采用 YoloV3（You only look once）算法进行跟踪障碍物检测并且实现检测的鲁棒性。与 YoloV2 相比，YoloV3 在任何场景都具有优越性。Zhou 等人提出使用调频连续波（FMCW）雷达传感器来获取障碍参数的方法，应用信号处理来检测和分析移动障碍物并为障碍物的高度检测设置空间模型，并证明了方法的可行性。Zhong 等人提出了一种基于多侧装激光雷达的自适应负障碍物检测方法，使用原始传感器，根据几何特征对特征点对进行滤波，融合多帧多激光雷达的特征点对，该方法可以准确处理复杂情况下的障碍。Duan 等人提出一种利用四条线的激光雷达来检测障碍的方法，使用改进后的 DBSCAN 与 K-means 相互结合，改进了 DBSCAN 不能划分密度相似的障碍物的问题，有效地消除存在的噪声。Li 等人使用 3D 激光雷达来检测并快速重建周围图像，将点云投影到 2D 的网格图上来获取障碍物，根据单帧障碍物检测结果采用贝叶斯概率来对感知图进行重构，最后生成障碍物置信度的概率图。该方法很好地解决了非结构化场景中的环境感知问题，并且留下了盲区的障碍物，充分地满足了导航中实时使用的要求。Wang 等人提出了一种提前性的 InSAR 传感器，并建立了一个基于轨道的 InSAR 模型。与现有的基于 UGV 的雷达相比，具有提前性的 InSAR 可以提供更多的恶劣越野环境信息。Wang 等人通过融合视觉传感器和毫米波（MMW）雷达对道路障碍物边界进行探测，提供基于灰色图像直方图局部显著峰谷内峰的判定（LSiPTiD）的自适应阈值算法，验证了该算法在自然道路环境中实时应用的鲁棒性、适应性和快速性。Leng 等人使用两阶段的方法，先使用基于立体视觉系统生成的 U-V 视差图检测障碍物，与传统的 U 视差图相比，其大大提高了远方障碍物的检测精度。之后将结果放入一个结合内部和上下文特征的上下文感知 Faster-RCNN 中，对小目标检测和遮挡目标检测的精度有所提升。2020 年，Li 等人在三维激光雷达点云构建的网格图像中提取障碍物信息用于车道特征选择，避免行人和车辆的干扰。该方法利用自适应滑动窗口进行特征选择，利用分段最小二乘法进行道路线拟合，克服各种场景下光照变化、阴影遮挡、行人和车辆干扰等问题。2021 年，Wang 等人提出了一种基于 LiDAR 的 RGB 图像辅助道路障碍物检测方法，该方法通过增加点特征的数量来弥补原始点云的稀疏性和不均匀性。

　　T. Rajendran 等人提出使用 USB 摄像头拍摄道路场景并使用卷积神经网络做分类处理，用 Matlab 做仿真工作，以此进行检测。Zebbara Khalid 等人提出一种基于立体视觉的方法，使用视差图像进行道路检查，使用形态学处理与霍夫变换定位路边，在分割中将物体定位并通过离散卡尔曼滤波器实现跟踪。Madhavan T. R. 等人提出一种利用二维激光雷达实现障碍物检测和躲避的有效算法。在激光雷达传感器获取数据，使用过滤、聚类识别障碍。Angelo Nikko Catapang 等人使用一种较为廉价的 2D 雷达系统，该系统使用 LiDAR-Lite V1 进行障碍检测，采集的数据经过中位数滤波，并通过数据点的合并和分割进行预处理，通过聚类进行障碍物检测。Sung-Woo Byun 等人使用基于点云的方法，在农业环境下实现自动驾驶。采用带宽为 1550nm 的脉冲激光雷达技术，FoV 为 90° 的激光雷达传感器，检测结构化或非结构化障碍物的属性信息。Habib Ahmed 等人提出使用一组相对具有成本效益的有源和无源传感器来解决障碍物检测问题。所提方法利用地表网格投影，借助网格线的变换变形，检测道路上的静止和移动障碍物。Ahmad K. Aijazi 等人提出了一种融合 3D LiDAR 和 2D 图像数据的高效距离间和防碰撞管理的方法。在 LiDAR 扫描和相机图像中找到障碍，将数据融合。该方法有助于更快速、更准确地获得状态估计值。O. Yalcin 等人利用无人地面车辆（UGV）

的鲁棒城市导航技术，使用安装在给定俯仰角的二维光探测和测距（LiDAR）传感器来提取路面。通过过滤器评估获得有关道路的信息以检测扫描的区域是道路还是障碍物。Pouyan Salavati 等人使用了基于深度神经网络（DNN）的方法检测，由无监督 DNN 提取图像的全局特征和有监督的 DNN 提取图像块的局部特征组成。利用一些邻域系数的优势，在局部特征提取过程中考虑相邻区块的影响。Soon Kwon 等人使用密集立体的精确系统生成道路障碍物的 ROI，提出了一种将全局立体匹配与深度上采样相结合的高效深度图的生成方法，并且证明了立体视觉系统能够有效地为道路障碍物检测提供准确的 ROI 候选值。Supantha Das 等人提出一种使用 4 个启用 GPS 的锚点来定位障碍物和传感器节点的新方法。基于 4 个高能锚点，完成传感器定位，并检测每个障碍物的近似矩形边界。其改善了传感器部署区域中存在障碍物会扭曲传感器节点之间的通信和扰乱传感器定位过程的问题。Yongseok Lee 等人使用 AD-CENSUS 立体声匹配算法，针对硬件设计进行了修改，并在 Xilinx Kintex UltraScale KU040 中实现。此外，立体摄像头的校准和整流也包括在设计中，以低硬件资源加速获得质量可靠的视差图检测。Sorana Baciu 等人将两种方法组合成增强的 3D 八叉树，克服了 3D 障碍物检测和基于图像的语义分割的特定缺点。

3.1.3 道路障碍检测研究难点

目前，基于图像处理的障碍检测研究在国内外已被广泛关注，但研究人员更多致力于对其精准能力的提高，追求能够快速达到被人类使用的标准，为生活提供便利。但在实际应用中仍存在小目标障碍的检测、检测精度和设备要求高等研究难点，如图 3-1 所示。

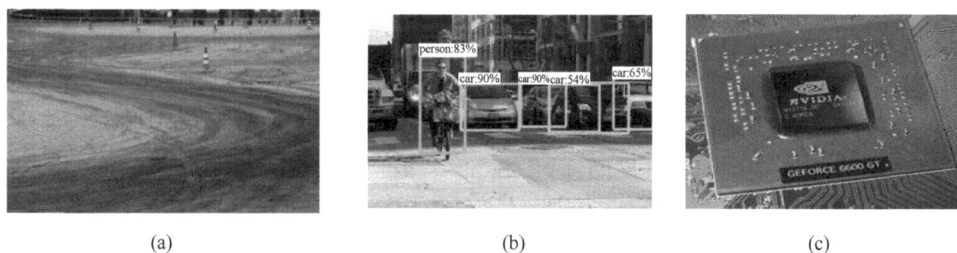

图 3-1 道路障碍检测难点样本

（a）小目标；（b）检测精度；（c）设备需求

3.1.3.1 小目标障碍的检测

在利用图像检测道路障碍时，提前检测出小目标会为整个系统的使用提供更高的安全性。当障碍与车辆距离较远时，目标在图像中所显示的体积较小，在大的范围中占有很小的比例。其信息量少、像素效果较低，特征不易被发现，很容易出现漏检的情况，模型检测的精度也会受到一定的影响。

3.1.3.2   检测精度

在车辆行驶的过程中，辅助功能可以为驾驶员提供路面信息，保障一定的行车安全，在车辆运行过程中模型具有良好的检测精度对于辅助功能来说十分重要。

3.1.3.3   设备要求高

虽然很多模型在精度上可以达到不错的检测效果，但是想要嵌入到移动设备当中，硬件设备需要达到一定条件，且模型能否满足良好的实时效果对于障碍检测来说极为重要。

在本节中，主要阐述道路障碍检测的社会背景、技术背景、研究现状以及在研究过程中可能遇到的问题。首先，介绍了在时代和技术共同发展的前提下，对于技术选择以及实验研究的意义；然后，说明国内外目前在该研究方向的研究现状及成果，并在现状中发现目前该方向研究存在的难点；最后，对于本节提出的研究成果做出简短的介绍。

3.2   相关概念及理论基础

3.2.1   卷积神经网络

卷积神经网络是一种包括卷积计算和一定深度层次的前馈神经网络。在深度学习中，卷积神经网络具有一定的代表性。与普通的神经网络相比，卷积神经网络中有一个通过卷积层和子采样层组成的特征提取器。在卷积层中，每个神经元都与其相邻的部分神经元相互连接。在卷积神经网络的卷积层中，每一层都会有多个特征平面，每个平面都是由一些矩形排列的神经元组成的，在相同的平面中神经元的权重参数共享，被共享的权重参数就是卷积核。卷积核的初始化是以随机小数矩阵的形式进行操作的，经过网络的不断训练，卷积核的权值也将越来越合理。卷积核在减少网络各层间连接的同时，又大大降低了过拟合的风险。在卷积神经网络中有一种特殊的卷积称为子采样操作，也称为池化。通常情况下，子采样可分为均值子采样和最大值子采样两种形式。其主要功能是使模型复杂度得到简化，降低过拟合。卷积神经网络结构如图3-2所示。

3.2.1.1   输入层

在使用卷积神经网络对图像进行检测和分类时，数据将先进行预处理，当数据被处理为网络所适合的类型后，输入网络进行操作。当数据进入输入层时，网络会使用归一化、批次归一化、去均值等方式对图像进行预处理。在输入层中，图像被网络转化成数字矩阵的形式，每张图片中都有许多的像素点，每个点都对

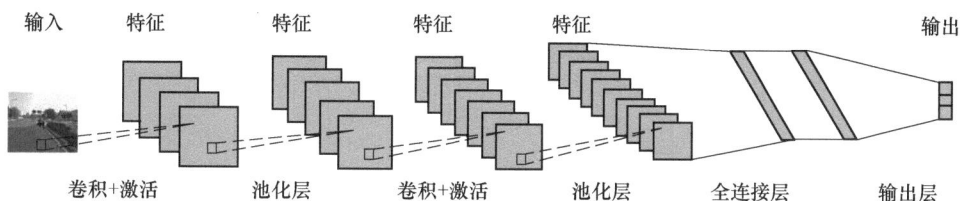

图 3-2　卷积神经网络结构图

应着一个相应的值，所以这个数字矩阵也就是由各个像素点组成的。此外，卷积神经网络的输入图像中包括两种形式：一种是彩色图像，另一种是灰度图像。当图像为彩色图像时，图像是三通道的 RGB 色彩模型，并且每个像素点在三个通道上都具有像素值，所以每张彩色图片都会有三个像素矩阵。而灰度图像则只有一个通道，每个像素对应一个值，也就是只有一个像素矩阵。

3.2.1.2　卷积层

在卷积神经网络中，每一个卷积层都是由很多的卷积单元组合而成的，而这些卷积单元通过使用反向传播算法使它们的参数得到最优值。在整个卷积神经网络中卷积层的主要作用就是提取数据中的图像特征，不同的卷积层提取到的特征信息也是不相同的。在整个网络中，处于较浅层的卷积层可能只会提取一些边缘线条之类的特征，而靠后的卷积层能在之前低级特征中提取到更复杂的特征。

在卷积层中，卷积操作就像是数学中的卷积，但是相对简单。在计算机中，计算机对图像的理解与我们所看到的图像是不一样的，图像就是一堆矩阵、数字，多通道的图像就是矩阵间的相加。在卷积操作中，常用 1×1、3×3 或 5×5 大小的像素块作为卷积操作中的卷积核，也就是常说的权重。卷积核在每一层的通道矩阵中由左到右、由上而下进行相关运算，就像是一个小滑框根据步长的大小在移动，在对应的位置上相乘后再相加，最终将各个通道上对应的值相加得到最终值。如图 3-3 所示，卷积核为 2×2，步长为 2，在 4×4 的矩阵中进行卷积操作。灰色部分为当前卷积核与其对应区域乘积求和，并按照步长为 2 将其进行左右、上下移动。

3.2.1.3　池化层

实际上池化层就是降采样的另一种形式。在深度神经网络中，池化的主要作用有降低信息中的冗余、保持特征不变性和防止过拟合。在池化层中，有各种不同类型的非线性池化函数。这种方式是十分有效的，这是因为当模型发现图像中的特征后，它的精确位置是远远不及它与其他特征的相对位置的关系重要。池化层会将数据的空间不断减小，参数数量与计算量也会随之降低，并且在一定程度

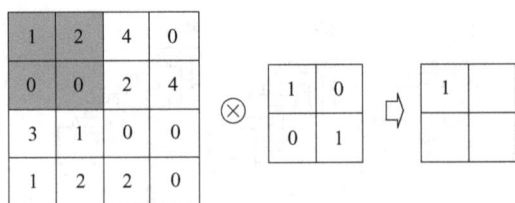

(a)

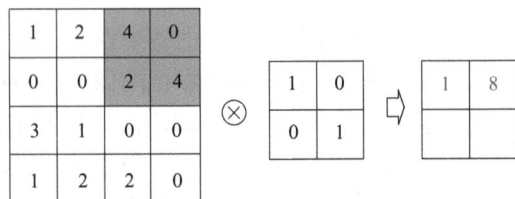

(b)

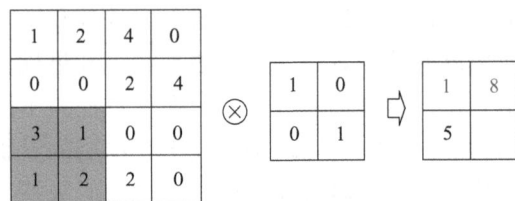

(c)

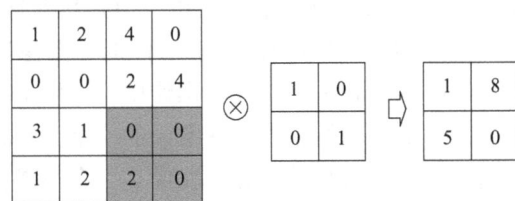

(d)

图 3-3 卷积的计算过程

（a）卷积第一步；（b）卷积第二步；（c）卷积第三步；（d）卷积第四步

上控制模型的过拟合。

  池化层中有几种常见的操作，即最大值池化、均值池化、随机池化、中值池化等。最大值池化是最常见的，并且也是被使用最多的操作，最大值池化的优点就在于它可以很好地学习数据中的边缘与纹理结构。在实际操作中，均值池化大多是以全局均值池化的方式被使用，在分类模块中较为常见。而均值池化的使用可以减少估计值的偏移，并且提升模型鲁棒性。随机池化则是将特征区域中的元素按照概率随机选择，值大的元素被选中的概率也大。中值池化是由中值滤波引申而来的一种池化方式，在学习边缘和纹理的同时，具有抗噪的特性。

3.2.1.4 激活函数

激活函数在整个网络中的主要作用就是去除线性化。在神经网络中，每个神经节点都是与一个偏置项加权求和而成的，但这种计算一直都按照线性模型的方式进行，当前的计算结果传到下一个神经时，神经节点所使用的还是同一个线性模型。如果仅仅经过线性变化，那么神经网络中隐含层节点的存在将是毫无意义的。由于线性方程很容易被处理，其性质比较简单，复杂性有限，在数据中学习较为复杂函数的映射能力较小，所以在大多数的情况下执行效果并不是太好。但使用激活函数后网络将会做去线性化操作，因此网络将变得更加强大，使模型可以更好地学习复杂的数据特征。下面将介绍几种在人工神经网络中较为常见的激活函数。

A Sigmoid 激活函数

在神经网络中 Sigmoid 激活函数常被用于隐藏层的输出中，其输出范围为（0，1），实数的映射范围也为（0，1），函数常在二分类的问题中被使用，其公式如下：

$$\sigma(x) = \text{Sigmoid}(x) = \frac{1}{1 + e^{-x}} \tag{3-1}$$

Sigmoid 函数是一条连续不断的曲线，函数值是在（0，1）之间压缩的，幅度不发生变化，可以方便地进行前向传输。函数在趋近无穷的地方，函数的值基本不发生改变，函数可能会出现梯度缺失现象，且对深度神经网络的反馈传输十分不利。Sigmoid 函数不是 0 均值，当输出大于 0 时，运算将持续地正向更新；而输出小于 0 时，又将是持续地负向更新。

B Tanh 激活函数

Tanh 激活函数也称为双曲线正切激活函数，其公式如下：

$$f(z) = \tan z = \frac{e^z - e^{-z}}{e^z + e^{-z}} \tag{3-2}$$

与 Sigmoid 函数比较相似，Tanh 函数所使用的也是真值，但函数压缩的范围值是在（-1，1）之间。与 Sigmoid 函数不同的是，Tanh 函数的输出是以 0 为中心的。Tanh 函数就像是两个 Sigmoid 函数拼接而成的，在使用中，Tanh 函数的适用性是要高于 Sigmoid 函数的。虽然 Tanh 函数解决了 Sigmoid 函数不是以 0 为中心输出的问题，但是梯度消失和幂运算的问题仍未被解决。

C ReLU 激活函数

ReLU 激活函数公式如下：

$$\text{ReLU} = \max(0, x) \tag{3-3}$$

当输入的 $x<0$ 时，输出的值为 0；当输入的 $x>0$ 时，输出的值为 x。ReLU 函数可以使网络的收敛变快，而且不会饱和，就是说 ReLU 函数可以对抗梯度消失问题，至少在 $x>0$ 时可以。因此，在至少一半区域中神经元不会把全部 0 进行反向传播。简单的阈值化的使用，大大提高了 ReLU 的计算效率。与 Sigmoid 函数一样，ReLU 函数的输出也不以 0 为中心。并且在向前传播的过程中，若 $x>0$，神经元将会保持非激活的状态，并且会在向后传播的过程中杀死梯度。这会使权重无法得到更新，网络无法继续学习。

3.2.1.5　全连接层

通常情况下，全连接层位于卷积神经网络的末端，其主要负责的是将卷积得到的二维特征图转化成一个一维的向量，使网络实现端到端的学习过程。在全连接层中，因为它的每一个结点都会与前一层的所有结点相互连接，所以在全连接层中也拥有着大量的参数。全连接层在网络中的主要作用就是将它之前网络层中所计算到的特征空间映射至样本标记空间。它减少了特征位置对于分类结果的影响，并且提高网络的鲁棒性，如图 3-4 所示。

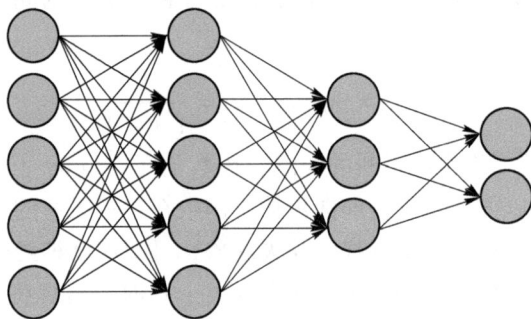

图 3-4　全连接网络图

3.2.1.6　输出层

输出层是神经网络处理数据得到的最终结果，可以是不同类型的结果。通常输出层也是由神经元组成的，每一个神经元都代表着一个对应的对象，而神经元中所附加的数值则代表着该对象为某类对象的概率值。当神经网络处理回归问题时输出层会使用恒等函数，处理分类问题时使用 Softmax 函数。在一些特定的情况下，输出层也可能是一个神经元的输出，在一些特定的输入时，输出也就是特定的值。

3.2.1.7　卷积神经网络训练过程

在卷积神经网络中训练过程分为两个阶段：第一阶段是数据由低向高传播的阶段，也就是前向传播阶段；第二阶段是当第一阶段传播所得到的结果不符合预期结果时，网络会将误差由高向低层进行传播的阶段，也就是反向传播阶段。在网络对数据进行训练前，网络将对权重进行初始化操作，然后进入网络的数据将经过卷积层、下采样层和全连接层的向前传播的阶段，并且得到输出值。计算出输出值模型与目标值间的误差，并且在误差值大于我们所期待的值时，将误差逆序传播并得到各层的误差。根据得到的误差，网络将进行权重更新。当输出的误差在我们期盼的范围内，卷积神经网络的训练结束。

3.2.2　目标检测算法的相关理论

目标检测是计算机视觉中基本的视觉识别任务，是一个非常重要的研究方向，它的主要任务就是找到图像中特定对象的准确定位，并且为这些对象分配与其对应的标签。传统的目标检测算法中大致分为区域选择、手动特征提取和分类器分类三个部分。但是基于滑动窗口的区域选择策略缺少针对性，且时间复杂度高、窗口冗余，手动的设计特征提取对于目标的多样性并没有很好的鲁棒性。因此，传统方法对于目标检测问题的解决并不是很好。近年来，由于卷积神经网络强大的特征学习和迁移学习能力，卷积神经网络在目标检测方面得到更多的重视。基于卷积神经网络的目标检测算法大致分为二阶段目标检测和单阶段的目标检测。二阶段的算法就是将整个过程分为两部分，要先经过建议候选区的过程，然后再将建议的区域放入分类器中。而单阶段检测算法不需要候选框的阶段，可以直接得到物体种类的概率和物体位置的坐标值，一次检测就能得到最后的结果。

3.2.2.1　基于二阶段的目标检测算法

二阶段的目标检测算法将整个算法分为两个部分，首先在网络提取的特征图中生成候选区域，然后使用卷积神经网络处理图像的候选区域并且实现特征的提取与分类。二阶段主要算法有 R-CNN（Region-CNN）、Fast R-CNN、Faster R-CNN 等。本节将对经典算法做出简单介绍。

A　R-CNN

R-CNN 是目标检测领域中最先使用 CNN 的算法，其主要使用 CNN 对图像做特征提取，之后进行分类与回归。在 R-CNN 中使用了选择性搜索的方法得到感兴趣的区域，并且选取 2000 个候选建议框，采用 ROI（Region of Interest）的池化方式，将尺寸大小调整为 227×227 后送入 CNN 中进行特征提取，在卷积过后将网络提取出的特征输入到 SVM（Support Vector Machine）分类器中，其中每一个类都会对应着一个分类器，以此得到分类模型，使用已经训练好的线性回归模型来调整候选框最终的位置，最后得到目标的分类与目标的定位，具体结构如图 3-5 所示。

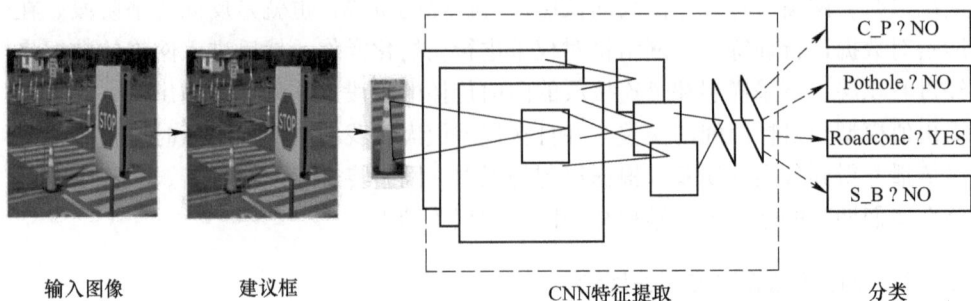

图 3-5 R-CNN 结构图

C_P—路障牌；Pothole—坑洞；Roadcone—路锥；S_B—减速带

因为 R-CNN 需要分段的多次训练，所以模型整体检测所需时间稍长，模型占用空间所需内存较大，又因不是整体训练，缺少联动性，所以模型精度不高，CNN 对特征的提取也不太好。

B　Fast R-CNN

Fast R-CNN 是在 R-CNN 之后被提出，其结构精巧，整体流程也更加紧凑，模型的检测速度也有很大提升。在输入部分，Fast R-CNN 是由两部分组成的：一是未被处理的整张图片；二是候选区域。在 Fast R-CNN 算法中，第一步就是使用卷积对图像进行特征提取获得特征图。这时会有多个候选区域，系统会判别出其感兴趣的区域，用 ROI 池化的方法固定特征向量尺度，之后将这些特征向量输入到全连接层中并且分支成两个，一个对目标分类，另一个确定目标位置。不算候选区域阶段，整个模型为端到端的训练，具体结构如图 3-6 所示。

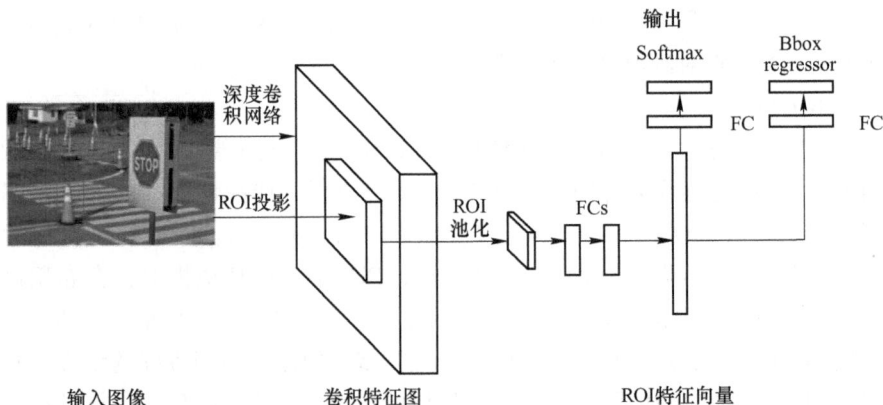

图 3-6　Fast R-CNN 结构图

Fast R-CNN 将卷积层中的最后一层由原本的 SPP（Spatial Pyramid Pooling）层改为 ROI 池化层，此外还提出一种多任务的损失函数。虽然 Fast R-CNN 在检测精度与检测速度方面都有所提升，但其检测仍未同时进行，还不是端到端的检测，在速度方面仍有上升空间。

C　Faster R-CNN

Faster R-CNN 是在 Fast R-CNN 的基础上实现而成的，模型除去了滑动窗口和选择性搜索方法，实现了端到端的训练。Faster R-CNN 在输入图片后使用了卷积神经网络作为模型的主干网络，对特征做出提取。得到特征后数据进入 RPN（Region Proposal Network）模块，其代替了之前所用的传统候选区域方法。在 RPN 中每张特征图的每个点都会有 9 个大小不同的锚点，通过使用激活函数判断每个锚点是否为物体，然后根据偏移量确定得到候选框，在经过 ROI 池化后进入全连接层进行分类与回归。最终使用候选特征框来计算候选框的类别，同时再次使用边框回归来获得检测框最终的精确位置。Faster R-CNN 结构如图 3-7 所示。

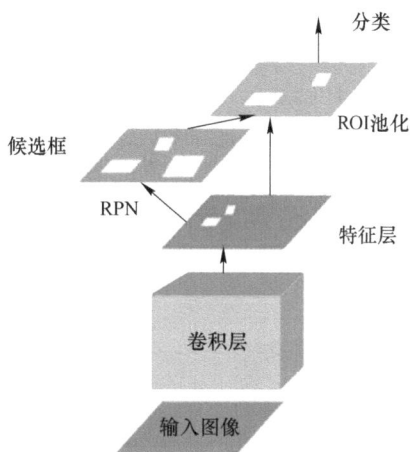

图 3-7　Faster R-CNN 结构图

虽然 Faster R-CNN 优点很多，但其对多尺度与小目标的检测仍有提升空间，并且对被遮挡目标的检测也不是很友好，在全连接层中的计算参数较大，整体检测速度有待提高。

3.2.2.2　基于一阶段的目标检测算法

一阶段的目标检测算法是以回归为核心的，它省掉了候选区的阶段，没有预分类与回归的过程，直接区分出目标的类别并且对边框回归。虽然二阶段的检测方法在精度上占有一定优势，但由于复杂的网络结构，其检测速度较慢。而一阶段的检测算法是以端到端的卷积神经网络进行训练的，其速度快，并且可以满足实时检测的要求。本节会对 SSD（Single Shot MultiBox Detector）、YoloV1、YoloV2 进行简单介绍。

A　SSD

SSD 模型整体采取了一阶段网络的思想，所以拥有较快的检测速度。在网络中，SSD 模型加入了 Faster R-CNN 中锚点的想法，并分层对特征提取，依次计算回归与分类。在不同层次中，特征图所代表的语义信息也是不同的，在较浅层的特征图可能代表着比较细节的语义信息，对于小目标的学习较为有利。高层次的特征图掌握较为完整的图像语义信息，可以光滑地分割检测结果，适合大尺度的目标。

SSD 模型主要分为卷积层、目标检测层和 NMS（Non Maximum Suppression）筛选层。在卷积层中采用 VGG16 前五层的网络，先使用一个卷积神经网络做特征提取，然后再进行目标的定位和分类。目标检测层由五个卷积层和一个平均池化层组成，不包括后面的全连接层。SSD 被设计时认为模型检测的物体只与其周围的信息有关，感受野没必要是全局的，因此没有全连接。在这五个卷积层中，每一层都会输出不同感受野的特征图。在这五个不同尺度的特征图中分别使用两种不同的 3×3 卷积核做卷积操作，一个处理分类的置信度，每一个默认框中都会生成 21 个不同类别的置信度。一个处理回归用的定位，每一个默认框会生成四个坐标值（x, y, w, h）。此外，这五个特征图还会经过 ProiorBox 层并且生成 prior box，最后将之前的三个计算结果分别合并传给 loss 层。SSD 模型中 NMS 层与 Yolo 的 NMS 层基本一致，都是先过滤掉概率低于阈值的默认框，然后再使用 NMS 非极大值抑制处理掉重合度高的框。SSD 模型结构如图 3-8 所示。

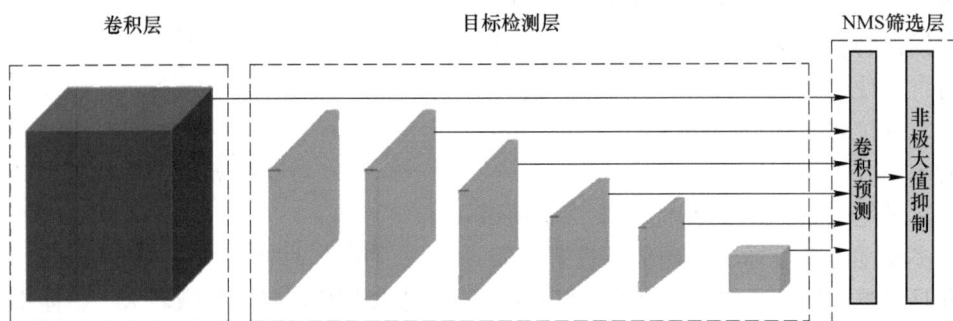

图 3-8 SSD 模型结构图

当处理稀疏场景的大目标时，SSD 算法在检测速度方面要优于 Yolo，并且在检测精度上又超过 Faster R-CNN。在 SSD 中，关于先验框中的值，需要人工设置，默认框的形状和大小也需要人工设置，导致在不同特征层中对默认框的调试十分不方便。由于卷积层数太少，所以较浅层的特征图在卷积中对特征的提取不够充分。

B YoloV1

YoloV1 算法是一个端到端的目标检测算法，其核心就是将整张图片输入到网络中，并且在输出层直接回归边界框的位置和类别。实际上，YoloV1 模型并没有真正地将候选区去除掉，而是将其与目标分类合为一体。模型预先定义了预测区域，以此完成对目标的检测，具体地说就是将输入的原始图像划分成 7×7 的网格，在每个网格中可以预测出两个边框。实际上，这 98 个边界框就是 98 个不同的预测区，模型用这 98 个预测框进行目标检测。

YoloV1 的模型结构十分简单，就是在卷积和池化的最后加上两层全连接，与单纯的 CNN 分类网络并没有太大差别，最大的差别在于 YoloV1 的输出层要使用线性的激活函数。简单来说，Yolo 就是将输入的图像经过神经网络变换成 1 个张量输出。由于网络在全连接层中要求向量的输出大小唯一，所以对于图像的输入，网络唯一的要求就是将图像的尺寸转换成 448×448 大小。YoloV1 算法结构如图 3-9 所示。

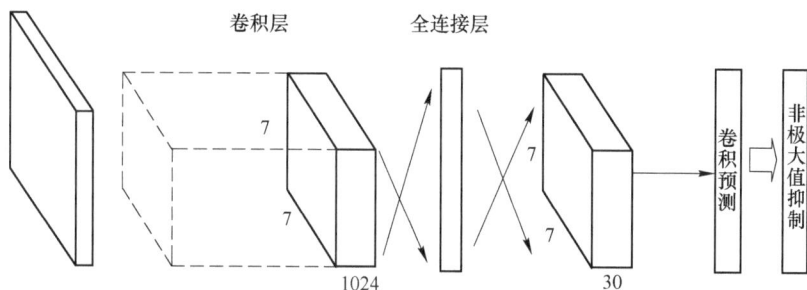

图 3-9　YoloV1 算法的结构图

虽然 YoloV1 算法在操作与检测速度上的表现非常出色，但其检测精度不高，对小目标检测和密集物体检测的效果欠佳。

C　YoloV2

YoloV2 是 Yolo 系列中第二个版本，是在 YoloV1 的基础上改进得到的。其改善了 YoloV1 中定位不够准确、对重叠物体检测差的问题。在 YoloV2 中，主体结构与 YoloV1 相比没有变化，主要的改进是在网络结构、锚点的设计和训练决策三个方面。

YoloV2 在网络结构上将每个卷积层和激活函数层之间都加上了批归一化，这解决了模型在反向传播过程中梯度消失和梯度爆炸的问题，提升收敛速度，一定程度地降低了模型的过拟合。为了可以提高小目标检测的效果，YoloV2 中提出了一个可以检测细粒度特征的细粒度特征层。用前面高分辨率的特征图作为输入，将其连接到之后分辨率较低的特征图上。将定位的细节信息与丰富的语义信息相融合，提升了检测效果。在锚点的设计上，YoloV2 不再使用全连接层，使用卷积核锚框预测边界框。预先在每一个单元格设置一组宽高比例不同的边框，以此覆盖整个图像中各个位置的不同检测对象。去掉一个网络中的池化层来提高网络检测所需特征图的分辨率。将输入网络的图像尺寸由原本的 448×448 设置为 416×416。为了可以检测不同尺寸的图像，YoloV2 中采用多尺度的训练策略。在模型的训练中，每间隔 10 批量处理模型就会在 320~608 范围内选择一个大小与 32 有倍数关系的尺寸图像输入，并且在精度与速度之间自由权衡。

YoloV2 吸取其他算法大量的优点，使用了锚点、多尺度训练等方法，保持了一阶段的检测速度，并在 mAP 上也有大幅的提升。但模型对小目标的检测能力仍有提升空间，在网络中并没有使用较为有效的方式改善算法。

D　Yolo 其他算法总结

YoloV3 在网络结构上做出了进一步的改进，将残差网络的思想引入模型，使网络更充分地学习特征，提取更深层次的语义信息。YoloV3 也改进了多尺度训练，分别使用 13×13、26×26、52×52 三种不同的分辨率来检查大、中、小类型的物体，使模型对小目标检测更加友好。但锚点的机制，要人工设定超参数，检测中会产生大量冗余框。YoloV4 算法将在 3.3.1 节详细介绍。

YoloV5 在数据处理阶段采用与 YoloV4 一样的马赛克增强来对数据进行丰富的处理，算法中根据不同类型的数据自适应地计算出不同大小的锚框。在主干网中 YoloV5 提出了一种新的关键点结构，提高模型的感受野，保障信息不被丢失。

YoloV6 在主干网络上使用了 EfficientNet-b3 作为主干网络，使模型处理细节的能力更强。SPP 与 PAN 的使用也使模型在不同尺度的图像中可以更好地检测。YoloV6 使用 CIoU（Complete Intersection over Union）损失函数，并且改进了检测框的精确度。YoloV6 使用一种新的训练方式对模型进行训练，使模型的鲁棒性更好。

YoloV7 中集合了大量的现有优秀的观点，其中将参数化引入到了模型中，并且采用了之前被提出的标签分配策略。YoloV7 提出了一个高效的网络架构，使训练更加高效，还提出了一个带有辅助头的训练方案，增加训练成本，提高了整体精度，但不影响推理所用的时间。

3.2.2.3　常见的损失函数

在深度学习中，损失函数是非常重要的一环，它可以衡量模型的预测与实际的差距，函数的损失值越小，则说明模型实际使用的效果越好，不同模型使用的损失函数也是不同的。本节将介绍几种常见的损失函数。

A　0-1 损失函数

0-1 损失函数是一种非常简单的损失函数，它常被用于分类的问题之中。当预测结果与目标值等值时，预测正确并输出 0，当预测结果与目标值为不同值时，则预测错误并输出 1，见式（3-4）。

$$L[Y, f(X)] = \begin{cases} 1, & Y \neq f(X) \\ 0, & y = f(X) \end{cases} \tag{3-4}$$

因为 0-1 损失函数对误差的程度不做考虑过于理想化，所以在实际问题中通过设置阈值放宽其范围，也就是感知机损失函数，见式（3-5）。

$$L[Y, f(X)] = \begin{cases} 1, & |Y - f(X)| \geq T \\ 0, & |Y = f(X)| < T \end{cases} \tag{3-5}$$

B 平方损失函数

平方损失函数是测量输出与目标值之间差的平方值，见式 (3-6)。

$$L[Y, f(X)] = [Y - f(X)]^2 \qquad (3-6)$$

因为平方损失函数的一阶导数是连续的，所以较容易被优化，但是函数对于离群值的敏感使其不能得到最好的分类面，被经常用于回归问题中。

C 交叉熵损失函数

交叉熵主要被用于估量两个概率分布之间的差异情况，由于真实分布是固定的，所以当交叉熵的值被减小，两个概率分布之间越接近，模型的准确率就越高，见式 (3-7)。

$$H(p, q) = -\sum_x p(x)\lg q(x) \qquad (3-7)$$

交叉熵损失函数只与分类正确的预测结果有关，忽略错误的结果，使其学习的特征较散，在回归问题中交叉熵并不适用。

3.2.2.4 常用的数据集

数据集在深度学习中是不可缺少的一部分，它占据着极其重要的位置，一个好的数据集可以使整个训练的效果得到提高。本节将介绍几种常见的高质量数据集。

A ImageNet

ImageNet 是当前世界上最大的图像识别的数据库，其中的数据图片超过了1400 万张，并且在超过 100 万张的图像上绘制了边框。ImageNet 数据集中包含了超过 20000 个类别，每个种类的图像都超过 500 张。ImageNet 是一个面向未来并且有着良好的发展前景的项目，在未来智能化的道路上，ImageNet 将会提供更多的帮助。

B COCO

COCO 是一个大规模且种类丰富的分割、关键点检测、目标检测和字幕的数据集，其包含了 32.8 万张图像，有超过 20 万张图片被标记，150 万个实例对象、80 个对象类别、91 个 stuff 类、每张图像具有 5 个关于图像中内容的描述，且有25 万个人物进行了关键点的标注。

C PASCAL VOC

PASCAL VOC 包括 VOC2007 和 VOC2012，其主要由人物、动物、室内和交通四大类组成，并且将其分为 20 种更加详细的分类，加上背景共为 21 种。在VOC2007 中有 9963 张图片被标注，并且标出了 24640 个物体，在 VOC2012 中共有 11530 张图像。

3.2.2.5 常用的评价指标

评价指标是目标检测任务中判断模型算法好坏的重要标准，本节会对非极大值抑制、FPS 和交并比三个指标做简单介绍。

A　非极大值抑制

非极大值抑制实际就是一种为了得到局部最大值而抑制其他值的一种方法。其中局部表示的是一个领域，在这个领域中会有维数和大小两个参数。其主要依靠分类器获得大量候选框，每个候选框会有其分类的概率值，根据概率值大小进行排序筛选。非极大值抑制算法的主要思想就是在相互重叠的候选框中，如果该框大于规定的阈值就被删除，如果小于则被保留，并且将那些没有重叠的候选框全部保留。图 3-10 所示为图像经过非极大值抑制后，过滤掉重叠框最终得到得分最高的检测框。

图 3-10　非极大值估计过程图

B　FPS

FPS（Frames Per Second）是目标检测中常被用到的一个评价指标，其指的是每 1s 中画面所传输的帧数，也就是说在这 1s 中视频所用到的画面数。每秒帧数的多少决定着视频中所显示行为的流畅性，通常将其设置在 30 以上。在目标检测中指的是每秒模型可以处理的图像数量。

C　交并比

交并比实际上就是计算两个边框交集与并集之间的比例，它的作用就是衡量算法对物体定位的精确程度，其得到的比值越大，则检测算法的定位就越准确。在检测中模型将设置一个阈值，若大于这个阈值则检测正确，若小于阈值则为检测错误。公式见式（3-8），交并比如图 3-11 所示。

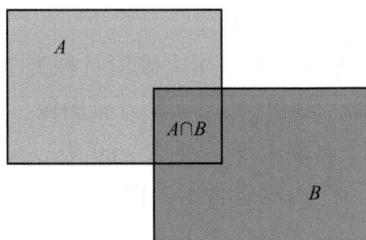

图 3-11　交并比

$$IoU = \frac{A \cap B}{A \cup B} \tag{3-8}$$

本节主要对使用深度学习做目标检测进行简单介绍，对基础知识进行补充说明。首先简单介绍了卷积神经网络，并且对其中的组成做出说明。然后，对目标检测算法的相关理论进行阐述，并将其分为一阶段与二阶段两个部分，分别说明其经典算法。最后对常见的损失函数和常用评价指标做出比较与分析，并说明其用处。

3.3 基于轻量级 **YoloV4** 改进的道路障碍检测模型

本节为道路的障碍检测研究，对算法的精度与速度都有所要求。所选模型在精度与速度上应同时保持着不错的效果。本节选择 YoloV4 算法检测障碍目标，并且在原模型基础上对当前仍存在问题进行研究，针对道路障碍中小目标的检测效果不佳、模型整体的检测精度低、模型在移动设备中安装困难、检测速度慢等一系列问题做出改进，并且在最终的实验中取得了不错的检测效果。

3.3.1 改进后的模型整体

基于 YoloV4，本章做出如下改进：为了减小网络计算量，使模型更加轻量化，本节使用 MobilenetV3 代替原本的 CSPDarkNet53 主干网络对数据进行特征提取操作。在特征融合网络中，本节将 ECA 注意力机制加入其中，使模型对特征的关注聚焦于通道之间，并且找到各通道间的关系，使模型可以有选择性地学习有用特征，帮助模型提升整体精度。之后在融合网络中增加了特征信息，在相对靠前的卷积层中，提取特征图与原结构相融合，以此丰富融合信息提升小目标检测效果。最后在特征融合的网络中加入改进后的 CBL 模型，使模型整体的计算参数大大减少。改进后的模型在精度上有所提升，并且更易于嵌入到移动设备当中，具体如图 3-12 所示。

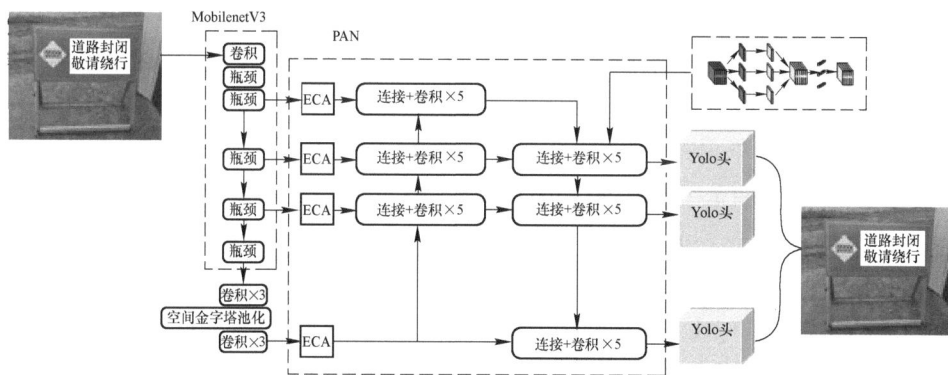

图 3-12 改进后的模型结构图

3.3.2 **YoloV4** 算法简介

YoloV4 是 Yolo 系列停更两年后的又一新作，其中使用了大量流行且有效的训练方法。模型检测速度快，检测精度高，被广泛应用于各种物体检测当中。YoloV4 的提出也大大降低了开发人员在训练中对设备的要求。YoloV4 在输入端使用了 Mosaic 数据增强，cmBN 模块和 SAT 自对抗训练，输入端的改变使模型在单块显卡中也可以训练出好的检测效果。主干网络使用了 CSPDarknet53、Mish 激活函数和 Dropblock，CSPDarknet53 是在 Darknet53 的基础上进行改进的，吸取了 CSPNet（Cross Stage Partial Network）的经验，将 CSP 结构应用在网络当中。在特征融合部分加入 SPP 模块和 PAN（Path Aggregation Network）结构，这在整个网络中起到了十分关键的作用。最后在检测头中使用 CIOU_Loss 作为损失函数，用 DIOU_nms 作为最后预测框的筛选。YoloV4 具体结构如图 3-13 所示。

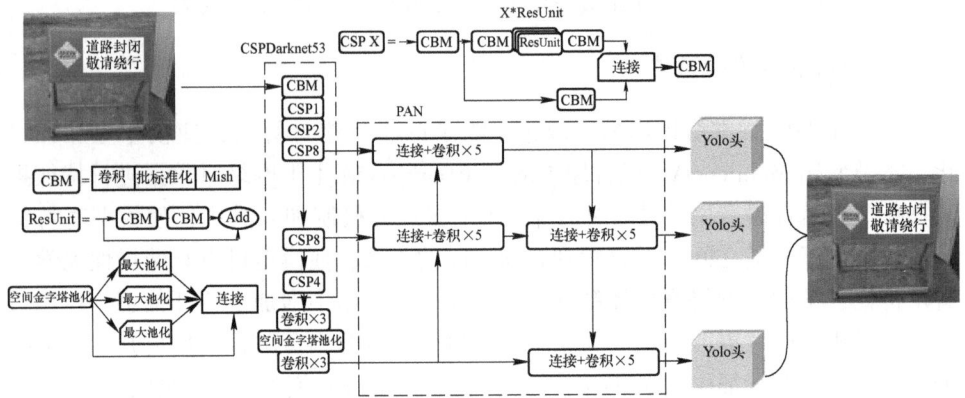

图 3-13　YoloV4 结构图

YoloV4 检测流程如图 3-13 所示，图片经过主干网络提取特征，然后将不同尺度的特征图送入特征融合部分的 SPP 和 PAN 的结构中进行多尺度的双向融合，最后在不同尺度的检测头中得到检测结果。

3.3.2.1　主干网络

作为 YoloV4 的主干网络，CSPDarknet53 由 5 个 CSP 模块组合而成，图 3-14 为 CSP 结构。每个 CSP 模块都包含图 3-15 中的 CBM 模块和 ResUnit 结构。ResUnit 的使用解决了深层网络中的梯度消失和梯度爆炸问题，提升了网络性能和效率。CSP 思想与残差结构的结合，又解决了梯度信息重复的问题，减少参数量的同时增强学习能力。

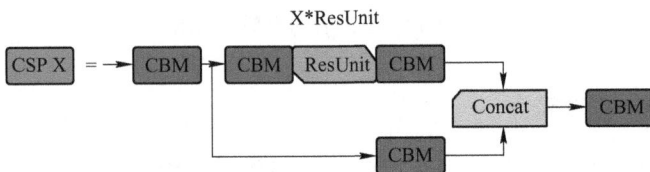

图 3-14　CSP 结构图

当数据输入后，网络首先会在 CBM 中经过一个卷积核大小为 3×3 的过滤器，步长为 1 的卷积进行通道压缩，在经过卷积后使用批标准化操作，使数据更加规范。模块中 Mish 函数的使用促进模型的非线性化，随之进入 CSP 模块中。在 CSP 模块，数据下采样进入局部过渡路线，该分支为两个

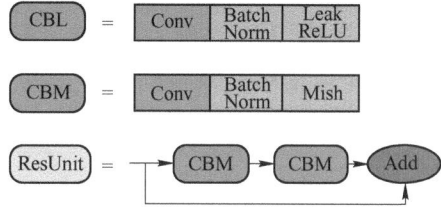

图 3-15　CBM 与 ResUnit 结构

卷积核为1×1、步长为 1 的卷积，相比于直接划分通道，它提高了特征的重用性，并且1×1 的卷积减少了计算的参数量，其中的另一个分支走残差块路线。结束后将两条路线融合，最后再进行一次卷积操作，重复该过程。

3.3.2.2　特征融合部分

为了得到更好的检测效果，提高检测精度，当主干网络做完特征提取后，模型使用特征融合的方式来丰富卷积所得到的信息。在特征融合部分 YoloV4 使用了 SPP 和 PAN 结构进行融合操作。在模型中，SPP 结构的使用可以增加网络对图片信息的感受野，PAN 结构的使用又将不同层次的特征更加充分地融合，并且得到不同尺度的特征图，SPP 结构如图 3-16 所示。

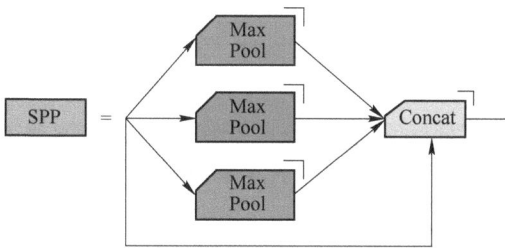

图 3-16　SPP 结构图

在特征融合部分，特征经过 SPP 后进入 PAN 结构进行特征融合。SPP 中使用 5×5、9×9 和 13×13 的最大池化方式得到不同尺度的特征信息，使用填充方法保证得到的结果大小相同，将不同尺度特征信息进行融合，丰富特征的表达能力。与 YoloV3 中不同，YoloV4 中的 PAN 结构是在 FPN 结构的基础上添加了一个自底向上的金字塔层，FPN 是将更高层次的语义特征向下传递，而 PAN 在此之上又加入自底向上的位置信息传递，使特征融合更加充分。

3.3.2.3　头部分

在结束特征融合后特征进入检测部分，经过两层卷积后，YoloV4 在 3 个特征尺寸不同的检测头中输出检测结果。在检测头中每个网格设置 3 个锚点，由于 3 个检测头尺度不同，所以共有 9 个大小不同的锚点，将锚点和 gt box 的 IoU 以及分配的网格比较，将不同锚点划分正负样本。为了样本均衡，根据规则将部分锚点进行损失计算，然后将 gt box 在网络中输出并计算损失，最后得到分类、置信

度、位置和宽高的损失，并加权求和。如图 3-17 所示，在预测出偏移量 offset (t_x, t_y, t_h, t_w) 后，根据坐标偏移公式得到边界框的 b_x、b_y、b_w、b_h，最终输出结果。

3.3.3 轻量级的特征提取网络

在 YoloV4 中 CSPDarknet53 结构复杂、体积过大、参数过多，对执行检测的设备要求较高，模型整体显得较为笨重。为了解决这些问题，本节使用轻量级网络 MobilenetV3 作为模型的主干，对数据进行特征提取。其计算量小、推理

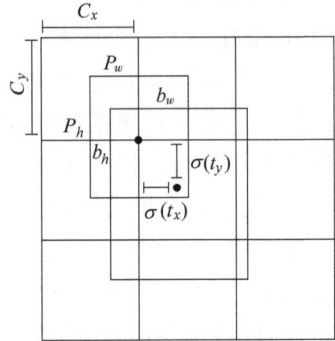

图 3-17 边界预测框

时间短，十分适合道路障碍检测。网络使用线性瓶颈的逆残差结构，结合深度可分离卷积和 SE 注意力机制。这种结构在输入和输出处形成十分紧凑的表示，同时在内部扩展到更高维的特征空间，增加通道变换的表现力。网络中使用一种新的激活函数 h-swish(x)，使模型保持良好精度的同时，又提升运行的速度。

3.3.3.1 MobilenetV3 整体结构

MobilenetV3 网络在开头使用了一个 2D 卷积，对输入的图像做卷积操作。然后，图像进入一系列的 Bneck 模块，在模块中使用线性瓶颈的逆残差结构处理数据，使数据的通道数逐步增加，且在 MobilenetV3 中网络大部分的结构都是由 Bneck 模块组成的。最后，网络的结尾由一个批标准化的 1×1 的 2D 卷积、一个 7×7 的全局平均池化和两个 1×1 不使用批标准化的 2D 卷积组成，并在倒数第二个 1×1 的 2D 卷积中引入 h-swish 激活函数，提高模型效率。具体如图 3-18 所示。网络中每一层的具体网络结构见表 3-1。

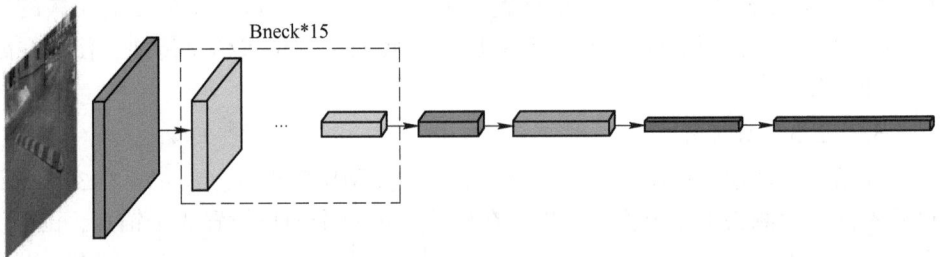

图 3-18 MobilenetV3 结构图

表 3-1 网络结构表

输入	结构组成	通道数	激活函数	是否使用 SE 注意力模块	步长
416×416×3	Conv2D	—	h-swish	—	2
208×208×16	Bneck，3×3	16	ReLU	—	1
208×208×16	Bneck，3×3	64	ReLU	—	2
104×104×24	Bneck，3×3	72	ReLU	—	1
104×104×24	Bneck，5×5	72	ReLU	√	2
52×52×40	Bneck，5×5	120	ReLU	√	1
52×52×40	Bneck，5×5	120	ReLU	√	1
52×52×40	Bneck，3×3	240	h-swish	—	2
26×26×80	Bneck，3×3	200	h-swish	—	1
26×26×80	Bneck，3×3	184	h-swish	—	1
26×26×80	Bneck，3×3	184	h-swish	—	1
26×26×80	Bneck，3×3	480	h-swish	√	1
26×26×112	Bneck，3×3	672	h-swish	√	1
26×26×112	Bneck，5×5	672	h-swish	√	2
13×13×160	Bneck，5×5	960	h-swish	√	1
13×13×160	Bneck，5×5	960	h-swish	√	1
13×13×160	Conv2d，1×1	—	h-swish	—	1
13×13×960	Pool，7×7	—	—	—	1
1×1×960	Conv2d1×1，NBN	—	h-swish	—	1
1×1×1280	Conv2d1×1，NBN	—	—	—	1

3.3.3.2 SE 结构

在 SE 模块中，对于在前面卷积中得到的特征，模块将每层通道都做池化处理，然后再使用两个全连接层获取输出向量。在第一个全连接层中，全连接层的节点数是输入特征矩阵通道数的四分之一，而在第二个全连接层中，通道数与模型中的特征矩阵的通道数相同。当模块中的特征经过池化和全连接层后，特征的每一层通道都会得到相应的权重，并且找出重要的特征，如图 3-19 所示。

3.3.3.3 h-swish 激活函数

h-swish 激活函数是 MobileNetV3 中提出的一个创新的激活函数，是在 swish 的基础上改进而成。在 swish 中，它应该是有上界、无下界，非单调且平滑的函

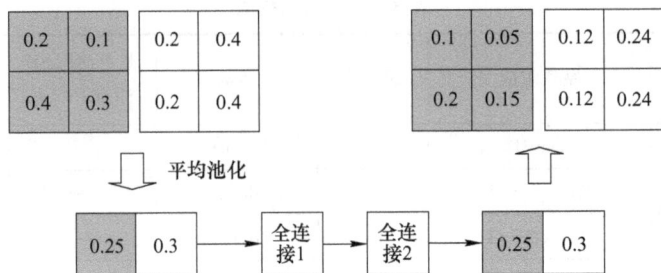

图 3-19 SE 模块图解

数曲线，在深度神经网络中效果应该好于 ReLU 激活函数。但 Sigmoid 函数的计算复杂，所以选择使用一个近似函数使 swish 变得更难。在 h-swish 中选择使用 ReLU6，在特殊的模式下消除由于近似 Sigmoid 而造成的一些数值上的精度损失。而且 ReLU6 的优化，实现了函数能够在大多数的硬软件框架中使用。

$$\text{swish}(x) = x \cdot \text{Sigmoid}(\beta x) \tag{3-9}$$

$$\text{h-swish}(x) = x \frac{\text{ReLU6}(x + 3)}{6} \tag{3-10}$$

在图 3-20 中可以看出硬形式是柔形式的低精度版本，与其他的非线性函数相比，swish 激活函数可以在减少过滤器数量的同时保证更高的精度，在时间上减少了大约 3ms，在计算参数上也少了 1000 万乘加累计操作数，h-swish 的运算速率比 swish 更高。

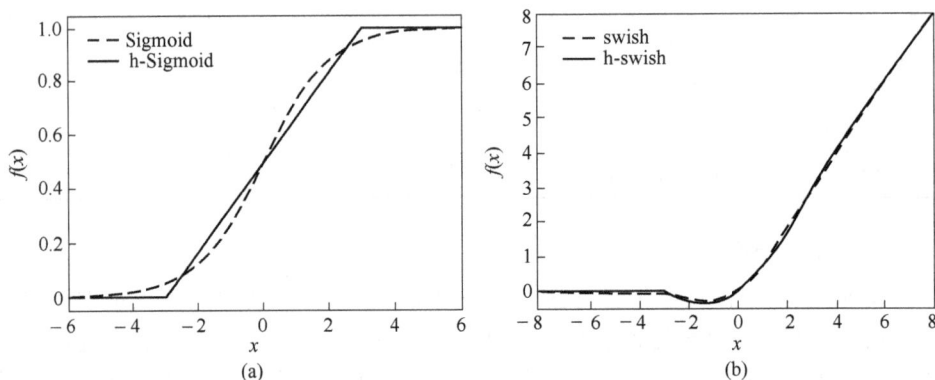

图 3-20 函数对比图

（a）Sigmoid 和 h-Sigmoid；（b）swish 和 h-swish

3.3.3.4 Bneck 模块

Bneck 模块是在残差结构中使用了深度可分离卷积和 SE（Squeeze and Excitation）通道注意力机制，模块整体先升维再降维。模块中使用 1×1 卷积，将低维空间映射到高维空间，并且在 1×1 的卷积后会有批归一化对数据格式进行处理并加上激活函数。在升维处理之后是一个尺度为 3×3 的深度可分离卷积，与之前的 1×1 卷积相同，深度可分离卷积后也会有批归一化和激活函数的处理。在深度可分离卷积提取到足够多的信息后，信息进入 SE 注意力机制学习重要特征。最后在 SE 模块输出后，再次使用 1×1 卷积降维，且只使用批归一化而不使用非线性激活函数。在 Bneck 模块中还存在另一条路线，将输入 Bneck 的特征与输出的特征在相同的通道条件下进行相加。该操作减小了网络的计算量并不会造成信息丢失，具体如图 3-21 所示。

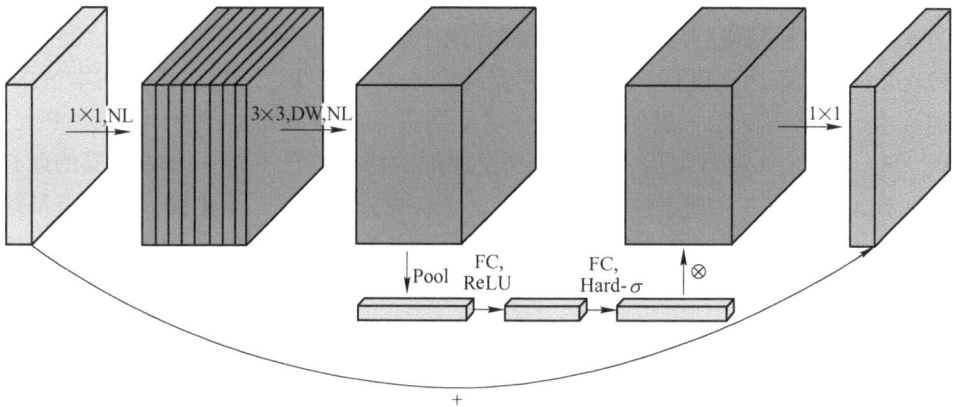

图 3-21　Bneck 结构

3.3.4　改进的特征融合层

在当前深度学习的工作中，特征融合作为提高模型性能的一种重要方式被广泛应用。在不同的卷积层中，卷积次数的不同，卷积后所得到的信息也各不相同，如何高效合理地使用这些信息是当前改善模型效果的关键。在网络的特征提取阶段，层次较浅的网络所提取出的浅层特征具有更加详细的细节信息，具有清晰的纹理线条特征，得到的特征分辨率也更高。然而在更深层次的网络中，网络所提取出的特征具有更大的感受野，可以得到更加丰富的语义信息。在原模型中，PAN 结构的主要作用就是使用不同特征层的特征，将其相互融合，相互传递不同层级的特征与信息，提高模型对不同尺度目标的检测能力，并且缩短了信息之间的传递路径，也有效避免了因网络层数过多而造成的信息丢失问题。在过往对于道路障碍检测的研究中发现，道路障碍的检测中存在大量的小目标，小目标检测仍是当前研究中未解决的难题，小目标检测的精度仍有提升空间。

为了有效提高对小目标的检测精度，主要对网络层中不同层次的特征信息进行研究，并且有效地实现信息间融合，以达到检测效果。本节的主要改进是在特征融合阶段提取主干网络中更浅一层的特征图，在自下向上的传播过程中使用上采样的方法将其与原 PAN 结构中具有丰富语义信息的特征相互融合，使网络得到更高分辨率的特征和更加细微的信息。在自上而下的过程中使用下采样的方式使之结合，模型在获得更加充足的细节信息的同时，也解决了新特征层语义信息不够充分的问题。

在原有模型基础上，加入一层新的特征，在主干网络中取出网络更浅层时尺度为 104×104 的特征做卷积操作。将 PAN 中已经融合完成的特征做上采样，并将取出的 104×104 大小的特征图卷积后进行融合。在进入 CBL 模块后，经过 5 次卷积后再进行下采样操作，开始做自上向下的融合操作。然后与上采样前尺寸为 52×52 的特征图融合，再次向下做卷积操作。原来的模型是将 13×13、26×26、52×52 这 3 层不同尺度的特征进行相互融合 $Cat(P_{13}, P_{26}, P_{52})$。而在本节中，加入主干网络中更浅一层的 104×104 特征图进行融合操作 $Cat(P_{13}, P_{26}, P_{52}, P_{104})$，在使用 4 层特征后，模型得到更详细的特征信息。将 3 个特征层的融合增加到 4 个，将其在通道的维度上进行融合，充分利用了 4 个不同尺度的特征层进行向上和向下的融合，使特征融合得更加充分，增强信息间的交流，具体如图 3-22 所示。

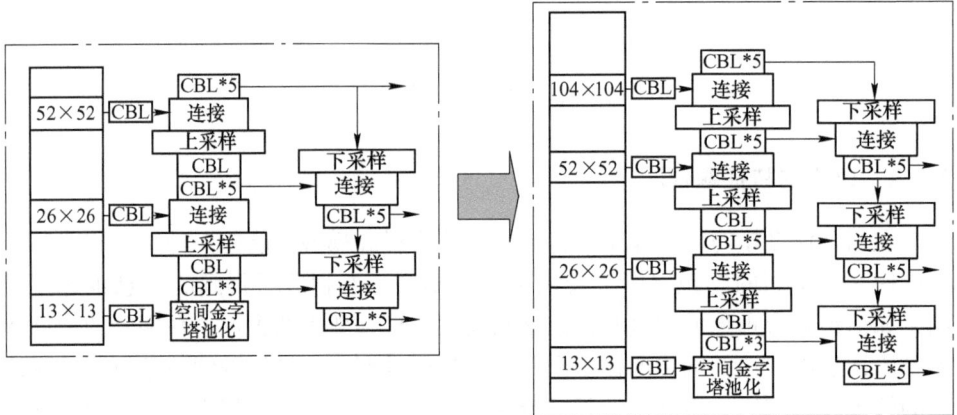

图 3-22　特征融合部分的改进

3.3.5　加入注意力机制

在特征融合阶段使用 ECA 模块，使模型具有重点的学习特征，有效地提高模型整体精度。ECA 注意力机制由全局平均池化、1D 卷积和 Sigmoid 函数组成。当特征图进入融合网络时输入 $H×W×C$ 大小的图像，经过全局平均池化层后得到 $1×1×C$ 大小的特征，之后使用卷积核为 k 的 1D 卷积，在不降维的基础上实现局部跨通道交互的效果，在减小模型参数的同时也得到了显著的效果。最后使用 Sigmoid 函数使网络非线性化。ECA 模块如图 3-23 所示。

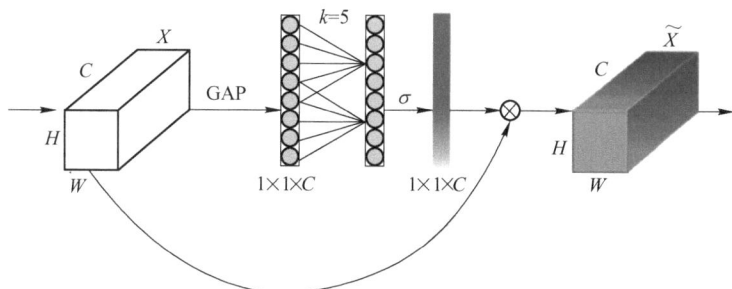

图 3-23　ECA 注意力机制

3.3.5.1　局部跨通道交互

当特征由全局平均池化层输出进入 1D 卷积后，1D 卷积没有对其进行降维操作，保持了原来的通道大小，通道的关注点通过式（3-11）来进行学习。

$$\omega = \sigma(Wy) \tag{3-11}$$

式中　W——$C{\times}C$ 参数矩阵；

　　　y——聚合特征；

　　　σ——Sigmoid 函数。

模块中使用波段矩阵来学习通道的关注点，捕获局部的跨通道交互，并且确保了效率和有效性，具体见式（3-12）。

$$\omega_i = \sigma\left(\sum_{j=1}^{k} w_i^j y_i^j\right), \quad y_i^j \in \Omega_i^k \tag{3-12}$$

y_i 的权重只需考虑 y_i 与其 k 个相邻的通道之间的相互作用来计算，在 1D 卷积中权重共享，参数量从 $k{\times}C$ 减小到 k。Ω_i^k 表示 y_i 相邻通道的集合。这种策略通过核大小为 k 的快速卷积来实现，见式（3-13）。

$$\omega = \sigma\left[C1D_k(y)\right] \tag{3-13}$$

式中　$C1D$——一个 1D 卷积。

模块中应用了这种方法，且仅涉及 k 个参数。

3.3.5.2　局部跨通道交互覆盖

局部通道交互中模块既实现了轻量化，又保证了局部跨通道交互的有效性。模块不仅可以自动确定交互的覆盖范围，还可以自适应调整各通道间的特征响应值。通道间的交互大小与通道的维度 C 是成正比的，在 K 与 C 之间存在映射 φ：

$$C = \varphi(k) \tag{3-14}$$

式中，$\varphi(k)$ 为一个线性函数：

$$\varphi(k) = \gamma k - b \tag{3-15}$$

线性映射是最简单的映射方法，但对于一些特征存在局限性。因为通道维数通常设为 2 的指数倍，所以采用以 2 为底的指数函数来表示非线性映射关系。因此，在 ECA 中通过扩展线性函数 $\varphi(k)$，将其引入到一个非线性函数中去解决这个问题：

$$C = \varphi(k) = 2^{\gamma k - b} \tag{3-16}$$

在确定 C 后，根据式（3-17）计算自动卷积核 k 的大小：

$$k = \psi(C) = \left| \frac{\log_2 C}{\gamma} + \frac{b}{\gamma} \right|_{\text{odd}} \tag{3-17}$$

式中，$|t|_{\text{odd}}$ 表示距离 t 最近的奇数，并将 γ 和 b 分别设置为 2 和 1。

在介绍过 ECA 模块的详细结构后，本节将 ECA 模块插入 YoloV4 的融合阶段，当数据经过主干网络中各个不同的卷积层时，提取出该卷积层的特征图，并且在不做任何处理的情况下输入到融合网络。在特征进入融合网络进行融合前使用 ECA 模块，在 ECA 模块中通过局部跨通道交互与局部跨通道交互覆盖的方法有重点地学习网络所需要的特征，在不同的通道上获取有用的信息。在插入 ECA 模块后，模型整体参数基本不变，对目标检测的效率基本没有影响。图 3-24 为 ECA 模块在网络中所被使用的位置。

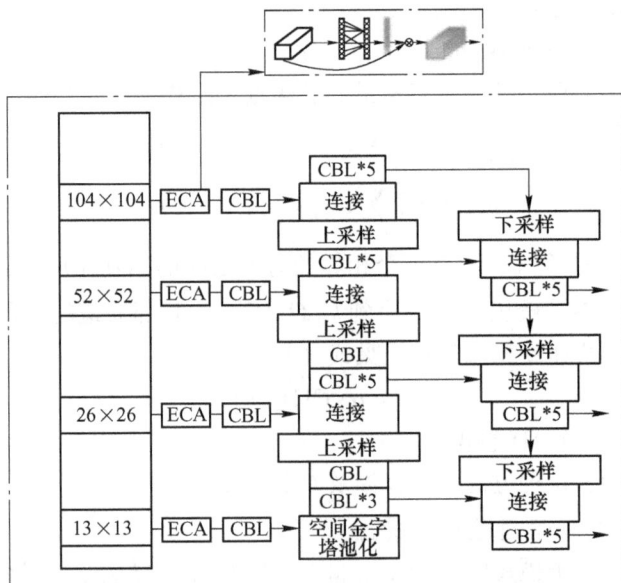

图 3-24　加入 ECA 模块后的结构图

3.3.6　改进的 CBL 模块

为了使模型整体更加轻便，本节将对特征融合阶段的 CBL 模块做出改进。

原模型中的 CBL 模块由 Darknet Conv2D、批归一化和 Leaky ReLU 组合而成，为了使模型能够更加轻量化，本节将采用另一种卷积方式，并且对 Leaky ReLU 函数也做出改变，提出一个新的模块——DBR 模块。相对于 CBL 模块，DBR 使用了深度可分离卷积进行卷积操作，并将 Leaky ReLU 替换为 ReLU6。

3.3.6.1 深度可分离卷积

在卷积神经网络中，不同种类的卷积在网络中具有不同的作用，选择合适的卷积方式十分重要。与普通的卷积相比，深度可分离卷积在卷积过程中计算参数少、运算成本低，在本节的道路障碍检测研究中，可以很好地满足模型更加轻量化的需求。

在传统的卷积中，卷积后特征图的通道数与卷积核个数应是相等的，当特征图的尺寸为 $P_k \times P_k \times N$、卷积核的大小为 $P_f \times P_f \times N$、卷积核的数量是 M 个时，在特征图中的每个点都会做一次卷积的情况下，普通卷积的计算量为：

$$P_k \times P_k \times P_f \times P_f \times N \times M \tag{3-18}$$

与普通卷积不同，深度可分离卷积包括逐通道卷积与逐点卷积。在逐通道卷积中每一个通道都对应一个特定的卷积核，只能被一个卷积核卷积，并且在逐通道卷积后通道数是不发生改变的。因此，当输入图片大小为 $P_k \times P_k \times N$、卷积核的大小为 $P_f \times P_f \times N$ 时，逐通道卷积的计算量为：

$$P_k \times P_k \times P_f \times P_f \times N \tag{3-19}$$

当图片经过逐通道卷积操作后，特征图的数量与图片输入时的通道数是完全相同的，不能够对特征图进行扩展操作。在输入后的卷积操作中，图片中的每个通道都是单独操作的。在不同通道中，对于相同空间位置信息的利用并不充分，所以使用逐点卷积将这些特征重新组合变成新的特征图。当特征图进入逐点卷积后，逐点卷积使用 1×1 卷积对逐通道卷积的输出进行融合，并且可以随着卷积核的数量改变输出的通道数量。因此，当输入图片大小为 $P_k \times P_k \times N$、卷积核的数量为 M 个时，逐点卷积的计算量为：

$$P_k \times P_k \times N \times M \tag{3-20}$$

在逐点卷积中，卷积操作是在逐通道的空间方向中进行加权的组合，最后生成新的特征图并输出。当逐通道卷积和逐点卷积连接成深度可分离卷积时，深度可分离卷积的计算量为：

$$P_k \times P_k \times P_f \times P_f \times N + N \times M \times P_k \times P_k \tag{3-21}$$

深度可分离卷积与普通卷积之间的计算量比为：

$$\frac{P_k \times P_k \times P_f \times P_f \times N + N \times M \times P_k \times P_k}{P_k \times P_k \times P_f \times P_f \times N \times M} = \frac{1}{M} + \frac{1}{P_f \times P_f} \tag{3-22}$$

通过上述计算可以看出深度可分离卷积与普通卷积相比，深度可分离卷积的计算效率非常高，具体如图 3-25 所示。

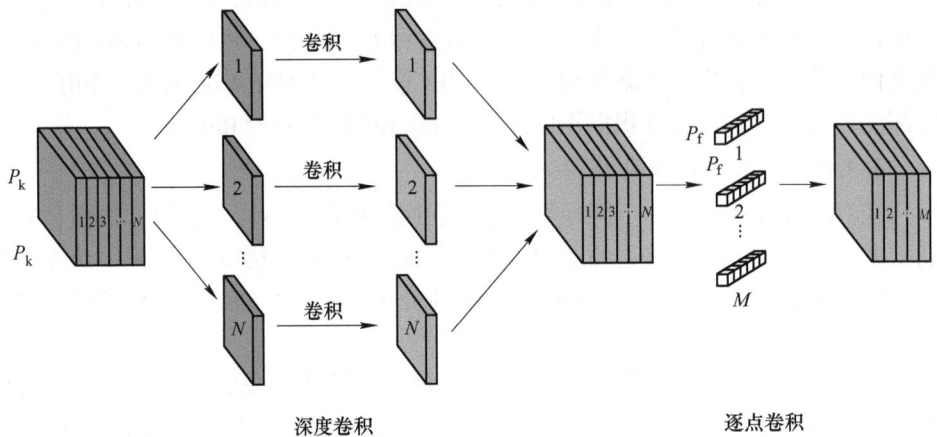

图 3-25　深度可分离卷积

3.3.6.2　批归一化

批归一化是一种可以将分散数据统一的方法。在神经网络中，网络的输入都来自上一层的输出，并且网络通过反向传播的方式对参数进行调整。但在进行反向传播的过程中，网络参数会在上一层网络参数发生变化前的输出过程中进行调整，这就导致网络中参数的更新与输入的更新存在延迟。在网络层数多的模型中，每层网络的输入与权重值是在同时发生改变的，这种训练是比较困难的。为了避免这种现象，要将学习率设置得很小，但这样将造成模型的学习速率十分缓慢。为了解决这些问题，研究人员提出了批归一化，在每一层的输入中，模型都会对数据进行归一化处理。首先要得到每一批次数据的方差与平均值，之后将数据减去均值再除以方差，最后要再增加两个参数。在模型中，批归一化主要有以下 3 个作用。

（1）加速收敛。在神经网络中，当每一个卷积层的数据分布都不相同时，网络将是难以训练和收敛的，但是将每一层的数据都变成均值为 0，且方差为 1，网络会进行相应的训练并且加快收敛的速度。

（2）防止梯度消失。在神经网络中，当网络激活输出过大时，网络中所存在的梯度将非常小，网络的学习速率也将变慢。当网络中使用批归一化进行归一化操作后，网络的输出将变得没那么大，梯度也将不会太小。

（3）防止过拟合。在训练过程中，因为批归一化的使用使一个最小批次中的所有样本都关联起来，所以网络不会因一个训练样本而生出确定的结果，与相同批次下的其他样本也是相关的。又因为网络中每次 batch 的获取都是随机的，所以使网络在一定程度上避免了过拟合的出现。

3.3.6.3 DBR 模块

本节提出了 DBR 模块，模块由深度可分离卷积、批归一化和 ReLU6 组合而成。由于深度可分离卷积是由逐通道卷积和逐点卷积构成的，所以在逐通道卷积中每个通道都对应一个特定的卷积核，在逐通道卷积后通道数不发生改变。逐点卷积使用 1×1 卷积对逐通道卷积的输出进行融合，并随卷积核的数量改变输出的通道数量。因此，在新的模块 DBR 中深度可分离卷积的使用大大降低了普通卷积所带来的计算量。卷积过后使用批归一化以防网络过拟合、梯度消失，并且加快收敛速度，最后的激活函数使用 ReLU6。实际上，ReLU6 就是将 ReLU 的最大限制控制为 6，见式（3-23）和式（3-24）。

$$\text{ReLU} = \max(0, x) \tag{3-23}$$

$$\text{ReLU6} = \min\left[6, \max(0, x)\right] \tag{3-24}$$

当 $x>6$，它的导数就为 0。这么做的主要目的是在轻量化模型 Float16 的低精度中得到较好的数值分辨率。如果不加以限制，那么输出范围可以达到正无穷，使数值无法被精确地描述。因此，使用 ReLU6 可以很好地解决精度损失问题。

将 DBR 模块插入融合结构中，虽然 DBR 模块可以使模型整体更加轻便，但大量地使用将对模型的精度造成一定的影响。因此，本节替换掉部分 CBL 模块，将其插入 4 个不同尺度特征图的提取处和尺度大小为 13×13、26×26 的特征图上采样前。最后发现，该方式不仅使模型更加轻量化，而且整体的检测精度也有所提升，具体如图 3-26 所示。

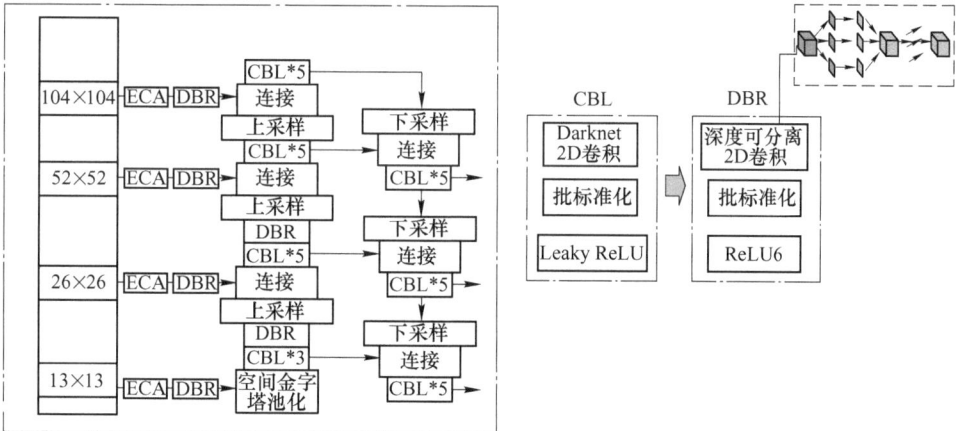

图 3-26　DBR 模块

本节介绍的是在研究中使用和提出的方法，首先简单介绍 YoloV4 的基本结构，然后介绍实验中使用的轻量级模型，之后介绍了改进后的特征融合结构及其改进原理，又详细说明了模型中使用 ECA 模块的作用，最后对提出的 DBR 模块进行讲解。

3.4 网络训练与实验结果

3.4.1 开发环境搭建

本节提出的基于 YoloV4 的道路障碍检测是在 Tensorflow 框架下进行研究的。Tensorflow 是一款开源且非常优秀的深度学习框架。在 Tensorflow 框架中 Tensor 代表着张量的意思，表示多维矩阵；flow 代表流动着的意思，意味着框架中的计算是基于数据流图的。Tensorflow 就是将张量与流动组合到一起，表示为张量由数据流图的一端以流动的方式到达另一端的一个计算的过程。Tensorflow 框架可以跨平台使用，在主流的三大操作系统 Mac OS、Windows、Linux 中都可以很好地运行。Tensorflow 框架主要为人工智能方面的研究提供操作环境，其核心用法包括可视化的 TensorBoard、Session、数据流图等。

3.4.1.1 软件环境

Tensorflow 和 Python 的版本分别为 1.13.1 和 3.7，其中主要的开源学习库有 CUDA 10.0、Numpy1.21.6、Pillow 9.2.0、Tensorboard 1.13.1、Keras 2.1.5、H5py 2.10.0、Opencv-contrib-python 4.6.0.66 等。本节使用的操作系统是 Ubuntu 21.1，使用 PyCharm 集成环境进行研究，并且使用了 Anaconda3 对研究环境进行管理。主要开发环境见表 3-2。

表 3-2 主要开发环境配置信息

包	版 本
Python	3.7
Tensorflow	1.13.1
Numpy	1.12.6
Pollow	9.2.0
Tensorboard	1.13.1
Keras	2.1.5
H5py	2.10.0
Opencv-contrib-python	4.6.0.66
CUDA	10.0
cuDNN	7.4.1

3.4.1.2 硬件环境

本节进行的实验研究是在型号为 Dell T7920 的图形工作站中进行的。处理器为 Intel Xeon（R）Bronze3104，运行内存为 128GB，一块 512GB 的固态系统硬盘，两块 4TB 大小的机械硬盘。显卡为 NVIDIA Titan Xp，内存为 12GB。实验中主要配置见表 3-3。

表 3-3 实验配置

配 置 信 息	具 体 型 号
操作系统	Ubuntu 21.1
处理器（CPU）	Intel Xeon （R） Bronze3104
显卡（GPU）	Nvidia Titan Xp （Pascal）
内存	128GB DDR4
主硬盘	512GB SSD + 4TB×2

3.4.2 道路障碍的数据集

在道路障碍检测的研究中，所用的数据集为自制数据集，是在确定被检测障碍的种类后作者通过使用百度、谷歌和个人拍摄等方式收集而成的。本节使用的道路障碍数据集中图片格式统一为 JPG 格式，在数据集中，共将道路的障碍分为四类，分别为路障牌、路锥、减速带和坑洞（见表 3-4），每个分类有 500 张图片，共 2000 张，其中包括小目标、密集、遮挡和昏暗等情况。使用 LabelImg 工具为图片标注标签，标签格式为 VOC 格式，如图 3-27 所示。

a43.jpg　a44.jpg　a45.jpg　a46.jpg　a47.jpg　a48.jpg　a49.jpg　a50.jpg　a51.jpg　a52.jpg

a57.jpg　a58.jpg　a59.jpg　a60.jpg　a61.jpg　a62.jpg　a63.jpg　a64.jpg　a65.jpg　a66.jpg

a71.jpg　a72.jpg　a73.jpg　a74.jpg　a75.jpg　a76.jpg　a77.jpg　a78.jpg　a79.jpg　a80.jpg

a85.jpg　a86.jpg　a87.jpg　a88.jpg　a89.jpg　a90.jpg　a91.jpg　a92.jpg　a93.jpg　a94.jpg

图 3-27 数据集样本

表 3-4　数据集描述

类　别	描　述
construction_plaque	不同环境下的道路施工路障牌
pothole	不同路段中形状各异的坑洞
roadcone	道路上不同颜色的路锥
speed_bumps	道路中各种角度的减速带

在收集数据的过程中，为了满足数据中场景的多样性，数据选择各种不同背景作为检测图片，包括白天、夜晚、极端天气等情况。在驾驶过程中，因为行驶车辆识别到的障碍尺寸会不断变化，所以在数据集中障碍的尺度各异，包含大量的小目标数据。并且在数据的拍摄过程中发现，当行人或汽车经过时，可能遮挡住检测目标的部分结构，因此在道路障碍检测的数据集中应该存在拥挤和遮挡类型的数据，针对此类情况对目标进行拍摄收集并放入数据集中。数据收集过程中所使用的拍摄工具为小米 11 手机。

3.4.2.1　数据增强

为了增大模型训练的数据量，提升模型的泛化能力，使模型具有更强的鲁棒性，本数据集中使用了高斯模糊、均值模糊、高斯噪声等数据增强方法来提高数据集质量。

A　高斯模糊

高斯模糊也称为高斯平滑和高斯滤波，通常情况下，它可以降低图像中的噪声，也可以将细节层次降低，使用此方法可以使图像变得模糊。简单地说，高斯模糊就是一个对图片加权平均的过程。在图像中，每一个像素值都是它本身和它领域范围内其他像素点的值加权平均得到的。其具体操作就是使用一个掩膜扫描当前图像中的每一个像素点，在掩膜所确定的领域范围内像素值的加权平均灰度值代替掩膜中心位置像素点的值。高斯分布见式（3-25）。

$$G(x) = \frac{1}{\sigma^2\sqrt{2\pi}}e^{-\frac{x^2}{2\sigma^2}} \tag{3-25}$$

式中　x——距离像素中心的大小；

　　　σ——标准差。

关于图像的高斯模糊，实际就是图像与正态分布间的卷积。它可以将图像中某一点相邻范围的像素颜色值按照高斯曲线的方式统计起来，之后再使用加权平均的方式获得该曲线的色值。当图像中的像素都以周围像素的平均值为值时，便达到模糊的效果。

B　均值模糊

与高斯模糊相比，均值模糊对图像的模糊处理速度更快，是一种高效的图像技术。在均值模糊中，所取像素点的权重都是相同的，所以速度更快。在均值模糊中通过使用图形的滤波器将每一个像素点与其周围的点一同求得平均值。图像中3×3的卷积核，实际就是一个3×3的矩阵。其中处于中心点的像素与其周围的8个像素点相加求和，然后取其平均数。在图像的计算中，图像中像素点间的插值变小，没有之前差别那么大，图像中的各个物体就像是连接到一起一样非常模糊，也像是将不同颜色的染料放进到同一个容器中，将其搅拌。均值模糊的卷积见式（3-26）。

$$K = \frac{1}{ksize_h \cdot ksize_w} \begin{bmatrix} 1 & \cdots & 1 \\ \vdots & \ddots & \vdots \\ 1 & \cdots & 1 \end{bmatrix} \qquad (3\text{-}26)$$

式中　$ksize_h$，$ksize_w$——卷积核的大小。

C　高斯噪声

高斯噪声指的是概率密度函数遵循高斯分布的一类噪声，是图像工作中较为常见的噪声。高斯噪声使图像中几乎每一个点都出现了噪声，其中噪点的深度是随机的。通过使用数学中关于概率正态分布的有关知识可以很容易得到噪声的计算方法。噪声中所用到的正态分布见式（3-27）。

$$f(x) = \frac{1}{\sqrt{2\pi}\sigma} \exp\left[-\frac{(x-\mu)^2}{2\sigma^2} \right] \qquad (3\text{-}27)$$

获取分布中随机数的方式有很多，其中使用标准的正态累积分布函数的反函数方法是最为常用的。此外，还有 Box-Muller 变换、ziggurat 算法这些更加高效的方法。

3.4.2.2　数据标注

本数据集为目标检测数据集，当数据进行预处理操作后，应对图像数据进行目标标注。在原始图像中对检测的物体进行定位标记，并且注明所标记物体种类。模型在训练时，需要使用算法预测到的目标位置与真实情况下检测框的位置进行对比来计算误差。然后通过反向传播算法对误差进行调整，以达到最准确的位置。在计算模型准确率的工作中也需要目标框的真实坐标。因此，数据标记在整个实验过程中极为重要。

本节自制的道路障碍数据集的格式为 PASCAL VOC。该数据集主要用在目标检测的实验研究中。本节使用一种免费且开源的可视化标注工具 LabelImg 对目标进行标注。该工具可以直接在图像中标注目标，并且可以同时进行多类别的标注，其产生的 xml 文件中包括了所标注物体的位置与类别信息。LabelImg 的操作十分简单，在程序左边框中选择想要操作的文件，在标注完成后保存操作，将格式保存为 PASCAL VOC 格式，这样一张图片就标注完毕。

图 3-28 为数据集中 xml 格式的标签文件，在文件中记录着图像中障碍的位置

信息以及障碍种类。在文件中可以看出本张图片尺度大小为 1440×1080，通道数是 3，图片中包括 construction_plaque 和 roadcone 两个分类。以 roadcone 种类的信息为例，xmin：512，ymin：664，xmax：609，ymax：828 分别代表着 Roadcone 标注框的左上角和右下角的坐标值，以此确定图像中目标的具体位置。

```
<annotation>
        <folder>JPEGImages</folder>
        <filename>a45.jpg</filename>
        <path>E:\数据集lzn111\数据集lzn\labelimg（修改后）\JPEGImages\a45.jpg</path>
        <source>
                <database>Unknown</database>
        </source>
        <size>
                <width>1440</width>
                <height>1080</height>
                <depth>3</depth>
        </size>
        <segmented>0</segmented>
        <object>
                <name>construction_plaque</name>
                <pose>Unspecified</pose>
                <truncated>0</truncated>
                <difficult>0</difficult>
                <bndbox>
                        <xmin>2</xmin>
                        <ymin>516</ymin>
                        <xmax>410</xmax>
                        <ymax>911</ymax>
                </bndbox>
        </object>
        <object>
                <name>roadcone</name>
                <pose>Unspecified</pose>
                <truncated>0</truncated>
                <difficult>0</difficult>
                <bndbox>
                        <xmin>512</xmin>
                        <ymin>664</ymin>
                        <xmax>609</xmax>
                        <ymax>828</ymax>
                </bndbox>
        </object>
```

图 3-28 LabelImg 标注后产生的 xml 文件

3.4.3 实验设计

3.4.3.1 实时的数据增强

本实验中，当数据集被输入模型后，模型会实时地进行 Mosaic 数据增强，然后再开始训练，大大提高了模型的泛化能力，也有效地提高了模型的检测精度。

在 YoloV4 算法中，Mosaic 数据增强的使用是参考 CutMix 的增强方式，是在其基础上进行改进的版本。与普通的数据增强方式不同，CutMix 数据增强需要使用两张图片，将两张不同的图片拼接成一张新的图片，将这张新的图片加入数据集中一同训练。CutMix 对图像的处理方式十分简单，随机产生一个框并且剪掉一张图片中相应的位置，之后使用另一张图片相应位置的 ROI 加入被剪裁的区域中，以此形成一张新图片，在计算损失的同时使用加权求和的方式对其求解。与 CutMix 数据增强不同的是，Mosaic 数据增强需要使用四张不同图片进行拼接。在这四张图片中，每一张都有其单独对应的裁剪框，图片在拼接后将获得一张新的图片。同时也会得到新图片中目标所对应的框，这种操作相当于直接将四张图片放入模型中进行训练和学习，并且这种做法极大程度地丰富了检测物体的背景信息，在 BN 标准化时也会同时对四张图片的数据进行计算。

其实现过程主要分为四步：第一，在数据集中要随机抽取四张图片；第二，对抽取的四张图片分别进行缩放、旋转、色度调整等操作；第三，将各张图片的原图按照从左到右、从上到下的顺序依次排好；第四，使用矩阵的方式将图片中固定的区域截取出来做拼接，这样一张新的图片就生成了。

在图 3-29 中可以明显看出这是一张拼接图片，横竖线是人为设置的分割线，在程序中通过使用 min_offset_x 和 min_offset_y 的值对分割线进行选择。在这张新的图片中，可以看到相比于原始的图片，拼接后的图片是不完全的，在拼接的过程中原图中的部分信息可能会被覆盖掉，而且也可能是另一张图片中的目标信息，当目标标注框大于两图间所设置的分割线时，将超出的这部分处理掉，然后对边缘进行处理得到最终的图像。

图 3-29　Mosaic 数据增强图

3.4.3.2 优化器

在本节的实验中，模型提供了 SGD（Stochastic Gradient Descent）和 Adam（Adaptive Moment Estimation）两种作用不同的优化器用来更新和计算影响模型训练和输出的网络参数，使模型可以达到最优值，从而最小化或最大化损失函数。

A SGD 优化器

SGD 优化器，也就是随机梯度下降法，它是沿梯度下降的反向来计算极小值的。在实验的训练过程中 SGD 优化器每次都会选择一个小批量的样本，然后更新模型参数。SGD 优化器对参数更新频繁，通过一步一步地迭代求得模型中的最优值，并且有效避免模型所得到的值为局部最优解的可能性。其计算过程见式（3-28）。

$$g_t = \nabla_{\theta_{t-1}} f(\theta_{t-1})$$
$$m_t = \mu \times m_{t-1} + g_t \qquad\qquad (3-28)$$
$$\Delta\theta_t = -\eta \times g_t$$

式中 g_t ——参数梯度；

μ ——动量因子；

m_t ——动量函数。

当梯度发生更新时，此函数能够在一定程度上保留前一次更新时的方向，并且会对每一次的梯度都进行微调，以此获得最后的梯度，使模型优化的稳定性得到提高，有效地降低所取值为局部最优解的可能。学习率是梯度影响更新的进程，对模型的训练是极其重要的。

SGD 算法可以在数据量较大时进行小批量的训练，并且对网络进行优化，可以有效地减少数据对 GPU 造成的压力。算法也可以加快网络的收敛速度，提高了摆脱局部最小的能力。但算法每一次接收到的信息量有限，对于梯度的估计准确性不高，以致目标函数的收敛不够稳定，会产生震荡甚至不收敛。其随机性较大，不能保证全局的最优化。

B Adam 优化器

模型中除了 SGD 优化器以外，还有 Adam 优化器。Adam 算法结合了自适应学习率中梯度下降的算法和动量梯度下降算法的优点，不仅可以适应稀疏梯度的问题，还缓解了梯度震荡的问题。其利用了梯度二阶矩和一阶矩做动态估计并且调节所使用参数的学习率，算法将每次迭代的学习速率固定在一个范围内，进而使参数的更新变得更稳定，特别是对网络层数较深的模型训练，过程见式（3-29）。

$$g_t = \nabla_{\theta_{t-1}} f(\theta_{t-1})$$
$$m_t = \beta_1 m_{t-1} + (1 - \beta_1) g_t$$
$$v_t = \beta_2 v_{t-1} + (1 - \beta_2) g_t^2$$

$$\widehat{m_t} = \frac{m_t}{1 - \beta_1^t} \tag{3-29}$$

$$\widehat{v_t} = \frac{v_t}{1 - \beta_2^t}$$

$$\theta_t = \theta_{t-1} - \frac{\alpha \times \widehat{m_t}}{\sqrt{\widehat{v_t}} + \varepsilon}$$

式中　g_t ——梯度；

　　　m_t ——一阶动量函数，其作用是在综合考虑前时间步的梯度动量；

　　　β_1 ——一阶动量项的衰减系数，其通常取值为 0.9；

　　　v_t ——二阶动量函数，控制着由前面梯度的平方带来的影响；

　　　β_2 ——二阶动量项的衰减系数，其通常取值为 0.999；

　　　$\widehat{m_t}$ ——梯度偏差纠正函数；

　　　$\widehat{v_t}$ ——二阶梯度的偏差纠正函数。

最后通过使用学习率 η 乘以梯度均值与梯度方差的平方根之比。由式（3-29）也可以看出 Adam 的梯度更新是通过梯度的均值和梯度平方两个方面进行自适应调节的，不能直接被当前的这个梯度所决定。

Adam 优化器实现了高效且简单的计算，对内存的需求更小。在变换梯度尺度的同时不会影响参数更新，并且能在大规模的数据和参数场景中使用。但是Adam 在某些特殊的情况下可能不收敛，也可能会错过函数中的全局最优解。

3.4.3.3　模型训练

本节按照 YoloV4 的设计理念，在模型中打开 Mosaic 数据增强，将图片的输入大小设为 416×416，在图片做完增强后进入模型开始训练。模型从 epoch 为 0时开始训练，epoch 指的是所有数据在网络中完成一次向前传播和反向传播的过程，也就是训练数据所需的轮次。在进行道路障碍的检测中，模型借用了迁移学习的思想对数据进行训练，使用冻结训练的方式，将主干网络冻结起来使网络训练变得更高效，加快了模型的拟合速度，有效地保护权值。模型的训练共分为两个阶段。

第一阶段为冻结住主干网络的训练，此时模型只会对特征融合阶段的 SPP 结构与 PAN 结构中的网络参数进行微调处理，并且将该阶段的最大学习率设置为1×10^{-3}，batchsize 大小设置为 16（batchsize 代表每次训练在每批次数据中数据量的大小），本节的实验研究中数据量为 2000，所以想要完整地训练整个数据集要经过 125 次迭代对网络的平均损失函数进行计算并更新参数。实验选择了 Adam优化器对模型进行优化，将权值的衰减参数 weight_decy 设置为 5×10^{-4}，防止模型发生过拟合。在实验中发现，当模型训练达到 40 轮左右时，模型在测试集中的检测经过多次迭代都没有提升，因此本节将模型在该阶段的训练轮次设为 40。

第二阶段为将主干网络解冻后的训练，是网络中所有网络参数一同训练的阶段。该阶段将模型的最大学习率设为 $1×10^{-4}$，batchsize 的大小设置为 4，所以想要完整地训练整个数据集要经过 500 次迭代。与第一阶段相同，模型选择 Adam 优化器对模型进行优化。在实验中，当模型达到 100 轮次左右模型会停止训练，因此将该阶段设为 60 轮，模型总训练轮次为 100 轮。训练参数设置见表 3-5。

表 3-5　训练参数设置表

配置参数	参数值	描　　述
optimizer_type	Adam	所选优化器
Init_epoch	0	起始世代
Freeze_epoch	40	冻结训练世代
Freeze_batch_size	16	冻结训练批大小
learning_rate_base	$1×10^{-3}$	冻结训练学习率
UnFreeze_epoch	100	解冻训练世代
Unfreeze_batch_size	4	解冻训练批大小
learning_rate_base	$1×10^{-4}$	解冻训练学习率
weight_decay	$5×10^{-4}$	学习率衰减权重

在目标检测的实验中，优化函数可能会存在多个峰值，在整个训练中除了全局最优解外还存在多个局部最优解。在传统的梯度下降算法中可能使函数出现局部最优解的可能，这样会大大降低模型的训练效率。通常可以使用提高学习率的办法来跳出局部最优解，而学习率余弦退火衰减策略可以通过学习率的周期性变化使模型及时跳出局部最优解，并且迅速找到获得全局最优解的办法。

在模型开始训练前，会使用 voc_annotation 文件对数据集做进一步的处理，整个数据集将被分为训练集、验证集和测试集。在算法中，trainval_percent 用于指定训练集与验证集的总量与测试集的比例，默认情况下（训练集+验证集）：测试集 = 9∶1。train_percent 用于指定训练集和验证集总量中训练集与验证集的比例，默认情况下训练集∶验证集 = 9∶1。在划分后训练集与验证集共为 1800 张图片，训练集有 1620 张图片。数据集划分比例如图 3-30 所示。

在实验的训练过程中，每完成一次迭代控制台就会输出当前模型进程，训练过程如图 3-31 所示。其中显示了在每一轮的 epoch 中所要的迭代次数和当前迭代为本轮的第几次，并且显示在本次中模型所得到的 loss 值和完成本轮训练所需时间。

```
Generate txt in ImageSets.
train and val size 1800
train size 1620
Generate txt in ImageSets done.
Generate 2007_train.txt and 2007_val.txt for train.
Generate 2007_train.txt and 2007_val.txt for train done.
```

图 3-30 数据集划分比例

```
10/101 [=>............................] - ETA: 45s - loss: 15.9025
11/101 [==>...........................] - ETA: 42s - loss: 15.8929
12/101 [==>...........................] - ETA: 38s - loss: 15.8820
13/101 [==>...........................] - ETA: 36s - loss: 15.8722
14/101 [===>..........................] - ETA: 34s - loss: 15.8632
15/101 [===>..........................] - ETA: 32s - loss: 15.8533
16/101 [===>..........................] - ETA: 30s - loss: 15.8437
17/101 [====>.........................] - ETA: 29s - loss: 15.8345
```

图 3-31 网络训练过程

在整个网络训练结束后，网络会为每一轮训练都生成训练所产生的训练模型，如图 3-32 所示。生成的模型会以当前训练轮次、当前轮次得到的损失值和当前轮次的验证误差进行命名，生成的文件均以 .h5 格式进行保存。最终将使用网络中训练效果最好的模型对网络进行性能检测。

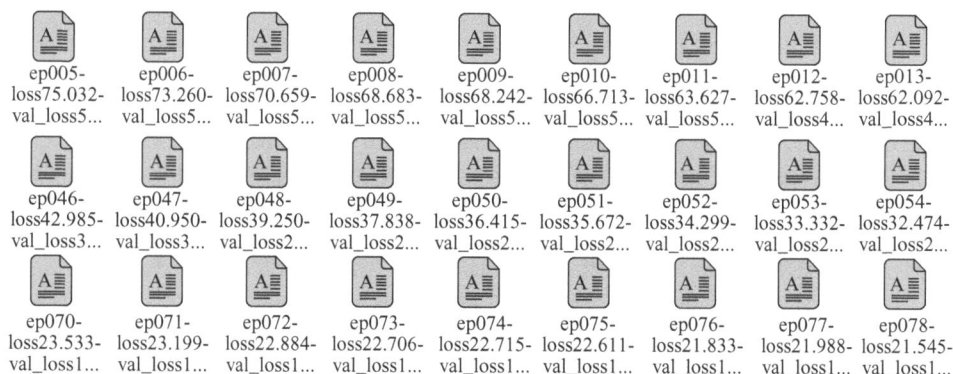

ep005-loss75.032-val_loss5...	ep006-loss73.260-val_loss5...	ep007-loss70.659-val_loss5...	ep008-loss68.683-val_loss5...	ep009-loss68.242-val_loss5...	ep010-loss66.713-val_loss5...	ep011-loss63.627-val_loss5...	ep012-loss62.758-val_loss4...	ep013-loss62.092-val_loss4...
ep046-loss42.985-val_loss3...	ep047-loss40.950-val_loss3...	ep048-loss39.250-val_loss2...	ep049-loss37.838-val_loss2...	ep050-loss36.415-val_loss2...	ep051-loss35.672-val_loss2...	ep052-loss34.299-val_loss2...	ep053-loss33.332-val_loss2...	ep054-loss32.474-val_loss2...
ep070-loss23.533-val_loss1...	ep071-loss23.199-val_loss1...	ep072-loss22.884-val_loss1...	ep073-loss22.706-val_loss1...	ep074-loss22.715-val_loss1...	ep075-loss22.611-val_loss1...	ep076-loss21.833-val_loss1...	ep077-loss21.988-val_loss1...	ep078-loss21.545-val_loss1...

图 3-32 生成的网络模型

当模型训练完成后，得到模型训练的 loss 函数收敛曲线图。如图 3-33 所示，显示的是 loss 函数在每一轮所取到的值，模型的训练使用了冻结主干网络的方法分阶段训练。在图 3-33 中可以看出，当模型冻结主干网络并使用预训练的权重后，模型 loss 值迅速降低，模型快速收敛，大大提高了网络中参数的更新效率，但在剧烈的变化之后 loss 值基本不发生变化，loss 函数曲线趋于平稳。当模型解冻后，可以看到 loss 曲线还会发生变化，当 epoch 为 40 时 loss 函数又发生一次较为明显的下降，模型再次收敛之后，loss 曲线再次趋于平稳，在接近 100 epoch 时模型得到最优值，模型训练相对理想。并且通过对比，模型在加入改进的融合层，ECA 模块和替换 CBL 模块为 DBR 模块后，loss 的曲线值在逐步降低，曲线收敛效果明显好于原始状态。

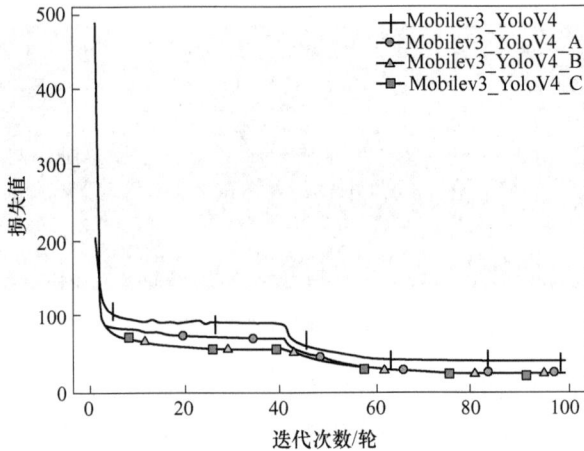

图 3-33　不同模型的损失曲线图

3.4.4　实验结果分析

3.4.4.1　性能结果分析

本节将轻量级 YoloV4 的道路障碍检测模型与改进后的道路障碍检测模型进行全方面对比，并在自制的数据集中进行测试分析。实验使用了准确率 P、召回率 R、平均精度 AP、FPS 和参数量五项指标对模型进行评估。图 3-34 中的 P-R 曲线图是改进后的模型检测结果。图 3-34 中横坐标为该类的召回率，纵坐标为准确率，由点组成的曲线与横纵坐标所围成的面积代表该分类的检测精度。

由图 3-34 可以看到，改进后的网络模型对路障牌、坑洞、路锥和减速带四个分类的检测结果分别达到 88.66%、73.11%、82.36% 和 75.98%，相比于轻量级 YoloV4 的检测结果，精度分别提升了 6.45%、3.31%、7.38% 和 3.81%，由实验结果可以看出本实验对轻量级模型的整体精度都有提升，由于路锥分类中存在大量小体积目标且检测效果不佳，所以针对小目标检测所存在的问题对模型做出改善，使该分类的检测效果得到显著提升，由此证明本节的方法对小目标检测是有效的。实验对路障牌的检测精度明显高于其他类别，模型对于道路障碍的检测精度仍有提升空间。

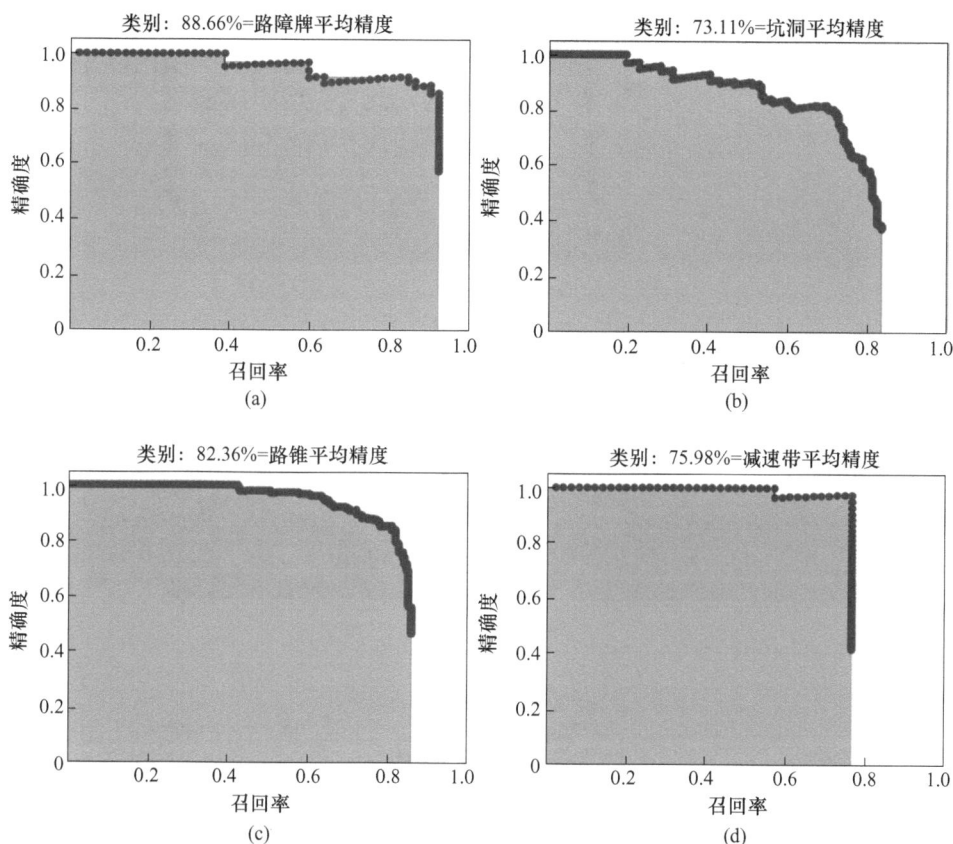

图 3-34　数据集中各分类的精确度
（a）路障牌；（b）坑洞；（c）路锥；（d）减速带

3.4.4.2　检测效果图对比分析

从图 3-34 的曲线中可以看出，本节提出的道路障碍的检测算法对所需检测的障碍都有不错的效果。图 3-35（a）~（d）分别代表本实验对各个分类的检测效果，并与原始模型进行对比。

如图 3-35 所示，左侧为原模型的检测回归，右侧为本节改进的算法检测图。图 3-35（a）为路锥的检测结果，可以看到在原图中存在大量的路锥，并相互重叠，遮挡情况严重，在左侧的检测中存在大量被遮挡住的路锥不能被识别，但在右侧的检测图中，效果得到明显提升，将左侧不能检测到的目标准确识别，并且画出了其具体位置。图 3-35（b）为减速带的检测结果，虽然图中目标在左右两侧都被检测出来，但相比左侧的算法，改进后的检测对减速带的检测精度要高于原模型的检测，并且对检测框的定位也更加准确，更加完美地确定了目标的检测

(a)

(b)

(c)

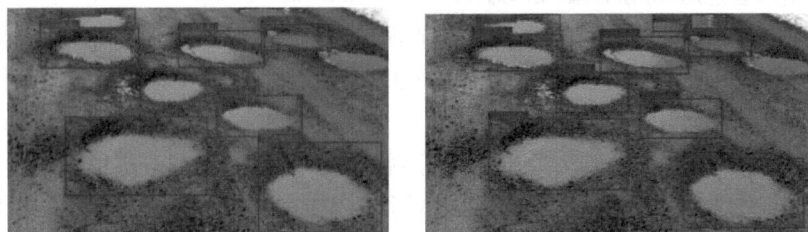

(d)

图 3-35 实验检测结果图

（a）路锥检测；（b）减速带检测；（c）路障牌和路锥检测；（d）坑洞检测

彩图

框。图 3-35（c）是路障牌和路锥的检测，可以看出原模型对遮挡物体的检测效果确实很差，并且对距离较远的小目标路锥不能有效识别，由右侧图片可以看出本节提出的算法有效地解决了这个问题，证明了本节为提高小目标检测而提出的方法的有效性。图 3-35（d）为坑洞检测结果，经过左右对比能明显发现左侧检测图中存在严重的目标漏检情况，算法对于坑洞特征的学习并不充分，甚至不能识别。改进后的算法对坑洞的检测效果提升明显，但仍存在问题，有些目标仍未被识别，仍有提升空间。

为了进一步证明实验的有效性，本节展示了模型在不同类别中输出的热力图。在图 3-36 的对比中，可以明显地看到本节所提出的模型在图片中对目标范围的感知更加敏感，关注的重点更加准确也更加完整，可以看出右侧各图中的热力感知范围要明显大于左侧，并且对多目标、小目标的数据也能准确地感知并找到其位置所在。

图 3-36 热力图对比

彩图

总体来说，原模型中存在漏检、遮挡后难以检测等问题，本节提出的模型在提升精度的同时，又做了轻量化的改进。在数量拥挤、目标被遮挡的图片中，新模型检测效果良好，弥补了原始的缺陷，对目标的定位十分准确。在对不同物体的检测中，本节提出的模型都有较高的精度。

3.4.4.3 模型间的实验对比

考虑到模型的实时性和在移动设备中的适用性，本节使用轻量级模型对道路障碍进行检测。使用轻量级主干网络对图像数据做特征提取，通过实验对比，选择 MobilenetV3 作为主干网络最为合适。在表 3-6 与其他轻量级模型的对比实验中可以看出，与 MobilenetV1-YoloV4 相比，MobilenetV3-YoloV4 在参数上低了 2.4%，并且在精度上高 1.31%，在对比 MobilenetV2-YoloV4 的实验中发现，MobilenetV3-YoloV4 在参数上高出 2.4%，并且在精度上也不占优势。但通过使用 MobilenetV2 对网络做出改进后，其检测效果远远不如在 MobilenetV3 上的检测效果。在 MobilenetV1 的网络条件下做出改进效果也是远远不如 MobilenetV3。而在 Ghostnet-YoloV4 模型中，很明显就看出，虽然其在参数上稍占优势，但对比模型的检测精度，其差距过于明显，并不适合被使用。通过实验对比，本节最终使用 MobilenetV3 作为模型的主干网络，轻量化的同时也保证了模型对数据的检测精度。

表 3-6　轻量级模型对比实验

模型	主干网络	大小	AP^{30}/%	AP^{50}%	AP^{70}/%	参数量
YoloV4	MobilenetV1	416×416	86.33	73.48	49.92	41005757
YoloV4	MobilenetV2	416×416	86.24	75.02	50.79	39124541
YoloV4	MobilenetV3	416×416	86.27	74.79	40.80	40043389
YoloV4	Ghostnet	416×416	71.36	63.39	32.66	39740433
YoloV4++	MobilenetV1	416×416	86.56	75.5	46.24	26788049
YoloV4++	MobilenetV2	416×416	87.38	76.95	50.82	24900171
本节模型	MobilenetV3	416*416	87.62	80.03	50.75	25819019

在参数相同的条件下，使用相同的数据集与其他 YoloV4 的轻量级模型进行比较，YoloV4++（使用 Mobilenetv3、ECA、改进的特征融合和 DBR 模块）为加入本节中所有改进模块的模型。由表 3-6 可知在将 IoU 的阈值分别设置为 0.3、0.5 和 0.7，分别检测出不同模型在 AP^{30}、AP^{50} 和 AP^{70} 的值。通过与 YoloV4 系列模型的对比，可以看出本节提出的模型在 YoloV4 系列中的表现良好，并且十分轻便。

关于对 ECA 模块插入位置的选择，通过对实验结果的比较，最终选择最合适的位置将其插入。本节选择在主干网络与特征融合相交的节点插入 ECA 模块。

在表 3-7 中可以看出，当单独插入一个 ECA 模块时，选择 feat0 处效果最佳。但相比在每个相交点都插入 ECA 模块，在 feat0 插入效果略差，所以选择在模型中每一个交点都插入 ECA 模块。

表 3-7 对 ECA 模块插入点的实验比较

位　置	精度/%
feat1	77.8
feat2	74.56
feat3	79.21
feat0	79.81
feat0、feat1、feat2、feat3	80.01

表 3-8 中可以看出在检测速度方面，本节的模型比 YoloV4 的 FPS 快了 8.4，达到了 43.8，且检测所用的权重大小减少了 154.2M，对 MobilenetV3-YoloV4 的 FPS 少了 2.3，但权重轻了 56.7M。对于道路障碍的目标检测，能够更优秀地实现实时效果，使其能够嵌入到内存较小的设备中。

表 3-8 模型权重大小及 FPS

模　型	权重大小	FPS
CSPDarknet-YoloV4	256.9M	35.4
MobilenetV3-YoloV4	159.4M	46.1
本节模型	102.7M	43.8

除了与原始模型进行对比外，本节还将改进后的道路障碍检测算法与其他目标检测中较为流行的经典算法在相同数据集的条件下进行了比较。表 3-9 是在不同 IoU 阈值条件下模型准确率的对比结果。

表 3-9 与其他算法对比实验

模　型	输入大小	主干网络	AP^{30}/%	AP^{50}/%	AP^{70}/%
YoloV3	416×416	EfficientNetD0	84.21	78.13	52.43
YoloV4	416×416	MobilenetV2	87.38	76.95	50.82
YoloV4-Tiny	416×416	CSPdarknet-Tiny	83.76	76.72	51.21
YoloV5	416×416	MobilnetV2	86.89	78.46	51.72
EfficientDet	512×512	EfficientnetD0	82.49	77.71	54.55
SSD	300×300	Vgg16	74.93	69.69	48.44
Centernet	512×512	Resnet50	83.77	76.42	58.72
本节模型	416×416	MobilenetV3	87.62	80.03	50.75

为了证明本节提出算法的有效性，将与 SSD、YoloV3、YoloV4、EfficientDet、Centernet、YoloV4-Tiny 和 YoloV5 进行对比。根据比较可以看出，本节提出的模型在 AP^{30} 与 AP^{50} 时效果是对比实验中效果最佳的，比其他对比模型效果好，具体见表 3-9。在检测能力上的排名分别为本节模型 > YoloV4 > YoloV5 > YoloV3 > Centernet > YoloV4-Tiny > EfficientDet > SSD 和本节模型 > YoloV5 > YoloV3 > EfficientDet > YoloV4 > YoloV4-Tiny > Centernet > SSD。为了更好地观察到各个算法之间的检测差距，本节将使用改进后的模型与精确率靠前的模型在同一张图片中做检测对比，如图 3-37 所示。

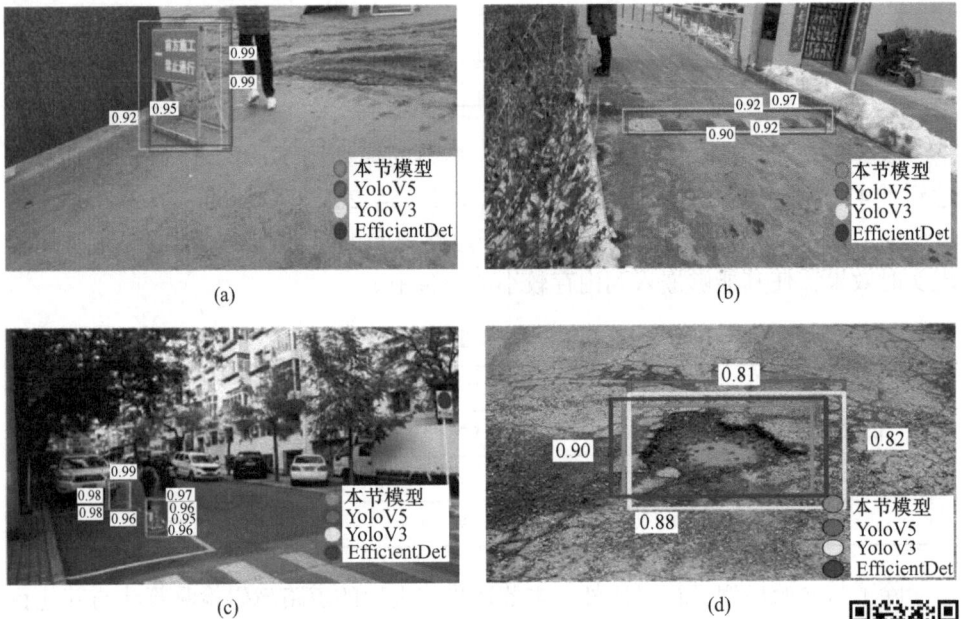

图 3-37　与经典算法的检测对比图
（a）路障牌检测；（b）减速带检测；（c）路锥检测；（d）坑洞检测

彩图

图 3-37（a）为对 construction_plaque 的检测对比图，图 3-37（b）为 speed_bumps 的检测对比图，图 3-37（c）为 roadcone 的检测对比图，图 3-37（d）为 pothole 的检测对比图。图 3-37 中使用了四种颜色不同的检测框框出对障碍目标的检测，其分别对应四种不同的算法。由图 3-37 可以看出，本节提出的方法在障碍检测的精度上数值最大，与其他模型相比性能更强，并且能够在得到更高分类置信度的同时找到最好的检测框。

3.4.4.4　消融实验

使用本实验自制的道路障碍检测数据集对各个模块完成消融实验，并且证明该操作在模型中的有效性。对使用了轻量级主干网络、改进的特征融合网络、注意力机制以及插入新提出的 DBR 模块这几个操作分别进行实验验证。本节的消融实验按照表 3-10 的步骤依次添加模块进行消融。

表 3-10 消融实验

M3	NC	ECA	DBR	AP/%	参数量
√				74.79	40043389
√	√			77.73	40993405
√	√	√		80.01	40993419
√	√	√	√	80.03	25819019

为了验证改进后的 MobilenetV3-YoloV4 网络的有效性，本节使用原 MobilenetV3-YoloV4 模型和改进后的 MobilenetV3-YoloV4 模型做对比和消融实验，将原 MobilenetV3-YoloV4 与改进后的模型的训练参数保持一致性。本节主要在 3 个方面对 MobilenetV3-YoloV4 做出改进，见表 3-10，其中 M3 为 MobilenetV3 模型，NC 为改进后新的特征融合，ECA 表示为注意力机制模块，DBR 为本节新提出的轻量卷积模块，AP 为模型平均精度。

改进的特征融合验证实验：在卷积神经网络中，充分且合适地利用网络中各层特征的空间信息与语义信息是非常重要的，在很大程度上可以弥补其他特征层的不足。为了提高模型对小目标的检测能力，本章将特征融合网络中加入更浅层网络的特征图，将更加详细的特征信息与丰富的语义信息相融合，其 mAP 由原来的 74.79%提升到 77.73%。

ECA 注意力机制验证实验：在网络中使用注意力机制对模型整体性能进行提升是十分简单有效的，也是在当前目标检测任务中十分重要的提升手段。为了使模型的整体检测能力有所提高，本节在模型中加入 ECA 模块，在基本不增加规模的前提下增强了模型学习特征的能力。通过使用 ECA 注意力机制，模型的 mAP 由 77.73%提升到 80.01%。

轻量卷积模块 DBR 实验验证：深度可分离卷积的使用减少了模型中卷积计算所需要的参数数量，并有效地提升卷积核的使用效率。为了使模型整体更加轻量化，本节提出了使用深度可分离卷积、BatchNormalization 和 ReLU6 的新卷积模块，并在网络中将部分 CBL 模块替换成 DBR 模块。通过实验发现，该操作在降低了整体运算量的情况下，将模型的 mAP 由 80.01%提升到 80.03%。

实验证明，本节提出的方法在轻量化的 YoloV4 中是有效的。选取不同种类的道路障碍做消融实验的可视化效果图，其中包括坑洞、路锥和减速带三个分类。如图 3-38 所示，第一行为 MobilenetV3-YoloV4 的效果图，第二行为加入新特征融合层的效果图，第三行为加入 ECA 注意力机制后的效果图，第四行为替换

DBR 模块后的效果图。

图 3-38 消融实验对比图

彩图

本节分别从开发环境、数据集、实验设计、实验结果分析四个方向进行介绍。首先，介绍了道路障碍检测研究的开发环境，从硬件与软件两个方面进行详细的阐述。其次，详细地介绍了本节自制的数据集，及其从收集到标注等一系列过程。再次，介绍了在实验研究中模型算法的参数设置与选择。最后，在实验分析部分介绍了提出的观点及其对比实验和消融实验，并且证明了本节提出方法的有效性。

参 考 文 献

[1] 常立娜.深度学习文献综述 [J].北京广播电视大学学报，2018，2：30-35.

[2] 王磊.人工神经网络原理、分类及应用 [J].科技资讯，2014，3：240-241.

[3] 陆峰，刘华海，黄长缨，等.基于深度学习的目标检测技术综述 [J].计算机系统应用，2021，30（3）：1-13.

[4] Wang W，Wang S，Guo Y，et al. Detection method of obstacles in the dangerous area of electric locomotive driving based on MSE-YoloV4-Tiny [J]. Measurement Science and Technology，2022，33（11）：115403.

[5] Liu B，Lv Y，Gu Y，et al. Implementation of a lightweight semantic segmentation algorithm in road obstacle detection [J]. Sensors，2020，20（24）：7089.

[6] Yu N，Wang Q，Cao S C. Road recognition technology of agricultural navigation robot based on road edge movement obstacle detection algorithm [J]. INMATEH Agricultural Engineering，2020，61（2）：281-292.

[7] Sun L，Yang K，Hu X，et al. Real-time fusion network for RGB-D semantic segmentation incorporating unexpected obstacle detection for road-driving images [J]. IEEE Robotics and Automation Letters，2020，5（4）：5558-5565.

[8] Cong Z，Li X. Track obstacle detection algorithm based on YoloV3 [C]. International Congress on Image and Signal Processing，BioMedical Engineering and Informatics（CISP-BMEI），2020：12-17.

[9] Hongping Z，Quanbo L，Dapeng C，et al. Doppler shift and height detection of obstacle based on FMCW radar sensor [C]. 2015 International Conference on Cyber-Enabled Distributed Computing and Knowledge Discovery，2015：399-402.

[10] Zhong Z，Wang Z，Lin L，et al. Robust negative obstacle detection in off-road environments using multiple LiDARs [C]. International Conference on Control，Automation and Robotics（ICCAR），2020：700-705.

[11] Duan J，Shi L，Yao J，et al. Obstacle detection research based on four-line laser radar in vehicle [C]. 2013 IEEE International Conference on Robotics and Biomimetics（ROBIO），2013：2452-2457.

[12] Li N，Su B. 3D-Lidar based obstacle detection and fast map reconstruction in rough terrain [C]. 2020 5th International Conference on Automation，Control and Robotics Engineering（CACRE），2020：145-151.

[13] Wang J，Song Q，Jiang Z，et al. A novel InSAR based off-road positive and negative obstacle detection technique for unmanned ground vehicle [C]. IEEE International Geoscience and Remote Sensing Symposium（IGARSS），2016：1174-1177.

[14] Rui W，Xin G，Tao W. A study for obstacle determination fusing MMW radar and vision sensor

［C］. IEEE 2nd International Conference on Information Technology, Big Data and Artificial Intelligence (ICIBA). IEEE, 2021, 2: 149-153.

［15］ Leng J, Liu Y, Du D, et al. Robust obstacle detection and recognition for driver assistance systems ［J］. IEEE Transactions on Intelligent Transportation Systems, 2019, 21 (4): 1560-1571.

［16］ Li J, Shi X, Wang J, et al. Adaptive road detection method combining lane line and obstacle boundary ［J］. IET Image Processing, 2020, 14 (10): 2216-2226.

［17］ Wang Y Q, Chen Y T, Wu M L, et al. Fusing multi-modality information for 3D road obstacle detection ［C］. International Symposium on Intelligent Signal Processing and Communication Systems (ISPACS), 2021: 1-2.

［18］ Rajendran T. Road obstacles detection using convolution neural network and report using IoT ［C］. International Conference on Smart Systems and Inventive Technology (ICSSIT), 2022: 22-26.

［19］ Khalid Z, Abdenbi M. Stereo vision-based road obstacles detection ［C］. International Conference on Intelligent Systems Theories and Applications (SITA), 2013: 1-6.

［20］ Madhavan T R, Adharsh M. Obstacle detection and obstacle avoidance algorithm based on 2-D RPLiDAR ［C］. International Conference on Computer Communication and Informatics (ICCCI), 2019: 1-4.

［21］ Catapang A N, Ramos M. Obstacle detection using a 2D LIDAR system for an Autonomous Vehicle ［C］. IEEE International Conference on Control System, Computing and Engineering (ICCSCE), 2016: 441-445.

［22］ Byun S W, Noh D, Lee H M. Design of obstacle detection method for autonomous driving in agricultural environments ［C］. International Conference on Ubiquitous and Future Networks (ICUFN), 2022: 494-496.

［23］ Ahmed H, Nizami M H A, Shah S I A, et al. Monocular vision-based obstacle detection technique using projected grid deformation ［C］. IEEE International Conference on Information and Automation (ICIA), 2018: 1599-1604.

［24］ Aijazi A K, Checchin P, Trassoudaine L. Multi sensorial data fusion for efficient detection and tracking of road obstacles for inter-distance and anti-colision safety management ［C］. International Conference on Control, Automation and Robotics (ICCAR), 2017: 617-621.

［25］ Yalcin O, Sayar A, Arar O F, et al. Detection of road boundaries and obstacles using LIDAR ［C］. Computer Science and Electronic Engineering Conference (CEEC), 2014: 6-10.

［26］ Salavati P, Mohammadi H M. Obstacle detection using GoogleNet ［C］. International Conference on Computer and Knowledge Engineering (ICCKE), 2018: 326-332.

［27］ Kwon S, Lee H J. Dense stereo-based real-time ROI generation for on-road obstacle detection ［C］. International SoC Design Conference (ISOCC), 2016: 179-180.

［28］ Das S, Banerjee I, Samanta T. Sensor localization and obstacle boundary detection algorithm in WSN ［C］. International Conference on Advances in Computing and Communications, 2013:

412-415.

[29] Lee Y, Lee E, Lee S S, et al. Fpga design and implementation of accelerated stereo matching for obstacle detection [C]. International Conference on Electronics, Information, and Communication (ICEIC), 2019: 1-2.

[30] Baciu S, Oniga F, Nedevschi S. Semantic 3D obstacle detection using an enhanced probabilistic voxel octree representation [C]. International Conference on Intelligent Computer Communication and Processing (ICCP), 2020: 293-298.

[31] 张思宇, 张轶. 基于多尺度特征融合的小目标行人检测 [J]. 计算机工程与科学, 2019, 41 (9): 1627-1634.

[32] 毛琳, 李雪萌, 杨大伟. 金字塔频率特征融合目标检测网络 [J]. 计算机辅助设计与图形学学报, 2021, 33 (2): 207-214.

[33] Wang Q, Wu B, Zhu P, et al. ECA-Net: Efficient channel attention for deep convolutional neural networks [C]. Proceedings of the IEEE/CVF Conference on Computer Vision and Pattern Recognition, 2020: 11534-11542.

[34] Bochkovskiy A, Wang C Y, Liao H Y M. YoloV4: Optimal speed and accuracy of object detection [J]. arXiv Preprint arXiv, 2004: 10934.

[35] Girshick R, Donahue J, Darrell T, et al. Rich feature hierarchies for accurate object detection and semantic segmentation [C]. Proceedings of the IEEE Conference on Computer Vision and Pattern Recognition, 2014: 580-587.

[36] Zhang X, Dang X, Lv Q, et al. A pointer meter recognition algorithm based on deep learning [C]. International Conference on Advanced Electronic Materials, Computers and Software Engineering (AEMCSE), 2020: 283-287.

[37] Ren S, He K, Girshick R, et al. Faster r-CNN: Towards real-time object detection with region proposal networks [J]. Advances in Neural Information Processing Systems, 2015: 28.

[38] Xu X, Zheng H, Guo Z, et al. SDD-CNN: Small data-driven convolution neural networks for subtle roller defect inspection [J]. Applied Sciences, 2019, 9 (7): 1364.

[39] Redmon J, Divvala S, Girshick R, et al. You only look once: Unified, real-time object detection [C]. Proceedings of the IEEE Conference on Computer Vision and Pattern Recognition, 2016: 779-788.

[40] Redmon J, Farhadi A. YOLO9000: Better, faster, stronger [C]. Proceedings of the IEEE Conference on Computer Vision and Pattern Recognition, 2017: 7263-7271.

[41] He K, Zhang X, Ren S, et al. Spatial pyramid pooling in deep convolutional networks for visual recognition [J]. IEEE Transactions on Pattern Analysis and Machine Intelligence, 2015, 37 (9): 1904-1916.

[42] Wang W, Xie E, Song X, et al. Efficient and accurate arbitrary-shaped text detection with pixel aggregation network [C]. Proceedings of the IEEE/CVF International Conference on Computer Vision, 2019: 8440-8449.

[43] Wang C Y, Liao H Y M, Wu Y H, et al. CSPNet: A new backbone that can enhance learning

capability of CNN [C]. Proceedings of the IEEE/CVF Conference on Computer Vision and Pattern Recognition Workshops, 2020: 390-391.

[44] He K, Zhang X, Ren S, et al. Deep residual learning for image recognition [C]. Proceedings of the IEEE Conference on Computer Vision and Pattern Recognition, 2016: 770-778.

[45] Lin T Y, Dollár P, Girshick R, et al. Feature pyramid networks for object detection [C]. Proceedings of the IEEE Conference on Computer Vision and Pattern Recognition, 2017: 2117-2125.

[46] Kingma D P, Ba J. Adam: A method for stochastic optimization [J]. arXiv Preprint arXiv, 2014: 6980.

[47] Sandler M, Howard A, Zhu M, et al. Inverted residuals and linear bottlenecks [C]. Proceedings of the IEEE Conference on Computer Vision and Pattern Recognition, 2018: 4510-4520.

[48] Howard A G, Zhu M, Chen B, et al. Mobilenets Efficient convolutional neural networks for mobile vision applications [J]. arXiv Preprint arXiv, 2017: 04861.

[49] Redmon J, Farhadi A. An incremental improvement [J]. arXiv Preprint arXiv, 2018: 02767.

[50] Tan M, Pang R, Le Q V. Scalable and efficient object detection [C]. Proceedings of the IEEE/CVF Conference on Computer Vision and Pattern Recognition, 2020: 10781-10790.

[51] Zhou X, Wang D, Krähenbühl P. Objects as points [J]. arXiv Preprint arXiv, 1904: 07850.

[52] Bochkovskiy A, Wang C Y, Liao H Y M. Optimal speed and accuracy of object detection [J]. arXiv Preprint arXiv, 2004: 10934.